石　舞　台　古　墳

巨大な天井石を有する最大級の横穴式古墳で，蘇我馬子の桃原墓と伝えられている．『日本書紀』には，馬子の死から4年たった628年，馬子の墓がいまだ完成せず，蘇我氏の諸族が墓の造営のための「墓所の廬（いおり）」で生活していた記事がみえている．蘇我氏の権力がピークにたっしていた時期にあたり，その規模の大きさをうかがわせる．この古墳の下段の封土は方形であるが，上段はのこっておらず，その形はわからない．石室が露出しており，そのことから石舞台という名がついた．中世のころから，この舞台の上できつねが踊った話など，さまざまな逸話を生むようになった．

島庄遺跡(第20次調査)
上　遺跡全景
下　掘立柱建物発掘写真
昭和62年(1987)におこなわれた第20次調査によって，掘立柱建物や池などの遺構が発掘された．7世紀中葉以前のものと考えられるこの遺跡は，その位置と規模から，蘇我馬子がいとなんだ島庄の邸宅の一部であった可能性が高い．全景写真の上部に石舞台古墳がみえる．(152〜153頁参照)

飛鳥大仏（銅造
釈迦如来坐像）

飛鳥寺（法興寺）中金堂の本尊で，『日本書紀』に「法興寺金堂の銅（あかがね）・繡丈六（ぬいものじょうろく）の仏像」と記されたうちの銅像で，鞍作止利作といわれている．飛鳥寺は蘇我氏が渡来系氏族を使役し，当時の最高の技術をもって建立した大寺院である．この仏像は，補修のあとが痛々しいものの，飛鳥時代の止利様式をよく伝えており，現存する最古の仏像として，つとに有名である．

飛鳥寺塔心礎
出土の埋納物

蘇我馬子の命により，593年に，飛鳥寺の塔心礎に仏舎利とともに納められた宝物である．勾玉・管玉・切子玉などの玉類のほか，杏葉形・円形打出金具，瓔珞（ようらく），金環，金銀小粒など，当時の古墳から出土する副葬品とほとんど変わらないものがみられる．

山田寺　金堂跡（上）と東回廊の倒壊した連子窓（下）

山田寺は，蘇我倉山田石川麻呂の発願で641年に建てはじめられ，685年完成した．発掘調査により，壮大な伽藍が明らかになり，最近では，回廊の連子窓（れんじまど）が倒れた形のまま発掘されるなど話題を呼んだ．寺の位置する山田の地は，蘇我倉氏の大和における本拠地であったといわれている．（15〜16頁参照）

蘇我氏と古代国家

古代を考える

歴史文化セレクション

黛弘道［編］

吉川弘文館

目次

一　古代国家と蘇我氏　黛　弘道

1　蘇我氏の歴史的位置……1
古代史上におけるソガ氏／ソガ氏の本貫地とソガの地／ソガ氏の出自

2　蘇我氏の盛衰……8
欽明朝のソガ氏／外戚としてのソガ氏／ソガ氏の没落

二　蘇我氏の出自と発祥地　志田諄一

1　蘇我氏の発祥地をめぐって……12
大和の曾我説と河内の石川説／大化以後の蘇我氏

2　蘇我石川宿禰と蘇我倉氏……………………16
『日本書紀』と蘇我倉氏／蘇我倉氏の職掌
3　蘇我氏の出自……………………………20
蘇我氏渡来人説／蘇我氏と葛城氏
4　雄略朝の蘇我氏…………………………27
蘇我満智と韓子／満智と百済渡来氏族

三　蘇我氏の発展　　山尾幸久
1　蘇我稲目の台頭…………………………32
蘇我稲目の出身地／蘇我稲目と葛城氏／「蘇我氏諸族」の形成と稲目
2　蘇我稲目の事績…………………………44
稲目の登場／倭漢系諸集団と稲目／新来の漢人と仏教の受容／田部のミヤケの設置

四　渡来人と蘇我氏　　前川明久
1　蘇我氏と渡来人の接触…………………57

七つの不可／蘇我の氏名／飛鳥開発と東漢氏／葛城氏滅亡と渡来人の管理／蘇我満智の登場／大和から河内へ
2　渡来人の活動と蘇我氏……66
河内の渡来人と社寺／渋川寺と法興寺／船氏の平野川管理／蘇我氏大津宅と渡来人
3　蘇我氏の基盤と渡来人……77
屯倉の経営／部の設定／蘇我氏の財力／渡来人の処遇

五　蘇我氏の同族　前之園亮一

1　武内宿禰後裔氏族と食膳奉仕……83
蘇我氏の同族／武内宿禰後裔氏族／武内宿禰後裔氏族の性格／通説への疑問／共飲共食／服属儀礼としての食膳奉仕
2　蘇我氏同族と食膳関係官司……93
雀部臣・御炊朝臣／食膳関係官司の補任例／膳職／内膳司／大膳職／大炊寮／造酒司／武内宿禰後裔氏族と食膳奉仕氏族／蘇我氏と阿倍・膳・安曇氏
3　葛城・平群・巨勢氏と傍系氏族……101
葛城臣／葛城県／的臣・塩屋連／平群臣／平群氏と紀氏／平群氏と膳氏／巨勢臣・雀部臣／鵜甘部首

4　蘇我臣と傍系氏族……………………111
蘇我臣／御炊朝臣／蘇我氏と葛城県／田目連／蘇我氏と阿倍・膳氏／田中臣／小治田臣・桜井臣／境部臣
5　紀臣・波多臣と傍系氏族……………120
紀臣／坂本臣／波多臣／林臣・波美臣／武内宿禰後裔氏族と歌舞音曲／蘇我氏と内廷・外廷

六　馬子と聖徳太子

(一)　推古朝の政治と外交　　遠山美都男

1　馬子と推古・厩戸……………………127
馬子の登場／馬子の執政内容／馬子と厩戸の対立説／馬子と厩戸の共同執政説／王権と蘇我氏／蘇我系王族に対する分析視角
2　敏達・用明・崇峻朝の政治と外交(前期)……135
厩戸皇子／来目皇子／殖栗皇子／茨田皇子／田目皇子／当麻皇子・酢香手姫皇女／葛城への進出
3　推古朝前半の政治と外交(中期)…………139
春米女王／長谷王／久波太女王／波止利女王／三枝王／伊止志古王／麻呂古王／馬屋古女王／山背大兄王／財王／日置王／片岡女王／星河女

王／高椅王／佐富王・佐富女王／横大路―大坂越の形成

4　推古朝後半の政治と外交(後期)……144
葛城王／多智奴女王／難波麻呂古王／弓削王／佐々女王／三嶋女王／甲可王／尾治王／白髪部王／手嶋女王／葛城占有の完成と難波への進出

(二)　飛鳥と斑鳩　志水正司

1　飛　鳥……148
飛鳥の境域／蘇我氏の移住／外戚蘇我氏／島庄遺跡／小墾田宮／蘇我氏の住い／飛鳥寺と蘇我氏

2　斑　鳩……159
皇太子／斑鳩宮／斑鳩里の周辺(一)／斑鳩里の周辺(二)／山背大兄王と蘇我氏

七　蘇我本宗家の滅亡と大化改新　横田健一

1　なぜ中大兄皇子らは入鹿を殺したか……169
クーデター／蝦夷と入鹿

2　周孔の教――隋唐革命と殷周革命……173
南淵請安と周孔の教／留学生の見たもの学んだもの／請安の教／中国古

代の革命思想
3 中央集権的統一国家の必要性と大化前代体制改革の理念……180
隋唐革命と東アジア／「天無二日、国無二王」／改新の眼目／私地私民所有制の改革／大豪族の所領規模
4 蘇我本宗家の支配体制と戦力……190
本宗家の戦力／本宗家と東漢氏
5 大化改新と法治主義および人材登用……195
成文法の必要性／近江令の制定／改新詔の真偽／鎌足の賢才登用思想

八 壬申の乱と蘇我氏　倉本一宏

1 大化改新後の蘇我氏……202
マエツキミ氏としての蘇我氏／蘇我氏と大王家の姻戚関係／石川麻呂の滅亡／有間皇子の「謀反」と赤兄／大臣連子
2 壬申の乱と蘇我氏……213
近江朝廷における蘇我氏／安麻呂の行動／近江朝重臣の処分と蘇我氏／壬申の乱の意義

3　壬申の乱後の蘇我氏……………………………………222
天武朝における蘇我氏／持統朝における石川氏
4　律令制成立以後の石川氏…………………………229
奈良時代における石川氏／ソガ氏の終焉

九　河内飛鳥を歩く　　　　　和田　萃

1　竹ノ内街道を歩く——古市駅から竹ノ内峠へ　…239
「蓑の辻」から臥龍橋へ／杜本神社と覚峰／飛鳥戸神社と渡来人／大道と竹ノ内街道／岩屋峠／竹ノ内峠へ
2　東高野街道をたどり磯長へ……………………255
東高野街道にそって／伽山遺跡と太子西山古墳／山田高塚古墳と二子塚古墳／科長神社と息長氏／小野妹子の墓／仏陀寺古墳／春日向山古墳／叡福寺と聖徳太子墓

あとがき……………………………………………………269

『古代を考える　蘇我氏と古代国家』を語る……遠山美都男…273

口絵

石舞台古墳
島庄遺跡(第20次調査)
　上　遺跡全景
　下　掘立柱建物発掘写真
飛鳥大仏(銅造釈迦如来坐像)
飛鳥寺塔心礎出土の埋納物
山田寺　金堂跡(上)と東回廊の倒壊した連子窓(下)

挿図

第1図　飛鳥寺……2
第2図　宗我坐宗我都比古神社……2
第3図　檜前の地……4
第4図　蘇我氏系図……6—7
第5図　三輪山遠景……9
第6図　蘇我氏と大王家との関係系譜……10
第7図　石川の流れ……13
第8図　山田寺跡……15
第9図　豊浦寺跡……25
第10図　甘樫岡と飛鳥川……27
第11図　一須賀古墳群内の古墳……34
第12図　剣　池……37
第13図　室の宮山古墳……37
第14図　小墾田宮跡……48
第15図　古市大溝……54
第16図　西琳寺……54
第17図　山田高塚古墳と磯長谷……55
第18図　伝飛鳥板蓋宮大井戸跡……58

第19図 畝傍山遠景……60
第20図 甘檮岡より真神原……60
第21図 利雁神社付近要図……67
第22図 船首王後墓誌……68
第23図 野中寺塔跡……69
第24図 葛井寺……69
第25図 武内宿禰系譜……84
第26図 武内宿禰後裔氏族分布図……86
第27図 当麻の地……137
第28図 宗我坐宗我都比古神社付近の曽我川……149
第29図 蘇我稲目関係系図……151
第30図 豊浦宮推定遺構の掘立柱と石敷……151
第31図 島庄遺跡実測図……153
第32図 雷丘東方遺跡出土の墨書土器……154
第33図 飛鳥寺伽藍復元図……157
第34図 東院創建の遺構と下層の遺構図……160
第35図 斑鳩宮の忍冬文軒丸瓦……161
第36図 大和国平群郡諸郷復元図……162
第37図 藤ノ木古墳遠景……165
第38図 藤ノ木古墳の玄室と石棺……165
第39図 稲淵集落……173
第40図 南淵請安の墓……173
第41図 飛鳥川上坐宇須多伎比売命神社……175
第42図 蘇我氏と大王家の姻戚関係……205
第43図 石川氏系図……223
第44図 西琳寺の塔心礎……239
第45図 竹ノ内街道ぞいの古市の街並み……240
第46図 神南辺大道心の道標……242
第47図 杜本神社の隼人石……242
第48図 飛鳥集落付近の竹ノ内街道……245
第49図 飛鳥戸神社……245
第50図 岩 屋……252
第51図 鹿谷寺跡……252
第52図 竹ノ内峠……254
第53図 役行者堂……254
第54図 山田高塚古墳……259
第55図 二子塚古墳……259
第56図 科長神社……260
第57図 伝小野妹子の墓……262
第58図 仏陀寺古墳の石槨……264
第59図 春日向山古墳……265
第60図 聖徳太子墓……267
巻末付図 河内飛鳥周辺の遺跡地図(折込み)

挿表

第1表　食膳関係官司への諸氏の補任……94—96
第2表　弁官に任じられた石川氏官人……232

〈資料提供〉
飛鳥資料館　飛鳥寺　明日香村教育委員会　笠井敏光　奈良県立橿原考古学研究所
奈良国立文化財研究所　羽曳野市教育委員会　和田萃

一　古代国家と蘇我氏

黛　弘道

1　蘇我氏の歴史的位置

古代史上におけるソガ氏　大化前代の一世紀あまり、稲目《いなめ》・馬子《うまこ》・蝦夷《えみし》・入鹿《いるか》の四代にわたって大《おお》臣《おみ》ないし私擬大臣として権勢を誇ったソガ氏は、官司制を創出して政治制度を整備し、また屯倉《みやけ》の新設にあたっては田令《たつかい》を任命派遣し、田部《たべ》の戸籍を作成するなど新しい屯倉の管理運営方式を採用したり、仏教の公伝にさいしてはその受容を推進し、わが国最初の本格的伽藍《がらん》である飛鳥寺《あすかでら》(法興寺)を創建して飛鳥文化開花の口火を切るなど、政治・経済・文化・宗教などの各方面にわたって大きな業績をのこした。したがって大化前代に関説する場合、ソガ氏は避けて通れない存在である。

本書はそのソガ氏に視点をすえ、古代史上におけるソガ一族の動向と、ソガ氏の目からみた日本古代国家の形成過程を追求しながらその役割を正当に評価し、位置づけることをねらいとする。

第１図　飛鳥寺（法興寺）

第２図　宗我坐宗我都比古神社

　ソガ氏は孝元天皇の後裔と称する臣姓《おみせい》の豪族である。日本古代国家は大王家《おおきみけ》を中核とし臣姓豪族が結集して形成した大和政権の発展したものである。したがってソガ氏は大和政権の一構成分子である。

臣姓豪族はおおむね天皇の後裔すなわち皇別《こうべつ》氏族と称する。これは事実ではなく、彼らの氏々と大王家との合意のもとに造作された系譜にもとづくものである。臣姓豪族を通観すると、しばしば大王に抵抗しなかには大王に討滅されるものがあり、また大王家に娘をいれてその外戚となることが多い。これは臣姓豪族が大王家を核として結集する場合、大王家と対等とまではいかなくとも、それに近い立場でむすびついたことを暗示する。

ソガ氏の本貫地とソガの地　また臣姓豪族の通例として、その氏の名は本貫地《ほんがんち》（本拠地・発祥地）名に由来する。ソガ氏の本貫地については後述のように、(1)大和宗我説、(2)大和葛城説、(3)河内石川説の三説があっていまだに定説がない。しかし、ソガを名乗る以上、大和宗我を本拠地とした時期があったことは疑いをいれないであろう。

大和宗我は『延喜神名式《えんぎしんめいしき》』に大和国高市《たけち》郡《ぐん》宗我坐宗我都比古《そがにますそがつひこ》神社《じんじゃ》二座とある大社の鎮座地（奈良県橿原市曾我町）であり、『万葉集』（巻十二—三〇八七番）に、

真菅よし　宗我の河原に　鳴く千鳥……

と詠まれたところである。「真菅よし」は宗我の枕詞で、真（マ）は形状言、菅は「スガ」で水辺に繁茂する植物のこと、ソガと類音のゆえに枕詞にもちいられたもの。「よし」は「青丹よし」の「よし」と同様の複合助詞である。「真菅よし　宗我の河原」は美事な菅の繁茂する宗我川の畔の実景を詠んだもので、ソガはすなわちスガに由来すると考えられる。曾我の地は曾我川の畔の微高地で、川原に

第3図　檜前の地

は今も菅が繁茂している。

ところで菅は「スガスガしい」の語源であることから知られるように清浄・潔白したがって神聖をその属性とし、古代以来神饌を供する敷物にしたり、神祇祭祀にあたってさまざまな祭具を造るのにもちいられた。このことからもわかるように、清浄・潔白・神聖なものとして尊ばれたのであり、やがて菅そのものが神格化されるようにもなった。『延喜神名式』の宗我都比古神社二座とは菅を神格化したソガツヒコ・ソガツヒメ二神のことをさすのであろうし、この二神がソガの地霊神ともされていたのである。それゆえソガの地は古代にあっては一種の聖地とみなされていたのであり、ここにある時期ソガ氏が本拠を置いた意義はソガ氏の神祇信仰を探る手がかりを与えてくれる点にありとしなければならない。

さて、このソガの地の地理的位置をみると大和盆地の南部を東西に横断し、東は泊瀬《はつせ》をへて東国に通じ、西は大坂越《おおさかごえ》をへて難波《なにわ》にいたる古代の幹線道路横大路《よこのおおじ》と奈良盆地を南北に縦貫し、北は山背、南は木ノ国に通じる下《しも》ツ道との交点に近い交通の要衝である。

かつ曾我川を上流へさかのぼると、檜前忌寸《ひのくまのいみき》と総称された渡来系氏族の雄東漢氏《やまとのあやうじ》一族の集住地檜前にも通じる。ソガ氏と東漢氏との親密な関係の背景として、この地縁的関係も無視できないであろう。

ソガ氏の出自　『古事記』によればソガ氏は孝元天皇の孫（『日本書紀』では曾孫とする）、建内宿禰《たけのうちのすくね》の男蘇賀石河宿禰を始祖とし、以後の系譜を諸史料によって推定すれば満智《まち》―韓子《からこ》―高麗《こま》―稲目となる。この満智の名が応神紀にみえる百済の権臣木満致《もくまんち》の名に一致することから、ソガ氏を百済系渡来氏族とする説もあるが、この一致は偶然にすぎないとする考えもある。韓子については継体紀に「大日本の人、蕃女《めと》を娶りて生めるを韓子とす」とあり、ソガ韓子もそのような日韓混血児だとすると父は日本人であるからソガ氏渡来氏族説は成り立たないことになる。また、ソガ氏の支族には大王に食膳を供献する義務を負ったものが少なくないことを理由にソガ氏渡来系氏族説を否定する考えもある。

ともあれ、満智―韓子―高麗までの系譜はそれ以後の稲目―馬子―蝦夷―入鹿とちがって異国的であり、前後に断絶があるようにも思える。これに関しては前者（満智―韓子―高麗）はソガ氏の支族倉《くら》氏が後者（稲目以下）に架上した系譜であり、満智・韓子・高麗は朝鮮三国の百済・新羅・高句麗から連想・造作されたもので実在の人物ではないとする説がある。しかし一方では、これを実在とみる説もあり、その評価はむずかしい。ただ高麗と稲目の間に一つの断層があることはいくつかの理由から認められるであろう。その理由とは、第一に稲目にいたってはじめて大臣となり、ソガ氏は大和政

第4図 蘇我氏系図

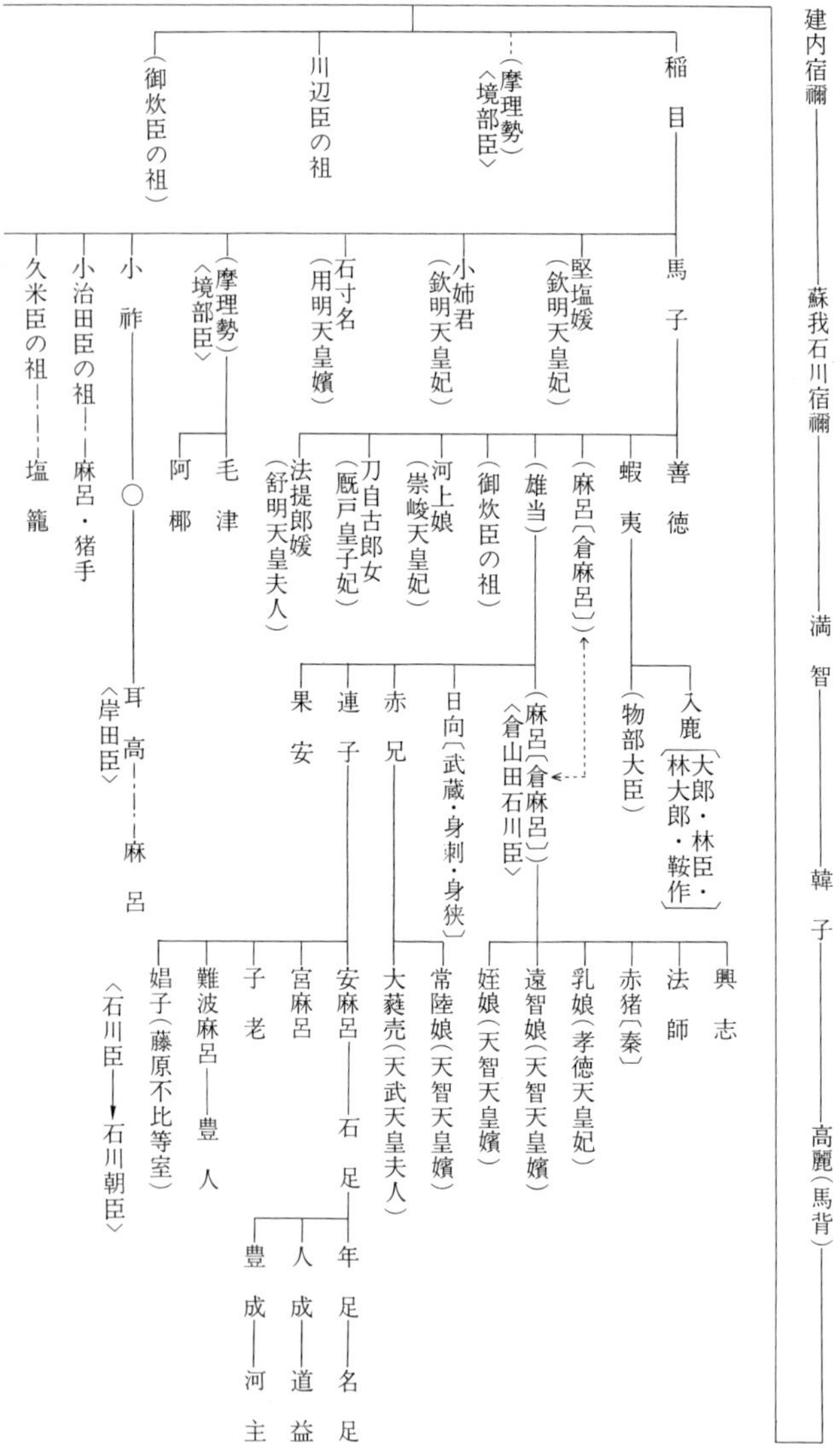
建内宿禰
蘇我石川宿禰
満智
韓子
高麗（馬背）
稲目
（摩理勢）〈境部臣〉
川辺臣の祖
（御炊臣の祖）
馬子
堅塩媛（欽明天皇妃）
小姉君（欽明天皇妃）
石寸名（用明天皇嬪）
（摩理勢）〈境部臣〉
小祚
小治田臣の祖
久米臣の祖
善徳
蝦夷
（麻呂（倉麻呂））
（雄当）
（御炊臣の祖）
河上娘（崇峻天皇妃）
刀自古郎女（厩戸皇子妃）
法提郎媛（舒明天皇夫人）
毛津
阿椰
耳高〈岸田臣〉
麻呂・猪手
塩籠
入鹿〈大郎・林臣・林大郎・鞍作〉
（物部大臣）
（麻呂（倉麻呂））〈倉山田石川臣〉
日向（武蔵・身刺・身狭）
赤兄
連子
果安
麻呂
〈石川臣→石川朝臣〉
興志
法師
赤猪（秦）
乳娘（孝徳天皇妃）
遠智娘（天智天皇嬪）
姪娘（天智天皇嬪）
常陸娘（天智天皇嬪）
大蕤売（天武天皇夫人）
安麻呂
宮麻呂
子老
難波麻呂
豊人
娼子（藤原不比等室）
石足
年足
名足
人成
道益
豊成
河主

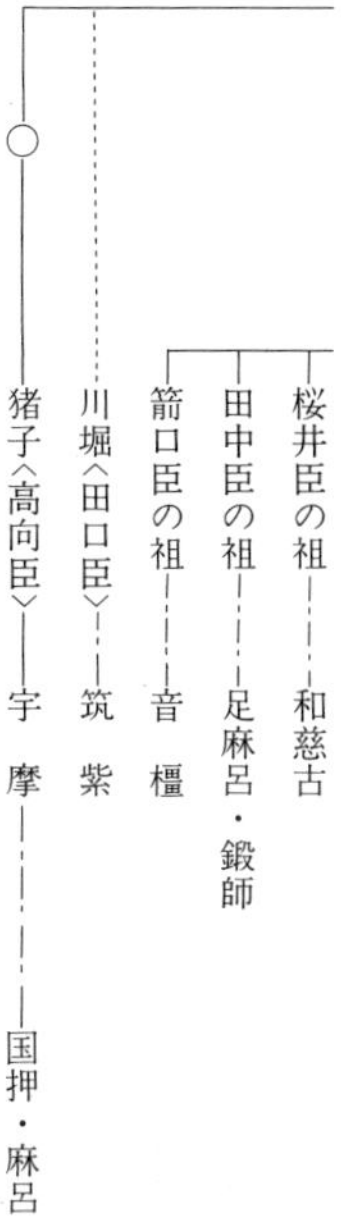

註　（ ）は別名、〈 〉は枝氏名を示す。（ ）はその系譜的位置に異説のあるものを示す。……はその間に世代の省略があること、——は上掲の人物の子孫であるが、あるいはその兄弟・同世代の可能性もあることを示す。川堀・猪子は高麗の直接の子孫ではない可能性もあるので、図のように示した。

権の中枢に位置を占めるようになったこと、第二に稲目がその二女堅塩《きたし》媛《ひめ》と小姉君《おあねのきみ》を欽明天皇にいれ、はじめてソガ氏が大王家の外戚となったこと、第三にソガ氏の枝氏を検討すると、高麗以前にわかれたものはわずか二氏にすぎないが、稲目の後と称するものは六氏を数え、前後に著しい差が認められることなどである。

右の第一について、稲目がいかなる背景のもとに大臣となりえたのかが問題である。これについて、かつての大臣家葛城《かずらき》氏の娘を稲目が娶ったことにより、大臣就任の資格を獲得したという説がある。だが葛城氏との通婚を可能としたものは何であったかはなお不明といわざるをえない。

第二について、かつての大臣家葛城氏が大王家の外戚の地位を保持した例をみると大臣に就任したために、その娘を大王家にいれることもできるようになったと考えられる。

第三について、稲目以前の枝氏は川辺朝臣《かわべのあそん》・高向《たかむこ》朝臣の二氏であるが、その本貫地はいずれも河内国石川郡である。稲目の後と称する枝氏は桜井朝臣・箭口《やぐち》朝臣・田中朝臣・小治田《おはりだ》朝臣・岸田朝臣・

久米《くめ》朝臣の六氏で、それぞれの本貫地はいずれも大和曾我の近辺である。ここで枝氏をだすことの意義を考えてみよう。氏とは大化前代における政治的特権集団であるといわれるように、各氏は大和政権においてそれぞれ一定の政治的地位を認められ、政権の構成分子として政治に参加するものであり、また枝氏は本氏からの分岐にあたっては経済的独立を保証するため経済基盤の分与にあずかったのである。このような観点からソガ氏の枝氏分岐の様相をみるなら、稲目以前におけるソガ氏の政治・経済的実力は微々たるもので、稲目にいたってその実力は飛躍的に向上したことがうかがわれるであろう。また、その勢力微弱なる時代の枝氏の本貫地が河内石川であることは、ソガ氏がかつて河内石川地方を本貫とした時期のあったことを推測させる。稲目の後と称する枝氏の本貫がいずれも大和宗我の周辺であることは、稲目の時に竹内越《たけのうちごえ》をへて、河内石川から大和宗我に本居を移したのではないか。それはたまたま安閑・宣化朝と欽明朝の両朝併立期で大和政権が内部分裂により混乱していた時期である。稲目はその虚をついて大和入りをはたし、欽明天皇支持の立場をとったのであろう。

2　蘇我氏の盛衰

欽明朝のソガ氏　ソガ氏の発展は稲目が欽明天皇を支持し、その政権の強化をたすけ、大王の全国支配を飛躍的に高めたことにともなうものであった。『古事記』には歴代天皇の皇居が記されているが、その中で欽明天皇のそれのみ「師木島《しきしま》の大宮」と呼んでいて、ほかの皇居を「大宮」と呼んだ例は絶無である。また、その皇居の所在地「師木島（敷島）」は『万葉集』などでは「大和」の枕詞として用いられる。後代からみて欽明天皇の存在がいかに偉大なものと観ぜられたかがうかがわれるであろう。

欽明王権を考える上でもう一つの手がかりがある。「師木島の大宮」の跡は未詳ながら、およその位置は三輪山《みわやま》の南西麓あたりと推定されている。それは大和国磯城郡《しきぐん》・十市郡《とおちぐん》のあたりである。

第5図　三輪山遠景

飛鳥の近辺に旧国名と同じ地名が多く現存していることは、藤原宮造営にあたり諸国から徴発された人夫の宿泊地の名残りであろうとする見解がある。いま、この考えに準拠してみると、磯城・十市地方には国 造《くにのみやつこ》の国名に等しい地名がかなり認められるのである。これは欽明朝のころ「師木島の大宮」の造営にあたり、諸国造を通じて、その配下の人民を徴発し上京させて使役した名残りではあるまいか。欽明朝は国造制をフルに活用して全国支配を強化した時期と捉えることができるように思われる。稲目はこのような欽明天皇を強力に支持し、大和政権の強化ひいてはソガ氏の権力強化を実現した人物として高く評価されなければならないであろう。

第6図　蘇我氏と大王家との関係系譜

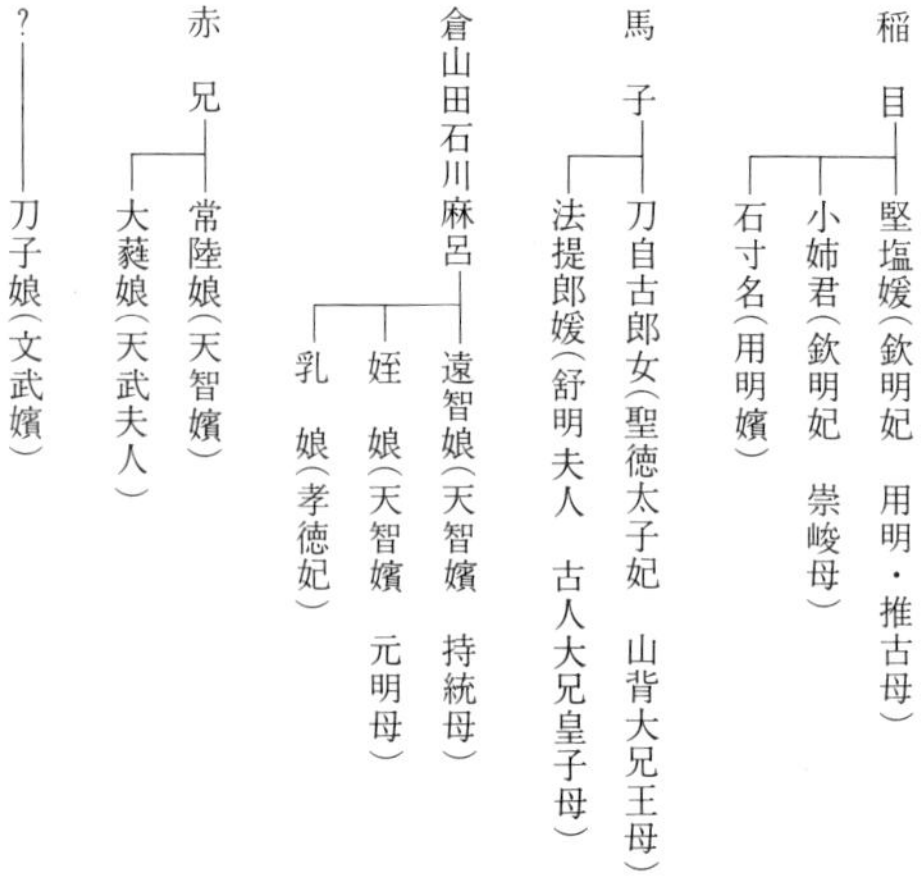

このようにソガ氏は稲目にいたって飛躍的発展を遂げたのであり、それ以前についてはなお不明のことが多いのである。まず、その元祖である孝元天皇にしてからが、いわゆる欠史八代の中の天皇で、早くからその実在を疑われており、遠祖建内宿禰にしても孝元の皇孫とも皇曾孫とも伝え、記紀の間に違いがあり、また国家の頭梁《とうりょう》の臣、歴朝内廷に仕えた忠誠の臣、そして長寿の人として理想化された人物像で実在性に乏しい。始祖の蘇賀石河宿禰にしても『日本三代実録』によれば石川の別業に生まれ、後に宗我大家を賜ってこれに居り、宗我を名乗ったとするが、建内宿禰と石川別業の関係などほかに徴すべきものはなく一切不明である。かりに満智以後を実在としても、それ以前の系譜には疑問が多く、ソガ氏の起源・沿革についてはわからないところが多いのである。

外戚としてのソガ氏　さて、稲目がその二女を欽明天皇にいれて大王家の外戚となってからは、ソガ氏は代々その子女を大王家にいれて外戚の地位を保持し、また所生の皇子女を大王に立てて権力を

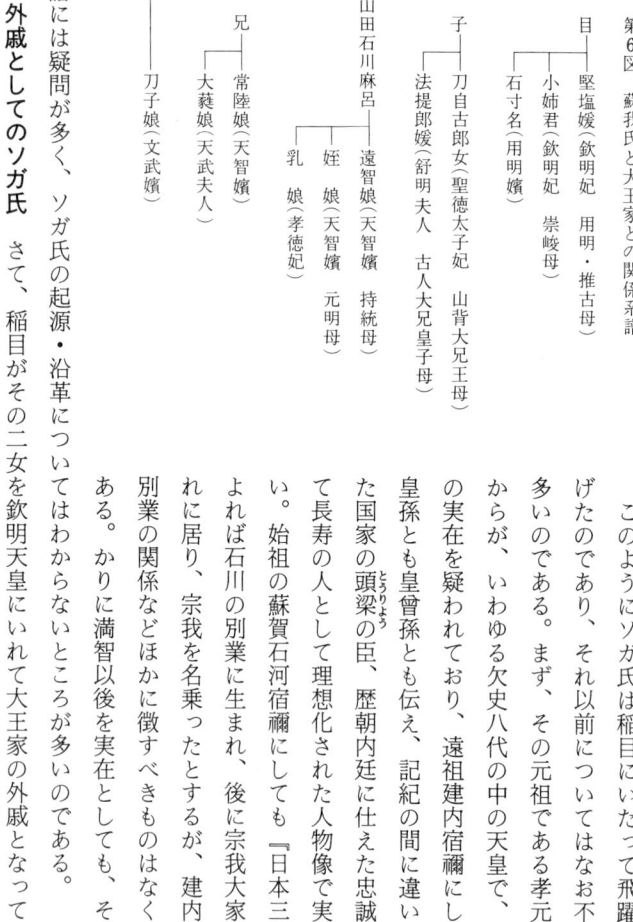

握った。いまソガ氏と大王家との関係を系譜で示すと第6図の通りである。

図のように六、七世紀にはソガ氏の子女が多く大王家に入り、そこにソガ氏の血を引く多くの皇子女が生まれ、ソガ氏の尊貴性もいちじるしく高まった。蝦夷・入鹿が討たれて本宗家が滅びてのちも倉山田石川麻呂・連子・赤兄《あかえ》の兄弟があいついで大臣となり、その子女が皇妃となるなど大化改新後もなおその尊貴性を保持しつづけ、藤原不比等《ふひと》も連子の娘娼子を娶ることによってそのステイタスを高め、大王家ともミウチとなった。

ソガ氏の没落　だが、和銅六年（七一三）、文武の嬪《ひん》であった石川刀子娘《とすのいらつめ》が嬪号を奪われる事件が起こった。これは文武なきあと、未亡人としての刀子娘に不謹慎なおこないがあったとして嬪の称号を奪ったのであろうが、その背景には刀子娘所生の二皇子の存在が藤原不比等の外孫である首皇子《おびと》（後の聖武天皇）のライバルであったため、それを排除する目的があったらしい。すなわちソガ氏の血を引く二皇子は首皇子の強敵であったので、二皇子の生母に難癖をつけ嬪の地位を奪ってしまえば、所生皇子も皇子の籍を失い、皇位継承権を失うことになるのである。この二皇子は母氏について石川朝臣を称して臣籍に降り、後に高円《たかまど》朝臣を賜った広成《ひろなり》と広世《ひろよ》の兄弟である。これを最後として以後ソガ氏はその子女を入内《じゅだい》させることは皆無となり、藤原氏がそれにとってかわるのであった。八世紀以降のソガ氏は政治的にほとんどみるべきものがなくなって、やがて歴史の波間にその姿を没するのである。

二　蘇我氏の出自と発祥地

志田諄一

1　蘇我氏の発祥地をめぐって

大和の曾我説と河内の石川説　蘇我氏の発祥地については、大和国高市郡《たけちぐん》曾我とする説と河内国石川とみる説が著名である。この両地の関係は、『日本三代実録』元慶元年（八七七）十二月二十七日条の石川朝臣木村《いしかわのあそんきむら》の奏言《そうごん》に、「始祖《しそ》大臣武内宿禰《おおおみのたけのうちのすくね》の男宗我（蘇我）石川が河内国石川の別業《べつぎょう》に生まれたので、石川をもって名としたが、のちに宗我の大家を賜わって居としたので、よって宗我宿禰の姓を賜わった」とみえている。

蘇我氏のような臣姓氏族は、大部分が本拠地名と氏の名が一致するので、蘇我氏の本貫を大和の曾我と考えるのは自然であり、本居宣長・栗田寛・吉田東伍・太田亮など大和を蘇我氏発祥の地とする者が多い（『古事記伝』『新撰姓氏録考証』『大日本地名辞書』『姓氏家系大辞典』）。これに対し蘇我氏の本貫は河内の石川で、そこから大和に居を移したとする説がある（田村円澄『聖徳太子』、新野直吉「蘇我氏の出自とその擡頭」『歴史』三三、黛弘道『律令国家成立史の研究』）。

第7図　石川の流れ

その論拠となるのは、『古事記』にもみえる建内宿禰《たけのうちのすくね》の子「蘇賀石川宿禰」の存在である。蘇我石川宿禰の「石川」は人名ではなく、氏の名とすべきであり、河内の石川をさし後世蘇我氏が石川氏と改称するのは、この氏の本拠が河内の石川であるからだ、というのである。そうすると、河内石川説の根拠は蘇我石川宿禰の存在にかかっていることになる。蘇我石川宿禰は応神紀三年是歳条に、百済《くだら》の辰斯《しんし》王《おう》を詰問するため、紀角宿禰《きのつののすくね》・羽田矢代宿禰《はだのやしろのすくね》・石川宿禰・木菟宿禰《つくのすくね》を遣わした、とみえる。この記事は『百済記』によって壬辰の年に日本が百済辰斯王に問罪の軍を送ったことを知り、それを具体化するために建内宿禰の一族を登場させたもので、造作と考えられている（三品彰英『日本書紀朝鮮関係記事考証』上）。したがって、実在の疑われる人物である。

石川宿禰と関係深いのは、天武十三年（六八四）に朝臣を賜わった石川臣《いしかわのおみ》である。石川朝臣は、『新《しん》撰姓氏録《せんしょうじろく》』左京皇別に「孝元天皇皇子彦太忍信命《ひこふとおしのまことのみこと》之後也」とあるが、天平宝字六年（七六二）の「石川朝臣年足墓誌《としたりのぼし》」には、「武内宿禰命子宗我石川宿禰命十世孫従三位行左大弁石川石足朝臣長子」とみえ（竹内理三編『寧楽遺文《ならいぶん》』下）、石川朝臣は蘇我石川宿禰の直系としているのである。天武十三年に朝臣を賜わった石川臣は、蘇我氏をさすと考えられている。しかし、蘇我臣が石川臣と氏の名を改めたことは『日本書紀』にはみえない。それに蘇我氏の本宗は皇極四年（六四五）に滅亡したので、以後に名をあらわす蘇我氏は蝦夷《えみし》・入鹿《いるか》の直系ではなく、傍系氏族である。

大化以後の蘇我氏　大化改新以後『日本書紀』に活躍が記される蘇我一族には、蘇我倉山田石川麻呂《そがのくらやまだのいしかわまろ》・蘇我田口臣川堀《たぐちのおみかわほり》・蘇我臣日向《ひむか》・蘇我赤兄《あかえ》臣・蘇我連大臣・蘇我果安《はたやす》臣・蘇我臣安麻呂などがいる。このうち蘇我田口臣川堀と蘇我果安臣の系譜については明らかでないが、そのほかは蘇我倉氏につながる系譜をもっている。このなかで石川臣を称し、天武十三年に石川朝臣の姓を賜わったのは、蘇我連大臣の系統であった。

蘇我連大臣は『公卿補任《くぎょうぶにん》』に、「字蔵大臣……雄正子臣の子。右大臣石河麿の弟也」とある。また赤兄も雄正子臣の子で「蔵大臣と号す」とみえる。雄正は『公卿補任』では馬子の子とあり、舒明即位前紀にみえる蘇我倉麻呂（雄当）に比定される。蘇我倉雄当の子は、異腹の日向をのぞき、蘇我倉山田石川麻呂・蘇我連（字蔵大臣）・蘇我赤兄（号蔵大臣）のように、氏の名は蘇我倉である。この蘇我倉の

「倉」は雄当（正）にはじまる家系の人名および字《あざな》・号の一部で、蘇我倉氏ではなく蘇我倉家とする見解がある（加藤謙吉『蘇我氏と大和王権』）。しかし、蘇我倉麻呂や蘇我倉山田石川麻呂の「倉」は、人名の一部ではなく氏の名の一部につくものであろう。

第8図　山田寺跡

蘇我倉氏は蘇我倉山田石川とか、蘇我山田石川・蘇我石川とも称した。蘇我倉山田石川麻呂は「麻呂」だけが名で、「山田」「石川」は地名である。「山田」は麻呂大臣の長子興志《おこし》が大和の山田の家にあって寺を造り、その寺を山田寺と呼んでいる。『上宮聖徳法王帝説』の裏書にも、山田寺は辛丑年（舒明十三年）にはじめて地を平にし、癸卯年（皇極二年）に金堂を建てたとあるので、山田の地は蘇我倉麻呂（雄当）のとき、すでに蘇我倉氏の領地になっていたのである。「石川」は河内の石川であろう。

山田は蘇我倉氏の大和における本拠地であり、河内の石川は蘇我倉氏の出自の地であったので、蘇我倉山田・蘇我山田、あるいは蘇我倉石川・蘇我石川とも称したのである。蘇我倉氏の系統が天武朝に石川臣を称したのは、壬申の乱にさいし近江朝廷に属した蘇我臣赤兄・蘇我臣果安が罪を得て配流される事件などが要因となって、蘇我の氏の名をやめ出自の地名の石川を氏の名にしたのであろう。したがって、蘇我氏の発祥地は大和の蘇我であり、河内の石川は蘇我倉氏の発祥地であったことになる。

2　蘇我石川宿禰と蘇我倉氏

『日本書紀』と蘇我倉氏　『日本書紀』の蘇我氏関係の記事をみると、蘇我氏一族のなかで蘇我倉氏だけが特異な地位をしめていることがわかる。舒明即位前紀には、推古天皇崩後、蘇我蝦夷が阿倍臣《あべのおみ》麻呂《まろ》とはかつて群臣を自分の家にあつめ皇位問題を議し、田村皇子を立てる説と山背大兄王《やましろのおおえのおう》を立てる説にわかれたとき、ただ蘇我倉麻呂（雄当）臣ひとり「臣は当時、便《たやす》く言《まう》すことを得じ、更に思いて後に啓《まう》さん」といったので、蝦夷大臣も事をなすこと能わざるを知って退いた、とある。ということは蘇我倉麻呂は蘇我蝦夷の政策に協力しなかったことが主張されている。

皇極紀三年（六四四）正月条には、中臣鎌子連《なかとみのかまこのむらじ》のなかだちにより、蘇我倉山田石川麻呂の長女を中大兄の妃にいれたが、身狭臣《むさのおみ》（蘇我日向）にぬすまれたので、倉山田臣はさらに少女をたてまつった。そこで「奉るに赤心を以てして、更に忌む所無し」と評されている。また六月条には、蘇我倉山田石川麻呂が三韓の調《みつぎ》の上表文をよむのを合図に蘇我入鹿を斬るという、入鹿暗殺事件に重要な役割を演じたことが記されている。

大化五年（六四九）三月条には、蘇我倉山田大臣が謀反の疑いをうけ、天皇の軍兵に攻められたとき、山田寺にたてこもって一戦を交えようと主張する長男の興志をおさえ、「此の伽藍は、元より自身の故に造れるに非ず。天皇の奉為《おおみため》に誓いて作れるなり」といい、「願くは我、生生世世に君主を怨みじ」と誓い終わって自殺した、とあり、蘇我蝦夷・入鹿の専横と対照的に天皇に対する忠誠心が強調されている。

天武即位前紀には、天智天皇の病気が重くなり、蘇我臣安麻呂を遣わして東宮大海人皇子《とうぐうおおあまのおうじ》を召したとき、安麻呂は平素より東宮と好みがあったので、ひそかに東宮をかえりみて「有意《こころしら》いて言《のたま》え」とすすめた。そこで東宮は陰謀のあることを知り、皇位を授けんとの詔があったのに病気と称して固辞し、その日に出家した、と記されている。ここでは大海人皇子の危難が、安麻呂の忠告によって救われたことになっている。いうまでもなく安麻呂は、蘇我連大臣の子で蘇我倉氏系の人物である。

蘇我倉氏の職掌　蘇我氏のうちで朝廷の倉に関係した一族が、蘇我倉氏を称したといわれている（直木孝次郎『日本古代国家の構造』、黛弘道「大和国家の財政」『日本経済史大系』古代）。蘇我一族のなかにあって、蘇我倉氏だけが中大兄《なかのおおえ》皇子らの反蘇我氏とむすびついたのは、この氏が内蔵《くら》などの管理を通じて皇室との関係がとくに深かったことを物語る。

『古語拾遺』には、神武天皇のとき、宮の内に蔵を立てて斎蔵と名づけ、斎部氏を管理の職に任じたが、履中天皇の世になると三韓からの貢物が累代絶えることがなかったので、さらに内蔵を建てて官物をわかち収め、阿知使主《あちのおみ》と王仁《わに》に管理させた。雄略朝には諸国の貢調がみち溢れたので、大蔵を立て蘇我麻智《まち》宿禰をして三蔵を検校《けんぎょう》させ、秦氏と東西文氏に出納・記録の事務を分掌させた、と記されている。蘇我麻智の三蔵検校の話は、忌部《いんべ》氏の功業とは無関係なので、なにかよりどころがあったものといわれている。

『古語拾遺』をみると天児屋命《あまのこやねのみこと》を「中臣朝臣等の祖」、天忍日命《あまのおしひのみこと》を「大伴宿禰の祖」としているので、天武賜姓以後の諸氏伝承を参照したことがわかる。そうすると蘇我麻智の話も蘇我倉氏系の石川氏のもとにあった伝承がとられたことになる。そこで問題となるのが蘇我石川宿禰の存在である。蘇我という氏の名を冠する最初の人物として、朝廷とむすびつく者が「石川宿禰」であることは、この人物が蘇我倉系石川氏によって構想あるいは潤色された疑いがある。石川宿禰の後裔《こうえい》とされる満智《まち》・韓子《からこ》・高麗《こま》についても、同様の疑いがもたれる。

『公卿補任』宣化天皇条には、大臣蘇我稲目宿禰を「満智宿禰之曾孫。韓子之孫。高麗之子也」と注記している。このうち満智は履中紀二年十月条に、平群木菟宿禰《へぐりのつくのすくね》・物部伊莒弗大連《もののべのいこふのおおむらじ》・円大使主《つぶらのおおみ》らと国事をとった、とみえる。また満智は応神紀二十五年条にみえる百済の久爾辛王《くにしんおう》の権臣、木満致《もくまんち》と同名なのが注目されている。満智の子の韓子は雄略紀九年三月条に、紀小弓宿禰《きのおゆみのすくね》・大伴談連《おおとものかたりのむらじ》・小鹿火《おかひ》宿禰《すくね》らとともに新羅を討った、とあり、五月条に小弓の子、大磐《おおいわ》宿禰に射殺された、とみえる。韓子という名も問題である。継体紀二十四年九月条の分注に「大日本の人、蕃の女を娶りて生めるを、韓子とす」とあるのによれば、蘇我韓子も日本人である父と、蕃女（ここでは韓人女性）との間に生まれた子ということになろう。

つぎの高麗については、たしかなことはわからない。『公卿補任』では稲目の父になっているが傍証がない。その名も問題である。稲目は六世紀前半から中ごろにかけての人物と考えられるので、その父とされる高麗は五世紀後半、すなわち雄略朝ごろの人物ということになる。雄略朝といえば倭王《わおう》武《ぶ》が南宋の順帝にだした上表文の一節に、「而《しか》るに句驪《くり》無道にして」とあるのに注意する必要がある。このように高句麗を敵視していた時期に「高麗」などという名をつけるだろうか。「高麗」は高句麗系の娘との間に生まれた混血児の通称という考えもある。

蘇我氏の系譜をみると、石河・満智・韓子・高麗と稲目・馬子・蝦夷・入鹿のように、高麗以前の異国的な命名法と稲目以後の日本的な命名法が対立している。これは同じ蘇我氏といっても高麗以前と稲目以後とでは、まったく系統を異にするとでも考えなければ説明のつかない事実だという指摘がある（黛弘道『律令国家成立史の研究』）。この事実は高麗以前の系譜が蘇我倉氏によって、潤色されたことを思わせる。満智（百済）・韓子（新羅）・高麗（高句麗）というように、朝鮮（三韓）に関係のある人名を系譜にとりいれたのは、蘇我倉氏の職掌が朝鮮と密接にむすびついていたことを物語る。皇極四年（六四五）六月、三韓貢調の日に蘇我倉山田石川麻呂が、三韓の上表文をよんでおり、『古語拾遺』

に三韓からの貢献が絶えなかったので、内蔵を建て官物を分収し、斎蔵・大蔵とともに蘇我麻智が検校した、とあるのも三韓貢調―内蔵―蘇我倉氏の関係を示している。

大化以後、蘇我一族の中心となった蘇我倉氏は、その政治的地位を明らかにするために石川宿禰や自家の職掌と関係の深い三韓にちなんだ名の人物の系譜を潤色し、武内宿禰にむすびつけたとも思われるのである。

3　蘇我氏の出自

蘇我氏渡来人説　最近、蘇我満智を『日本書紀』や『三国史記』にみえる百済の官人木満致（木劦《もくら》満《まん》致《ち》）と同一人物とする異色の説がだされ、脚光を浴びている（門脇禎二「蘇我氏の出自について」『日本のなかの朝鮮文化』一二、同『新版飛鳥』）。応神紀二十五年条に、百済の久爾《くに》辛王《しんおう》が幼少であったので、木満致が国政を執り、久爾辛王の母と相婬《たわ》けて、おおいに無礼をおこなったので天皇はこれを聞き日本に召した、とある。同条所引の百済記にも、満致は木羅《もくら》斤資《こんし》が新羅を討ったとき、その国の婦を娶って生まれ、その父の功により任那《みまな》に勢いをふるい、日本に往還して制《のり》を大和朝廷より承り、百済の国政を執った、とみえる。また『三国史記』百済本紀の蓋鹵王《がいろおう》二十一年九月条に、高句麗の攻撃により王都漢城《かんじょう》が包囲されたとき、蓋鹵王は子の文周《ぶんしゅう》に避難を命じ、「文周、すなわち木劦満致・祖弥桀取《そみけつしゅ》と南に行けり」とある。

門脇禎二氏はこの満致の「南に行けり」を応神紀や百済記の大和朝廷への召致とむすびつけ、新羅を経由しての満致の渡来を力説する。雄略天皇の朝廷で、外交や財政に手腕を発揮したとみられる蘇我満致の形姿は、百済官人木（劦）満致が、大和朝廷にうけいれられたものだ、というのである。門脇説を支持した、田中重久氏も木満致・蘇我満智同一人説をとなえている（「喇加氏百済人説」『史迹と美術』四五二・四五三）。

門脇説に対しては、つぎのような批判がある。『三国史記』の文周王の条に満致の名のみえないことをもって、満致の渡来の証とするが、文周王の治世はきわめて短かく、記事も簡単で、そこから推論をだすことは困難である。また百済記によって、満致を木羅斤資の子とし、親日的な百済官人と規定して日本へ往還した事実を認めたとしても、それが日本への定着を意味しない。もし定着の事実があったならば、『日本書紀』になんらかの影響が反映してもよいのに、満致定着を示す痕跡は皆無である。かりに門脇説を認めて、満致の子孫が蘇我氏となったとするならば、東漢氏《やまとのあやうじ》・秦氏《はたうじ》らの築いた先住渡来人集団の社会秩序のなかに、一族はどういう形で迎えられたか、門脇氏は彼らが檜前《ひのくま》地方の東漢氏系勢力と融和し、指導的地位についたとするが、そうした理解は安易である。百済出身のこの氏が、ひとり渡来系の系譜をすて、まったく異質な在地型土豪の系列に加わり、抵抗なく大臣の地位にのぼって、武内宿禰の後裔を名乗ったとは理解しがたい。蘇我満智の子とされる韓子、孫の高麗の名についても、その異国風の名がかえって百済出身者としての実質性を否定する。彼らの人名は実際の異国出身者に付された名とするには、あまりにも粗末であり、後世の作為的な命名の跡をよみとることができるというのである（加藤謙吉「蘇我氏の発祥地とその進出地域」『早稲田大学文学研究科紀要』別冊第二集）。

山尾幸久氏も木満致が日本に移住したとする立場をとり（『日本国家の形成』）、鈴木靖民氏は木満致が渡来して河内国に居住し、葛城《かずらき》氏に入り婿して、葛城氏の同族的集団の首長に推戴されたとみる（「蘇我氏は百済人か」『歴史読本』二六ー七、「木満致と蘇我氏」『日本のなかの朝鮮文化』五〇）。しかし、木満致日本定着を示す史料・伝承とも皆無である。

黒岩重吾氏の蘇我氏百済王族説も（「蘇我氏は百済王族か」『歴史と人物』昭和五十三年七月号）、一般の興味を喚起させている。黒岩氏は皇極紀四年六月条に、「吾等、君大郎《きみのたいろう》に由りて、戮《ころ》されぬべし」といった高向臣国押《たかむこのおみくにおし》の言葉に注目し、倭漢氏が蘇我の宗家を自分たちの君主と仰ぎ仕えているのは、蘇我氏に百済王族の血が流れていたからだ、としている。しかし、入鹿を「君大郎」と呼んだのは、支配関係にあった入鹿に「君」という敬語を冠しただけで、それが百済王族を示すものとはならない。敏達紀十二年是歳条にも、火葦北国造《ひのあしきたのくにのみやつこ》刑部《おさかべ》靫部《ゆげい》阿利斯登《ありしと》の子日羅《にちら》が、支配関係にあった大伴金村大連のことを「我が君」と呼んだ例もみられるのである。

蘇我氏と葛城氏　蘇我氏の系譜で、もっとも重要な人物は稲目である。蘇我氏の高麗以前の系譜が蘇我倉氏によって潤色されたものとすれば、稲目の出自が問題となる。そこで蘇我氏は葛城氏からわかれたという説が注目されてくるのである（太田亮『姓氏家系大辞典』）。推古紀三十二年十月条に、蘇我馬子大臣が使者をたて推古天皇に、

葛城県《かずらきのあがた》は、元臣が本居なり。故、其の県に因りて姓名を為せり。是を以て、冀《ねが》わくは、常に其の県を得《たまわ》りて、臣が封県《よさせるあがた》とせんと欲《ねが》う。

と奏言したことがみえる。皇極紀元年是歳条にも、

蘇我大臣蝦夷、己が祖廟を葛城の高宮《たかみや》に立てて、八佾《やつら》の儛《まい》をす。

とあるので、蘇我氏は明らかに葛城出身であったことが知られる。もっとも、これらの記事は、蘇我氏の専横をことさらに強調するために文飾されたものであり、蘇我氏の葛城進出という事実にもとづき、のちに構想された記事だとする説がある（津田左右吉『日本古典の研究』下、日野昭『日本古代氏族伝承の研究』）。皇極紀の「八佾儛」が『論語』巻二の「八佾儛二於庭一」に依拠した記事だとしても、蝦夷が「己が祖廟」の祭祀をおこなった事実までも否定することはできない。『日本書紀』の編者は蘇我氏の「本居」を葛城の地と認めたうえで、蘇我氏の天皇に対する越権行為を指弾しているのである（加藤謙吉『蘇我氏と大和王権』）。

雄略即位前紀には、葛城円大臣《つぶらのおおおみ》が穴穂《あなほ》天皇（安康）を殺した眉輪王《まよわのおう》と雄略天皇の同母兄の坂合黒《さかあいのくろ》彦《ひこ》皇子を自宅にかくまったので、大泊瀬《おおはつせ》皇子（雄略）の軍勢に宅を囲まれた。円大臣は「娘の韓媛《からひめ》と葛城の宅七区」を献じて罪を贖《あがな》うことを願ったが許されず、焼き殺されたことがみえる。

『古事記』安康天皇の段には、都夫良意美《つぶらのおみ》(円大臣)が「五処の屯倉《みやけ》」を献納したとあり、「いわゆる五処の屯倉は、今の葛城の五村の苑人なり」と注記している。葛城氏が滅ぼされたとき、葛城の地を中心とする広大な領地が朝廷に没収されたのである。蘇我馬子が「葛城県」の下賜を要求しているのは、葛城氏がかつて没収された地の返還を主張しているのである。そこには蘇我氏が葛城氏の一族であるという事実が前提となっているのである(塚口義信「葛城県と蘇我氏」『続日本紀研究』二三一)。

馬子が葛城県は、「もと臣が本居であり、その県によって姓名を為せり」というのであるから、馬子は葛城臣を称したことになる。また蘇我蝦夷が「己が祖廟を葛城の高宮に立てた」とあるので、稲目かその父あたりが葛城出身であったことを示している。皇極紀元年是歳条には、蝦夷・入鹿父子が「預《あらかじ》め雙墓《ならびのはか》を今来《いまき》に造る」とあるが、今来の雙墓は『大和志』に「与二吉野郡今木村一隣」とみえ、祖廟を立てたという葛城の高宮の近くに位置する。したがって、蘇我氏が父祖の地を葛城としていたのはたしかなことである。

『上宮聖徳法王帝説』に聖徳太子の興した七寺のうち、葛木寺を「葛木臣に賜う」とあるが、『聖徳太子伝暦』推古二十九年条には、葛城寺を「蘇我葛木臣に賜う」と記されている。葛城寺を賜わったという蘇我臣(蘇我葛木臣)は、時代とその活躍からいって馬子とみるのが妥当であろう。したがって、馬子は葛木臣馬子・蘇我葛木臣馬子とよばれた可能性がある。馬子は葛城県が「元臣が本居なり」といっているので、馬子のときは本拠が曾我の地に移っており、新しい本拠地によって蘇我臣とし、また旧氏姓の葛木臣とも、あるいは新本拠地と旧本貫をならべて蘇我葛木臣とも称したのであろう。それは蘇我倉氏が、もと河内の石川を本拠としたが、のちに大和の山田の地に移ったので、蘇我倉山田石川、あるいは蘇我倉山田、蘇我石川とも称したのと同じである。

第9図　豊浦寺跡

　蘇我葛木臣が賜わった葛城寺は、『続日本紀』光仁即位前紀の童謡に、「葛城寺乃前在也、豊浦《とゆら》寺乃西在也、於志止度、刀志止度、桜井爾」とみえ、桜井が葛城寺の前にあり、近くに豊浦寺があったことが知られる。葛城寺が桜井・豊浦という当時の蘇我氏の勢力が強く浸透した地にあるのは、この寺の建《こん》立《りゅう》に蘇我氏が関係したことを物語っている（加藤謙吉、前掲書）。葛城の地から曾我の地に移って、最初に蘇我葛城臣を称したのは稲目であろう。『新撰姓氏録』にみえる蘇我氏の氏族分出が、主として稲目以後になっているのもそのことを裏づけている。すなわち、武内宿禰五世孫の稲目宿禰の後とする氏族に、桜井・田中・小治田《おはりだ》・岸田・久米があり、武内宿禰六世孫の猪子臣《いのこのおみ》や宗我馬背《うませ》宿禰の後とする氏族に、高向《たかむこ》・御炊《みかしき》が記されている。稲目以前の分出とするものに、武内宿禰四世孫宗我宿禰の後とする川辺朝臣がいる。しかし宗我宿禰はほかに所見がなく、その名も宗我の地名に宿禰を加えただけなので問題がある。

葛城氏は四世紀後半から五世紀初め葛城襲津彦《そつひこ》がでて、指導的な役割を果たした。仁徳天皇は襲津彦の娘磐之《いわの》媛命《ひめのみこと》を娶って履中・反正・允恭をもうけ、履中天皇は葛城氏の娘黒媛を娶って市辺押羽《いちべのおしは》皇子と飯豊《いいとよ》皇女が生まれる。市辺押羽皇子の子が顕宗・仁賢天皇となる。雄略天皇も葛城氏の韓媛を妃として清寧が生まれる。このように、五世紀における葛城氏は皇室の外戚として繁栄を誇るのである。ところが允恭天皇が薨じて仁徳天皇の子の世代が終わると、皇位継承をめぐる内乱がつづく。市辺押羽皇子ら葛城系の皇統を支持しようとした葛城氏は、安康・雄略を推して葛城氏の権勢を排除しようとする大伴・物部氏などの新興豪族と対立し、没落したといわれる（井上光貞『日本古代国家の研究』）。

この葛城氏の流れをくみ、曾我の地に移って台頭したのが稲目であろう。かつて大臣の地位は、葛城氏・平群《へぐり》氏・巨勢《こせ》氏によってつがれてきた。宣化朝に蘇我稲目が大臣となり、以後蘇我氏が大臣の地位を独占するのも偶然ではない。もし蘇我氏の本貫が河内の石川で、稲目のとき大和に進出してきた新興豪族であったとすれば、大和を地盤とする臣姓豪族が継承する大臣の地位に難なく稲目がつけたであろうか。堅塩《きたし》媛《ひめ》・小姉君《おあねのきみ》を欽明天皇にいれて、外戚になることができたであろうか。稲目はかつては大臣になる家柄で、しかも皇室の外戚として繁栄を誇った葛城氏の一族であったから、政界に登場して大臣につき外戚になることもできたのであろう。

蘇我氏の本宗は、葛城の地から高市《たけち》郡曾我の地に移り本拠とした。稲目の小墾田の家、向原《むくはら》の家、軽の曲殿《まがりどの》、馬子の槻《つき》曲《くま》の家、飛鳥河の傍の家、蝦夷・入鹿の甘檮岡《あまがしのおか》の家、畝傍《うねび》山の東の家などは、いずれも高市郡の地にあった。この高市郡は東漢《やまとのあや》氏をはじめ、今来漢人《いまきのあやひと》の集住地域でもあった。蘇我氏は東漢氏との密接なむすびつきによって、高市郡地方に一層の勢力を浸透させることができたのである。

4　雄略朝の蘇我氏

蘇我満智と韓子　六世紀以前の蘇我氏の動向を明らかにすることは、困難な問題である。応神紀三年是歳条には、この年に百済の辰斯《しんし》王《おう》が立って、貴国の天皇に対して礼を失った。そこで紀角《きのつの》宿禰・羽《は》田矢代《たのやしろ》宿禰・石川宿禰・木兎《つく》宿禰を遣わ

第10図　甘檮岡と飛鳥川

して、その礼がないありさまを詰責させた。それによって百済国は辰斯王を殺して謝罪した。紀角宿禰らは、阿花を立てて王とし、帰ってきた、とみえる。ここに蘇我氏の祖とされる石川宿禰が登場する。しかし紀角宿禰以下四人は、ともに建内宿禰の子とされているが信憑性はいたって薄弱で、造作記事だといわれる（三品彰英『日本書紀朝鮮関係記事考証』上）。

つぎに履中紀二年十月条に、平群木莬《へぐりのつく》宿禰・蘇賀満智宿禰・物部伊莒弗《いこふ》大連・円大使主が、ともに国事を執った、とある。この記事は天皇の外戚として事実上政治的優位をしめていた葛城氏に加えて、のちに執政家として活躍する平群・物部・蘇我の三氏が、それぞれ遠祖の功業を顕彰しようとしたもので、後代の造作とみられている（日野昭『日本古代氏族伝承の研究』続篇）。

蘇我氏に関する伝承のなかで、はじめて具体的な記述がみえるのは雄略紀九年三月と五月条である。そこには、つぎのような話が記されている。天皇はみずから新羅を征討しようと考えたが、神の戒めがあり果たさなかった。そこで紀小弓《きのおゆみ》宿禰・蘇我韓子宿禰・大伴談《かたりのむらじ》連・小鹿火《おかひ》宿禰らの四人を大将に任命して新羅を討たせた。紀小弓宿禰らは新羅の軍を大いに打ち破った。しかし、残兵が従わなかったので、小弓宿禰はさらに兵力を整えて大伴談連らと会い残兵と戦った。この日の夕方、大伴談連および紀岡前来目連《おかさきのくめのむらじ》が、ともに力闘して戦死した。残兵はしりぞけたが、大将軍紀小弓宿禰は病気になって薨じた。夏五月、紀大磐宿禰は父が死んだことを聞いて、ただちに新羅にむかい、小鹿火宿禰が掌握していた兵馬・船官および諸小官を指揮下におき、自分ひとりで勝手に振舞った。そこで小鹿火宿禰は、深く大磐宿禰を怨み、偽って韓子宿禰に告げて、「大磐宿禰がさらに韓子宿禰の掌っている官をも掌握するのは間近であろう、と言っているので、どうかあなたの掌っている官を固く守りなさい」といった。これによって、韓子宿禰と大磐宿禰の間に仲たがいが起こった。そのとき百済の王は、日本の諸将が仲たがいを起こしていることを聞いて、「国の界《さかい》を見せたいので、おでかけ下さい」と韓子宿禰を誘った。韓子宿禰たちは出かけ、河にいたったとき、大磐宿禰が馬に河の水を飲ませたので、韓子宿禰は後から大磐宿禰の鞍几《くらぼね》の後部の横木を射た。大磐宿禰は驚いて後ろをふりむき、韓子宿禰を射落《いおと》したので河の中流で死んだ、というのである。

この伝承は紀氏の家伝にもとづくものと考えられるので、すべてが史実とみることはできない。おそらく、雄略朝に滅亡した葛城氏の本宗家に代わって、蘇我氏が紀氏らとともに朝鮮半島に出兵したことがあったのかもしれない。韓子の父は『公卿補任』では、蘇我満智とする。その満智が滅亡直前の葛城円大使主とともに国事を執った、と履中紀に記されているのは、葛城本宗家に代わる蘇我氏の登場を暗示しているようである。蘇我満智の「満智」は百済人に多い名前で、応神紀二十五年条の分注にみえる「木満致」、天智紀元年六月条の「達率万智《だつそちまち》」などがしられる。蘇我満智は父親が葛城氏の一族で、母が百済人であり、蘇我韓子は満智がさらに朝鮮婦人との間に生ませた子を意味するのであろうか。いずれにしても、「韓子」は実名ではなく通称であろう。しかし、蘇我韓子の子が「高麗」とされるは、あまりにもできすぎているきらいがある。

満智と百済渡来氏族　前述のように『古語拾遺』には、履中天皇の世に、三韓の貢献が世に絶えなかったので、斎蔵のかたわらに内蔵を建て、阿知使主《あちのおみ》と百済博士王仁《わに》にその出納を記録させ、はじめて蔵部を置いた。また雄略朝には秦氏の酒公に、養蚕と機織の技術をもつ一八〇の勝部を管理させたが、これより諸国からの絹の貢調が年々増してきた。そこで大蔵を建て、蘇我満智宿禰に、これらの三つの蔵や出納・記録を掌る秦氏・東西文氏らを統轄させた、とある。

履中から雄略朝にかけて、蘇我氏に三蔵をはじめ東漢氏・西文《かわちのふみ》氏・秦氏らを統轄させた、という伝承は、『日本書紀』にみえる履中朝の蘇我満智の国事執政・雄略朝の蘇我韓子の征新羅将軍など、蘇我氏のにわかの台頭とむすびつくものがある。

しかし、履中・雄略朝に内蔵・大蔵の出納・記録を掌らせた阿知使主（東漢氏）・百済博士王仁（西文氏）・秦氏を統轄した満智の名については問題がある。いうまでもなく「満智」は百済人に多い名前である。東漢氏・西文氏・秦氏を統轄する蘇我氏の名が「満智」になっているのは、これらの渡来氏族が百済から渡ってきたことと関係がある。

応神紀十四年是歳条には、弓月君《ゆづきのきみ》が百済より来帰し「私は自分の国の人夫百二十県を率いて帰化したが、新羅人が邪魔をしたので、みな加羅国《からのくに》にとどまっている」と奏したので、葛城襲津彦《そつひこ》を遣わして弓月の人夫を加羅から召した、とみえ、十五年八月条には上毛野君《かみつけののきみ》の祖荒田別《あらたわけ》と巫別《かんなぎわけ》を遣わして王仁を召した、とある。『古事記』応神天皇の段には、百済の照古王《しょうこおう》が阿知吉師《あちきし》や和邇吉師《わにきし》をたてまつった。また秦造《はたのみやつこ》の祖・漢直《あやのあたい》の祖、また酒を仕込む人、仁番《にほ》らもまい渡ってきた、とみえるので、いずれも百済と関係があったことになる。これらの百済からの渡来氏族を伝承の面からも統轄させるために、蘇我満智という百済人と関係のある人名が造作されたことも考えられるのである。

葛城氏の本拠地であった葛城地方には、多くの渡来人が住んでいた。神功紀五年三月条には、葛城襲津彦が新羅から連れてきた俘人らが「今の桑原《くわはら》・佐糜《さび》・高宮《たかみや》・忍海《おしぬみ》、凡て四の邑《むら》の漢人らが始祖なり」と記している。桑原・佐糜・高宮は大和国葛上郡の地にあたり、忍海は忍海郡の地名と一致する。葛城地方の渡来人集住は、葛城氏の朝鮮出兵と関係があり、葛城氏の流れをくむ蘇我氏も早くからこれらの渡来人とのむすびつきが深かったのであろう。

三　蘇我氏の発展

山尾幸久

1　蘇我稲目の台頭

蘇我稲目の出身地　この章では蘇我稲目の時代をとりあげる。蘇我氏は六世紀なかばからのヤマト国家の形成を主導した。その過程で発展したのである。世襲王権は蘇我氏によってはぐくまれたといっても過言ではない。

稲目の時代に定礎され、馬子の時代に偉容をあらわすヤマト国家の特徴は、第一に大王《おおきみ》の血統世襲制および大王の血族集団の成立に関する事業にあらわれている。第二に中央支配集団の組織体の形成と、中央権力の分掌の制度化や地方族長の大王への奉仕の恒常化にもみることができる。第三は地方支配の制度化によくあらわれている。つづめていえば、世襲王権を根拠とする政治的統合と支配秩序の持続とを特色とする。

律令国家体制へと再編成される歴史的母体がどのように形成されはじめたのかを、「蘇我氏の発展」の題目で記すことも不可能ではない。しかし、それでは〝蘇我氏概説〟を目標とする本書にはそぐわない。それでこの章では、直接に蘇我稲目にかかわる二、三の問題にかぎって、端的に私見をのべることにしたい。

稲目は、深い霧のなかから突然にあらわれたような印象がある。大和国高市郡《たけちぐん》の蘇我（橿原市曾我町付近）の出身らしい。祖先はさほど有力でもない土豪であろう。「舒明即位前紀」に「蘇我の田家《なりどころ》」とあり、『新抄格勅符抄《しんしょうきゃくちょくふしょう》』に「宗我の神」（八〇六年）、『延喜式神名帳《えんぎしきじんみょうちょう》』に、大和国高市郡「宗我坐《そがにいます》宗我都比古《そがつひこ》神社《じんじゃ》二座」などとある。ここが本拠地である。すでに前章でのべられたことであるが、この章にかかわるかぎりで再度記しておきたい。

『紀氏家牒《きしかちょう》』には、「蘇我石河宿禰は、大倭国《やまとのくに》高市県《こおり》蘇我里に家す。故《かれ》、名づけて蘇我石河宿禰と云う。蘇我臣・川辺臣が祖なり」とある。石河（川）宿禰の名は河内の地名にちなむとみるほうがよいが、この史料だけでは何もいえない。この文は、蘇我臣の姓が蘇我里にちなむことを説明するものである。共通する伝承が『日本三代実録』にでてくる。

元慶元年（八七七）の石川朝臣木村の上言に、「始祖の大臣武内宿禰の男《こ》の宗我石川、河内国の石川の別業《なりどころ》に生まる。故、石川を以《もっ》て名と為《な》せり。宗我の大家《おおやけ》を賜わりて居と為し、因《よ》りて姓宗我宿禰を賜わる」とある。石川（河）宿禰の名は河内の石川にちなむという。その始祖が宗我（蘇我）に住んだ

第11図　一須賀古墳群内の古墳

ので地名を姓とするという説明である。蘇我氏は河内の石川にゆかりをもっていたらしい。それは、「蘇我氏の諸族」（「舒明即位前紀」）の一つが河内の石川を本拠としたからである。石川は律令制下に郡名となる。しかしもとは小地名で、イシカ・イスカなどと呼ばれていたらしい。大阪府南河内郡河南町の一須《いちす》賀《か》が遺称である。

　この地を本拠としていた一族は、のちの石川朝臣《あそん》氏である。この一族が「蘇我氏の諸族」となるのは、馬子の時代と見られる。「舒明即位前紀」に、重臣の一人として「蘇我《そがの》倉麻呂《くらのまろ》」がでてくる。この人物が、馬子が石川の一族内にもうけた子息らしい。馬子の「石川の宅」（「敏達紀」十三年条）は麻呂を生んだ母の実家のことであろう（以上、加藤謙吉『蘇我氏と大和王権』吉川弘文館）。

倉麻呂（雄当《おまさ》）の子供の一人が連《むらじ》、連の子供の一人が安麻呂である。安麻呂は即位前の天武と親しく（「天武紀」上）、彼の子弟が壬申の乱（六七二年）ののちに石川臣の姓を授かった。やがて石川朝臣となった（六八四年）。『蘇我・石川両氏系図』をまとめたのがこの石川朝臣である。稲目より前の、石川（石河）―満智―韓子―高麗（馬背）の四代は、もとは石川氏の祖先であったとみてよいであろう（志田諄一「蘇我臣」『古代氏族の性格と伝承』雄山閣出版を参照）。

石川宿禰は伝説上の存在である。満智以下は実在の人物の可能性がある。満智は雄略の時代の人らしい（『古語拾遺』）。百済の有力貴族木刕満致《もくらいまんち》その人とみる説がある（門脇禎二「蘇我氏の出自・形成と朝鮮文化」『古代史をどう学ぶか』校倉書房）。彼は四八〇年前後に、権力抗争に敗れて亡命してきた。してみれば、さきに石川にいた朝鮮系移住民の族内に迎えられたことになる。石川のすぐ北には、同じころ百済の王族昆支《こんき》の子供を生んだ後の飛鳥戸造《あすかべのみやつこ》氏もいた。

蘇我稲目と葛城氏　「推古紀」三十二年（六二四。実は六二三）条に、蘇我馬子が使者をして女帝につぎのように要請させたとある。「葛城県は元《もと》臣が本居《うぶすな》なり。故、其の県《あがた》に因りて姓《かばね》の名と為せり。是を以て、冀《ねが》わくは常《ときわ》に其の県を得て臣が封県と為さんと欲《ねが》う」。この「県」は、人民の一般的・地域的な所属区分の表記とみられ、歴代の君主に直属すべき〝畿県〟の意味で使われている。当時の用語ではない。しかし、馬子が、自分は葛城が「本居」なので葛城を「姓の名」としているといわせた内容には、何の不審もない。「本居（うぶすな）」とは個人が生まれた土地である。長子女は多くは母親の実家で生まれ育つ。そのような「本」来の「居」地である。したがって、葛城の地が馬子の「本居」＝ウブスナだというのは、馬子が稲目と葛城氏の女性との間に生まれたことを示す。実際に馬子は葛城臣と称していた。

『上宮聖徳法王帝説』や『聖徳太子伝暦』には、聖徳太子は建立した「葛木（城）寺」を「（蘇我）葛木臣」に授けたとある。この寺は、豊浦寺《とゆらでら》の西北、剣池《つるぎのいけ》の北にあった（『続日本紀《しょくにほんぎ》』光仁即位前の童謡）。馬子の時代（稲目以来）の蘇我氏の拠地（後述）にほかならない。「（蘇我）葛木臣」とは馬子その人である。また「伊予の湯の岡の碑文」（『釈日本紀』所引『伊予国風土記』逸文）にも「法興六年十月歳在丙辰（五九六年）、我法王大王、与恵忩（慈カ）法師及葛城臣、逍遥夷与村。正観神井、歎世妙験。……」とある。この碑文を当時（六世紀末）の製作とみるのは困難である。右の引用部分も八世紀以後の聖徳太子伝説として扱うべきであろう。太子が恵聡《えそう》（または恵慈《えじ》）と馬子とを従えてやってきたとみるのが自然である。

以上のように、「推古紀」三十二年条は、稲目が葛城氏の女性との間に馬子をもうけたことを示している。ところが、「皇極紀」元年（六四二）条、「是歳《このとし》、蘇我大臣蝦夷、己が祖廟を葛城の高宮に立てて、八佾《やつら》の儛《まい》をす」は、それとは意味がちがう。「八佾の儛」は蝦夷の越権行為の一つとして記されているにすぎない。しかし、蝦夷がとくに葛城の地を選んで祖先の霊廟を建立したのは、蘇我氏の始祖と葛城の土地とが不可分であったからにちがいない。

始祖とは、前項でのべた石川（石河）宿禰ではない。「孝元記」の大系譜にみえる建内宿禰《たけのうちのすくね》である。建内宿禰は、葛城に墓があり、葛城にゆかりある人と考えられていた（「允恭紀」五年七月条）。『紀氏家牒』にも「紀（＝紀氏の）の武内宿禰は……大倭国《やまとのくに》葛城県五処里に家す」とあり、五処里の一つ「室里」には「墓は彼の処に在り」とする。『帝王編年記』引用の「一書」は、その墓の名を「室《むろ》の破賀《はか》」と記す。御所市《ごせし》の室《むろ》の宮山古墳《みややまこふん》である。この古墳は葛城氏の始祖「葛城長江曾都毗古《ながえのそつびこ》」（「孝元記」）の墓と考えられている（白石太一郎「大型古墳と群集墳」『考古学論攷』二）。建内宿禰伝承の〝原伝承〟やその

第12図　剣　池

第13図　室の宮山古墳

荷担氏族について、葛城ソツビコ伝承の混交や葛城氏を推測する説がある（和田萃「紀路と曽我川」『古代の地方史3』朝倉書店、塚口義信「武内宿禰伝説の形成」『神功皇后伝説の研究』創元社）。妥当な指摘であろう。

葛城氏は五世紀後半の雄略の時代に往時の勢いを失う。しかし、氏がなくなったわけではない。六世紀末前後には、馬子の母の近親らしい烏那羅《おなら》（烏奈良・小楢）という人が権力中枢にあらわれる。七世紀後半にはとるにたりない勢力になっていた。しかし、葛城氏が氏の実体をなくすのは八、九世紀の交である。七世紀前半に、ソツビコを始祖とする葛城氏が実在したことは、まちがいがない。

ところが、「孝元記」の建内宿禰の大系譜には、唯一の実在の人物「葛城長江曾都毗古」の子孫として、肝腎の葛城臣が書かれていない。この事実には意味を見出してよいであろう。建内宿禰の墓は葛城にあるのであって、建内宿禰後裔氏族全体の本流が葛城氏であることは明らかだからである。つまり、建内宿禰—葛城ソツビコの子孫に葛城臣をあげていない「孝元記」の系譜と、蘇我蝦夷が葛城の地で建内宿禰の霊廟を祀ることとは、関連しているとみてよいであろう。前代における葛城氏を主体とする諸氏族の系譜的結合は、蘇我氏を中心とするものに変わっているのである。このようなことはすでに馬子の時代から（さらにいえば稲目が葛城氏の族内に馬子をもうけたときから）はじまっていた。

「推古紀」二十年（六一二）二月、欽明と合葬すべく堅塩《きたし》媛《ひめ》を改葬したとき、軽の街《ちまた》で奉誄《ほうるい》儀礼がおこなわれた。その最後は「大臣、八腹臣《やはらのおみ》等を引き率て、便《すなわ》ち境部臣摩理勢《さかいべのおみまりせ》を以て、氏姓の本を誄《しのびごともう》さしむ」であった。「八腹の臣」とは、堅塩媛の出身である「蘇我氏の諸族」の族長たちとみられる。堅塩媛の、したがってそれら諸族の、父系出自系譜が奉誄されたのであろう。のちに「孝元記」に定着する蘇我氏を中心とする大系譜は、このころに形成史上の一段階が認められる。一〇年ばかりのちに馬子が葛城を「封県」として要求したというのは、その延長上に理解できる。

「蘇我氏諸族」の形成と稲目　「舒明即位前紀」（六二八年）には、大王位の継承をめぐる群議の紛糾が詳しく記されている。そのなかに、「是《こ》の時に適《あた》りて、蘇我氏の諸族等　悉《ことごとく》に集《つど》いて、嶋大臣《しまのおおみ》の為に墓を造りて、墓所に次《やど》れり」とある。馬子の死は六二四年。その墓（石舞台古墳？）は四年後にも未完成で、近くには境部臣摩理勢クラスの人までが数年間居住する「墓所の廬《いおり》」が造られていた。注目したいのは「蘇我氏の諸族」である。

馬子の墓を造る「蘇我氏の諸族」とか、馬子が率いる蘇我の「八腹の臣」というのは、七世紀はじめの蘇我氏がいくつもの族集団の組織体であったことを示している。「蘇我境部」「蘇我石川」「蘇我田口」の表記もそれを示す。しかもこれらの「蘇我の子ら」は、ことごとく中央権力の枢機に進出していた。新興の土豪の稲目はどのようにして同族組織を結成していったのか。別の章で詳論されるが、稲目に関してだけのべておく。『古事記』『日本書紀』『新撰姓氏録』（ほかにも『蘇我・石川両氏系図』や『越中石黒系図』）などから、「蘇我氏の諸族」とはつぎのようだとわかる（（　）内は推測される拠地。マル数字は天武朝の朝臣《あそん》）。

1蘇我臣（大和・高市・蘇我）〔六四五年断絶〕
②川辺臣（河内・石川・河辺）
③田中臣（大和・高市・田中）
④高向臣（河内・錦部《にしごり》・高向《たかむく》）
⑤小治田臣《おはりだのおみ》（大和・高市・小治田）
⑥桜井臣（大和・高市・桜井？）
⑦岸田臣（大和・山辺・岸田？）
8境部臣（大和・高市・坂合《さかあい》）〔六二八年断絶〕
⑨久米臣（大和・高市・久米）
10田口臣（大和・高市・田口）〔のちに朝臣〕
⑪石川臣（河内・石川・壱須何《いすか》）
12箭口《やぐち》朝臣（大和・十市・八口？）
13御炊朝臣（不詳）

このうち、12・13は、七、八世紀の交に、⑪の石川朝臣から独立した新しい氏と考えられる〔12については「持統即位前紀」『新撰姓氏録』『日本三代実録』元慶元年十二月条、13については『続日本紀』養老五年六月条、『新撰姓氏録』『紀氏家牒』を参照〕。この二氏と、七世紀なかばまで本宗であった1をのぞくと、のこる一〇氏は二つに分類できる。

第一は、蘇我稲目の子孫の氏である。『新撰姓氏録』は、③田中臣・⑤小治田臣・⑥桜井臣・⑦岸田臣・⑨久米臣について、「稲目宿禰の後《すえ》なり」としている。8境部臣は、断絶したのでそこにはみえないが、「舒明即位前紀」から摩理勢は稲目の子息であることがわかる。当然このなかにはいる。⑦岸田臣は「稲目宿禰の後」ではあるが、さらに稲目の「男《こ》、小祚《おそ》臣の孫、耳高、岸田村に家居《いえお》れり。因りて岸田臣の号を負えり」とあるのが他とちがう。してみれば、この氏は、稲目の子息の小祚にはじまる某氏（③・⑤・⑥のいずれか）から独立したものとみられる。久米臣があらわれるのは少し遅い。岸田臣と同様の事情があるのかもしれない。

のこるのは、田中臣・小治田臣・桜井臣・境部臣である。『新撰姓氏録』は、これらの氏を稲目の子孫とする。九世紀はじめ、これらの氏の族長位は、父系で稲目までつながるものであった。稲目の子供が〝枝別れ〟したというわけである。九世紀はじめからみての〝枝別れ〟とは、六世紀後半のどのような事実によるのであろうか（義江明子『日本古代の氏の構造』第三編を参照）。

注目すべきは、七世紀はじめに、すでに「蘇我の子ら」「八腹の臣」は、重臣であったことである。個々にみても、「田中臣」は「推古紀」三十一年条、「小墾田臣」「桜井臣和慈古《わじこ》」は、「境部摩理勢」とともに「舒明即位前紀」にあらわれている。摩理勢が稲目の子息であることからしても、ほかの三人も稲目の子息その人であろう。馬子が葛城氏、摩理勢が境部氏を母とするように、ほかの三人もみな別の族内に生まれたのであろう。それによってその族集団の族長権は蘇我稲目につながるものとなった。

稲目が婚姻して子息をもうけた氏の性質は、二方面から考えることができよう。一は、これらの氏の拠地がすべて高市郡で、飛鳥とその付近にあることである。後の高市郡地方は「今来《いまき》」と呼ばれたことがあった。「今来」とは移住民の意味である。なかでも檜前《ひのくま》あたりは「東漢費直《やまとのあやのあたい》諸氏」「檜前忌寸《ひのくまのいみき》」諸氏の集住地である。二は、同じように蘇我大臣の子供を生んだ他の氏との比較である。稲目は葛城臣の女性との間に馬子をもうけた。蝦夷は林臣の女性との間に入鹿をもうけた。蝦夷の母はわからないが、しかし右の二氏は「蘇我氏の諸族」にはならなかった。葛城臣は「葛城長江曾都毗古」を始祖とし(上述)、林臣は「波多八代宿禰」を始祖としていた(「孝元記」)。それに対して、移民系と考えられる石川臣(上述)は、馬子の子の麻呂をもうけることによって蘇我氏の一族となった。

してみると、田中臣・小治田臣・桜井臣・境部臣などは、もしも稲目の子供をもうけて「蘇我氏の諸族」とならなければ、のちに〝飛鳥の漢人《あやひと》〟とか、または「東漢費直諸氏」「檜前忌寸」諸氏としてあらわれる、移民系であった蓋然性が大きいのではあるまいか。

第二の分類は、稲目よりも前の蘇我氏の祖先からわかれたとか、またはその系統を引くとかするもの。②川辺臣・④高向臣・10田口臣・⑪石川臣である。これらはすべて元来は河内の石川・錦部地方に発祥し、⑪を中心にまとまっていた。

②川辺臣は、武内宿禰の四世の子孫「宗我宿禰」の末《すえ》という。この「宗我宿禰」は、『蘇我・石川両氏系図』の「高麗」、『紀氏家牒』の「馬背《うませ》」にあたる（佐伯有清『新撰姓氏録の研究』考証篇第一・二、吉川弘文館）。「欽明紀」二十三年（五六二）条にでてくる「河辺臣瓊缶《かわべのおみにえ》」はその子供とみてよいであろう。④高向臣は、武内宿禰の六世の子孫猪子《いのこ》臣の末という。「高麗」「馬背」の孫である。「舒明即位前紀」にでてくる「高向臣宇摩《たかむこのおみうま》」は「猪子」の子供であろう。10田口臣は、本流の石川臣の枝流で、その姓は推古朝に高市の田口に移住したのにちなむという。移住した「蝙蝠《かわほり》臣」というのは「孝徳紀」の「蘇我田口臣川堀」のことである。「高麗」「馬背」の孫あたりの世代にあたる川堀が、後の高市郡に移住したのである。元来は河内にいたのであろう。

川辺臣・高向臣・田口臣は、石川臣を本宗とし、満智―韓子―高麗の系譜につながっている。河内の石川・錦部あたりに居住しており、高市郡への移住は、田口臣だけではなく石川臣も、推古の時代であろう。これらの族長が蘇我氏の「八腹の臣」にとりこまれるのは、後の石川氏の女性が馬子の子供をもうけたことがきっかけになったのであろう。稲目とはまったく無関係である。また、川辺・高向もその可能性が大きいが、石川・田口は元来は移民系統と考えられる。

蘇我大臣の権力の特質として、大王・王族とのくりかえしの婚姻と、移民系集団との深い関係がいわれる。それはそのとおりであるが、以上のようにみてくると、前者については、大臣の一族を大王の近親氏族と化し、族長権を王権に接合して正統化する志向であったといえよう。後者についても、単に政治組織上の指揮系統にとどまらず、婚姻関係による結合が考えられる。「蘇我氏の諸族」は古くから始祖を共有し、系譜観念によって結束していたというよりも、オオマエツキミ（「大臣」）のもとでマエツキミ（「大夫」）そのほかの国家的地位を占有する権力関係が優越している。蘇我氏は比較的新しく急速に膨張した氏といえるであろう。

2　蘇我稲目の事績

稲目の登場　『日本書紀』に蘇我稲目が姿をあらわすのは、宣化天皇元年（五三六）二月条である。稲目は「大臣」に任命されたという。「大臣」という正規のポストがあったのかどうか。また「宣化天皇」の実在性いかん。どちらにも疑問がある。しかし、ほぼこの前後、稲目がヤマト王権の中枢に台頭しはじめたことは、事実と認めてよいようである。稲目の登場と〝辛亥《しんがい》（五三一年）の変〟後の大伴氏の勢力喪失とには、強い関連性が推認される。

六世紀のはじめから、ヤマト王権は、百済王権との直接的なむすびつきを強めた。五世紀後半に転換しはじめたヤマト王権の君主制の組織を整備するには、種々の新知識が必要であった。それは直接に先進的な知識人の渡来によって移入するほかはない。百済に要請して、中国南朝の、当時最先端をいく文化を、独占的に移入しはじめたのである。それが百済からの諸博士の定期的提供である。『日本書紀』には、すくなくとも五一三年・五一六年・五三〇年代・五四七年・五五四年の五回、諸博士がヤマトにきている。五三〇年代からは一段と大規模になった。それは、後述する百済側の必要のほかに、ヤマトにおける欽明朝の出現と蘇我稲目の台頭とを反映している。

百済側の交換条件はヤマトの軍事的援助であった。六世紀はじめ以来、百済と高句麗との戦争ははげしかった。五三〇年からは、百済は新羅とも戦いはじめる。五三〇年、新羅の伽倻《かや》地方への進出が急に強まり、伽倻地方で百済軍とはじめて武力衝突を起こした。そのとき、百済王（聖明王《せいめいおう》）はヤマトの王（継体天皇）に、伽倻への軍隊の進駐を要請したのではないかと思われる。

継体はヤマトの王臣を派遣して、北部九州で族長を通じて徴兵し、軍隊を編成しようとした。北部九州の族長は、五世紀後半には、伽倻地方で政治的・軍事的活動に従っていた。他方、同じころからヤマトに出仕して大王につかえていた。それらは自らの権力基盤の強化につながることであった。事実、六世紀前半の北部九州の大首長の権力は、対種族外の国家的交流の権能をのぞいて、国家形成の過程を歩みつつあった。

しかし、六世紀はじめ以来、北部九州の大首長は、百済・ヤマトの直結によって、朝鮮との関係から疎外されていた。それにもかかわらず、百済・ヤマト関係のための徴兵を押しつけられようとした。ここに北部九州の反ヤマト勢力が糾合され、百済と対立する新羅とむすびついて、ヤマトの対外的統制から独立する戦いがはじまった。これが五三〇年ごろと思われる〝磐井《いわい》の乱〟であろう（山尾幸久「文献から見た磐井の乱」『日本古代の国家形成』大和書房）。

磐井の乱はヤマトの戦勝に終わった。ただ、平定したのは継体ではなく欽明であったらしい。五三一年にヤマトで〝辛亥の変〟が起こったのである。継体が退位させられ、母が尾張氏であった「安閑」「宣化」は即位しなかったとみられる。五三一年に即位したのは、継体が入婿して生まれた欽明であった。五世紀なかば以来王権を主導してきた大伴氏の勢力は急速に衰え、物部一族の時代となる。しかしこの政変の意味は、むしろ蘇我氏の台頭に途を開いたところに見出すべきであろう。

蘇我氏の覇権が確立するのは馬子の時代、五八七年の〝丁未《ていび》の役〟によってである。それ以前の半世紀間、とくに稲目時代の三分の一世紀間は、蘇我氏の発展期といえる。稲目の娘の堅塩媛《きたしひめ》・小姉君《おあねのきみ》は欽明の子供を一八人も産んでいる。男子が一一人いる。最初の子は堅塩媛所生ののちの用明天皇であるが、生年がわからない。用明が死亡した時（五八七年）の年齢は後世に三説あるが、よくわからないのである。堅塩媛所生第四子の推古（五五四〜六二八年）から考えると、〝辛亥の変〟から十数年後には、稲目は娘を大王の妻にいれるほどの力をもっていた。蘇我氏の権力の重要な一性質は、実質上、史上最初の大王の外戚氏族であったことである。大王の血統世襲や大王の血族集団が成立しはじめる時代に、稲目の娘は一八人もの欽明の子供を産んだ。稲目は、それらの子供に財産（ミブの民）を新設することに努めた。のちに「御名入部《みなのみぶべ》」と呼ばれる部民は、多くは稲目時代の設定と考えられる。

倭漢系諸集団と稲目　次章で詳論されるのでここでは簡単に言及するにとどめるが、稲目時代の蘇我氏の発展にとって、倭漢《やまとのあや》系諸集団との関係を捨象するわけにはいかない。

倭漢氏は、「氏」とはいうものの、在来の族組織とは起源がちがう。六世紀にはいると、大王の宮居が南大和に定着し、倭漢系諸集団も高市《たけち》（今来《いまき》）の檜前《ひのくま》に集住する。それ以後は地縁的な共同関係も生じ、七世紀後半ごろには、全氏人が一人の始祖から分岐したような系譜もできている。しかし、五世紀後半に部民《べみん》を管理する伴造《とものみやつこ》として活躍したことが確実な倭漢系諸集団が、すでに「氏」としてまとまっていたのかどうか、それは疑問である。五世紀中ごろ前後に伽耶地方などから渡来してきた有力者たちが、雄略の王朝が開かれるや、ヤマト王権の手工業部門の管理職に登用された。もともと彼らは、大王の朝鮮系官人集団としてまとまっていたのではないかと思われる。

倭漢系諸集団による朝鮮系手工業技術者の組織・編成と統率・管理とは、五世紀後半の雄略の時代にはじまった。それは、ヤマト王権の組織改革全体を先導するものであった。硬質土器《こうしつどき》（「陶部《すえつくり》」）、高級絹織物（「錦部《にしごり》」「呉服《くれはとり》」）、金属工芸（「鞍部《くらつくり》」「作金人《かなつくり》」）、製鉄と鉄器加工（「韓鍛冶《からかぬち》」）などは文献史料からもわかる。大和・河内の各地に計画的に集住させられた手工業技術者（「漢部《あやべ》」）が在地で生産し、その集団の首長（「漢人《あやひと》の村主《すぐり》」）が、官人としての倭漢系の人物を通じて大王に貢納したのであろう。このような手工業技術者集団は「民部《かきべ》」と書かれている。なかでも「韓鍛冶」が組織され武器や農工具が計画的に生産されはじめた意味はおおきい。

五世紀後半ごろの倭漢系諸集団の上級指揮者は大伴であったとみられる（上田正昭『帰化人』中央公論社）。『日本書紀』の伝説的な記事にもそれはあらわれている。〝辛亥の変〟ののちに大伴にかわってこれを指揮したのが、ほかならぬ蘇我稲目であろう。前節でのべた、田中臣・小治田臣・桜井臣・境部臣らの婚姻による同族化は、この前後のことかと思われる。稲目は「小墾田の家」「向原《むくはら》の家」（「欽明紀」十三年十月条）をもっていた。これらは稲目の妻の実家、小治田臣・桜井臣の居宅そのものの可能性がある。高句麗の女性二人を妻として住まわせた「軽《かる》の曲《まがり》の殿《との》」（「欽明紀」二十三年八月条）は、境部臣の居宅に近いが、これは稲目の邸宅であろう。「軽の曲」は「軽の……曲峡《まがりお》」（「懿徳《いとく》紀」）と関係がある土地とおもわれ、牟狭《むさ》（身狭・見瀬《みせ》）のどこかにあったとみられる。

第14図　小墾田宮跡

牟狭といえば、「欽明紀」十七年（五五六）十月条には、蘇我稲目らをして大身狭・小身狭のミヤケをおかせたとある。大身狭のミヤケは百済人が田部《たべ》となり、小身狭のミヤケは高句麗人が田部となった。信用できる田部のミヤケの最初である。吉備や河内でも同じ時期に田部が設けられる（後述）。国家的労役の負担者が設定されたのである。稲目の邸宅の周辺には朝鮮出身の人びとがあふれていたであろう。牟狭から檜前にかけては倭漢系諸集団が集住していた。かれらの配下には、六世紀中ごろ前後からは百済からやってきた知識人が「漢人《あやひと》」として所属することになる。

新来の漢人と仏教の受容　百済からの諸博士の恒常的な提供は前に記した。ほぼそれに並行して、しかし番上者とは別に、百済からヤマトに移住した中国南朝人（また南朝系文化を体得した百済人）がいた。南朝の梁《りょう》の人という司馬達等《しばたつと》（鞍作《くらつくり》氏の祖）は五二二年に渡来したとされる（『元亨釈書《げんこうしゃくしょ》』『扶桑略記《ふそうりゃっき》』）。王辰爾《おうしんに》・王宇斯《うし》の兄弟（船《ふね》氏・津氏の祖）は五四〇年代前半の渡来と推考される。たぶん梁の人であろう。六世紀後半にもこのような移住民はつづいた可能性があるが、ここでは六世紀なかばごろが中心とみておきたい。

六世紀なかばの百済からの移住民は、当時の（特に五三八年泗沘《しひ》遷都以後の）、百済のめざましい国家的整備と仏教文化とを推進したのと、まったく同様の人びとであった。六世紀後半におけるヤマト国家の形成を担ったのは、当時先端をいく学術を身につけ、高度の専門職がこなせる、これらの知識人であった（関晃『帰化人』至文堂）。蘇我稲目・馬子は彼らを重用し、存分に能力を発揮させ、信仰の〝外《げ》護者《ごしゃ》〟となったのである。彼らの多くは倭漢直《やまとのあやのあたい》の指揮下に配属されて、アヤヒトと呼ばれたようである。「新（イマキ。地名）の漢人」「南淵《みなぶち》の漢人」は大和の高市、「高向《たかむく》の漢人」は河内の錦部《にしごり》、「葦屋《あしや》の漢人」は摂津の菟原《うはら》、「志賀漢人」は近江の滋賀にいた。

倭漢直は、六世紀後半には、官人的実務から離れ、蘇我氏に密着して政界上層部に姿をあらわす。その理由の一つは、国家を運営するテクノクラート的な漢人を部下にもったからである。これらの漢人は、ほとんどが仏教に帰依《きえ》していた。蘇我稲目の時代にヤマト国家は百済から仏教をうけいれるが、それは、漢人たちが国家機構を運営する無視しがたい実力をもっていたこと、蘇我氏がこれと深くむすびついていたことを示している。

仏教の公伝は『日本書紀』では五五二年、『上宮聖徳法王帝説』『元興寺《がんごうじ》伽藍《がらん》縁起《えんぎ》并流記資財帳』そのほかでは五三八年とされている。多くの研究によって指摘されているように、年次までは実はわからない。百済の聖明王《せいめいおう》から欽明朝に伝えられ、蘇我稲目が積極的な推進派となった。この程度がわかるだけである。百済の諸博士に僧侶が同行していたことがわかるのは、五四七年に来た「僧道深《どうしん》ら七人」である。このときに丈六《じょうろく》の仏像（「欽明紀」六年条）や経典・仏具などがもたらされたのであろうか。「欽明紀」六年（五四五）に膳臣《かしわでのおみ》巴提便《はすび》が百済に使いした伝承があるが、この時ヤマトが要請した可能性もある。

仏教公伝でだいじなことは、第一に、梁の武帝の時代に集大成され最高潮にたっした中国南朝の仏教が、百済に伝わり（五三四・五四一年。『梁書』百済伝）、そのまますぐにヤマトにはいってきたことである。第二は、百済・新羅・ヤマトのいずれもが、ほとんど同じ時代に仏教を振興することである。これは、東アジアの政治構造のなかでの三国の国家形成をあざやかに示している。どの国でも、仏教は世襲王権を荘厳化する機能をはたした。第三は、そのような必要から、ヤマト国家は自ら積極的に仏教を受容したことである。『日本書紀』は、聖明王が奉献したように書いている。しかし、『隋書』

倭国伝に、倭国は「仏法を敬《うやま》い、百済に求めて仏経を得」たとあるとおりである。

蘇我稲目は、部下の漢人のためにも、仏事を国家のいとなみとすることを欲した。しかし大半の群臣はそれを懸念したらしい。あまりにも急速な蘇我氏の権力の発展は、王権の旧秩序とは衝突しがちであったであろう。なかでも物部・中臣といった古い呪術的祭儀にかかわる一族の反対は強硬であった。飛鳥の仏教文化が開花するのは、五八七年〝丁未の役〟で馬子が全面的に国権を掌握したのちである。

田部のミヤケの設置　蘇我稲目が関与した事績として、吉備の児島《こじま》のミヤケ（「御宅」。国家の施設）の設置がある。河内の〝古市大溝《ふるいちおおみぞ》〟にも、稲目が関係していると思う。それらには、対外関係がからんでいる。

吉備の児島のミヤケは、筑紫《つくし》の那《な》の津《つ》と難波の津との中継基地であった。五三二年、洛東江河口の南加羅《みなみから》（金海）の王が新羅王に降伏した。そのころから二十数年間、安羅（咸安）にはヤマトの王臣が駐在した。彼らの任務は、主として、南加羅の外港を拠点とした活動（主として鉄の輸入）について、五世紀第Ⅳ四半期の望ましい関係を回復すること、そのために現地の状況判断を活かして百済・新羅と折衝し、ヤマトに連絡することであったらしい（山尾幸久『古代の日朝関係』塙書房）。のちの「筑紫《つくし》大郡《おおごおり》」「筑紫小郡」につながる那の津のミヤケは、安羅の王臣の活動を背後から支える施設として、磐井の乱の平定直後に設けられた。

当時、百済は、高句麗・新羅と戦っており、のこる伽倻諸国を自国につなぎとめておく必要があった。南加羅奪還を実現すると約束したり、諸博士を派遣したりして、ヤマトの軍事援助を要請していた。那の津のミヤケは、もちろん国家の港湾施設であるが、ヤマトの兵士が集結する軍事基地であり、ヤマトの渉外機関でもあった（「欽明紀」十五年条。平野邦雄「六世紀の国家組織」『大化前代政治過程の研究』を参照、吉川弘文館）。通信連絡の基地であり宿泊・饗応の館舎もあった。このミヤケを運営するのに不可欠の人的・物的な供給態勢が、その後漸次拡充された筑紫・豊・火の諸ミヤケであろう。

「安閑紀」にはのちの西成郡讃楊郷にあった難波の「子代《こしろ》の屯倉《みやけ》」の起源（付会）説明がある。しかし難波のミヤケの主体施設は難波津（日下雅義「摂河泉における古代の港と背後の交通路について」『古代学研究』一〇七）にあり、のちの難波「大郡」「小郡」につながる。機能も設置時期も那の津と同期であろう。阿倍臣がこれに関与し、渉外専門集団（吉士）が配属された。「宣化紀」元年の詔の原形を難波津・那の津両ミヤケの設置にかかわる史料とみる説もある（森田隆明「宣化紀元年五月詔の一考察」『大宰府研究会報』3）。

吉備の児島のミヤケは、それから二〇年ばかりのちの五五五年ごろから、両ミヤケの中間に設置されはじめた。中心は児島の港湾施設であるが（栄原永遠男「白猪・児島屯倉に関する史料的検討」『日本史研究』一六〇）、それを運営するための人的・物的供給態勢として、対岸ののちの五郡の地に田部のミヤケが置かれた。田部は五七四、五年に馬子が主導して増設されるが、最初は稲目自らが現地で直接に指示したのである。詳しい事情はわからないが、五五五、六年ごろからのちの五郡の地での水田開発と耕作集団の設定、さらには児島の港湾施設の整備がはじまり、五六九年ごろには、のちの白猪史《しらいのふひと》氏の胆津《いつ》が派遣され、やがて「田部」の一定年齢の男子（「丁者」）の名を木簡《もっかん》に登録し（「名籍」）、「田戸」としての把握も成立したのであろう（山尾幸久「県の史料について」『論究日本古代史』学生社）。

ヤマト国家の企画と指導とによる水田（アガタ）の開発、付属耕作集団の指定、名簿作成による国家的力役負担単位の把握。このいかにも先進的な支配は、蘇我氏―倭漢氏の部下の新しい移住民をぬきにしてはまったく考えられない。吉備の児島のミヤケは、六世紀後半に盛んであった新羅・百済からの財物提供をともなう接触（『隋書』倭国伝）に不可欠の施設でもあった。

那の津・難波津にならぶものとしての児島の国家的な港湾施設の整備と関連するのが、〝古市大溝〟や当麻《たいま》＝丹比《たじひ》道《みち》の整備ではないかと思われる。〝古市大溝〟について、古代史の立場から推測できるのは、六世紀なかばに蘇我稲目によって運河として改修されたのではないかということである。難波の津とかかわる長瀬川・大和川や渋河道《しぶかわみち》・龍田道《たつたみち》は、先んじて物部氏の統制下にあったらしい（亀井輝一郎「大和川と物部氏」『日本書紀研究』第九冊、塙書房）。これもその一因ではなかろうか。書首《ふみのおびと》・馬首《うまのおびと》・蔵首《くらのおびと》は、古い移民系の同族で、古市郡西琳寺《さいりんじ》付近、古代河内の有数の交通拠点に居地を定められていた（井上光貞「王仁の後裔氏族と其の仏教」『日本古代思想史の研究』岩波書店、野上丈助『増補 河内の古代遺跡と渡来系氏族』私家版）。もともとは〝古市大溝〟と当麻＝丹比道とにかかわる記録・運送・保管の仕事を通じてむすばれていた。

第15図　古　市　大　溝

中央やや左の白い部分が大溝で，上方にみえる古墳は白鳥陵

第16図　西　　琳　　寺

船史《ふねのふひと》・津史《つのふひと》（以上は兄弟に発する同族）・白猪史《しらいのふひと》はその上級管理職で、これらもごく近隣に居地を定められていた。七世紀後半には同族系譜でむすばれる白猪史は、吉備のミヤケでの仕事がわかっている（上述）。あるいはその前に、当地で「田戸」の掌握に成功していたのかもしれない。

というのは、〝古市大溝〟や当麻＝丹比道に関連して、多くの労働者が恒常的に徴発されていたことはいうまでもない。その痕跡が後の高安《たかやす》郡・安宿《あすかべ》郡にみられる「――戸」姓（岸俊男「日本における『戸』の源流」『日本古代籍帳の研究』塙書房）ではあるまいか。移住民を計画的に集住させ、「大県《おおあがた》」「志貴県《しきのあがた》」などアガタ（国家の水田）の開発と割付をおこない、この「田部」を、「丁者」の「名籍」を作る「田戸」として把握するのである。この地の田部のなかには、飛鳥戸造氏に率いられる飛鳥戸のように、蘇我氏が深くかかわる〝磯長谷《しながだに》王墓群〟の形成と関連が推測できるものもある（山尾幸久「飛鳥戸造氏について」『日本史論叢』一二）。

第17図　山田高塚古墳（推古陵〔右側〕）と磯長谷

船史は「船の賦《みつき》を数え録《しる》す」（「欽明紀」十四年七月条）とある。大溝の船の使用料徴収をふくむ全般的管理であろう。津史はとくに船着き場の管理をしたのであろうか。

『日本書紀』は、蘇我稲目が「大臣」としてあらわれる前に、全国的なミヤケの設置を大伴金村《おおとものかなむら》の事績として配列している。これは疑わしい。事実は稲目・馬子時代の設置である可能性が大である。稲目の死（五七〇年という）の前後には、高句麗との国交にかかわって、敦賀から山城の相楽にいたるルートの整備の一環として、「志賀の漢人《あやひと》」を派遣しての近江の「志賀の津」を国家管理のもとにおくということもおこなわれた。「志賀の漢人」とは、穴太《あのう》・大友・錦織《にしごり》・槻《つき》本《もと》そのほかの「漢人の村主《すぐり》」である。後漢の献帝《けんてい》の子孫という移民系の人びとで、もとは河内にいたらしい。六世紀後半に蘇我大臣―倭漢直の命令系統によって、のちに一時期近江大津宮がいとなまれる「志賀の津」に配置されたのである。

水田とそれを耕作する田部が付属するような、さまざまの機能をはたす国家の施設すなわちミヤケは、七世紀前半までには、点々とではあるが、西日本の広い地域に成立していた。田部の戸から徴発される徭役労働者は、地元のミヤケで使役されただけではなく、中央での土木建築工事にも駆り出された。海外にむけての国家の軍事力でもあった。律令制の人民支配の一原形を示すものである。それに着手したのが蘇我稲目であり、このような支配を実質的になったのが、倭漢氏とその部下の漢人たちであった。

四　渡来人と蘇我氏

1　蘇我氏と渡来人の接触

前川明久

七つの不可　『日本書紀』には、天武六年（六七七）六月是月条に天武天皇（以下、天皇を略す）が東漢《やまとのあや》氏《うじ》にたいし、「汝等《なんじら》が党族《やから》、本《もと》より七つの不可《あしきこと》を犯せり。是を以て、小墾田《おはりだ》の御世より、近江の朝《みかど》に至るまで、常に汝等を謀《はか》るを以て事とす。今朕《ちん》が世に当りて、汝等の不可《あ》しき状を将責《せ》めて、犯の随《まま》に罪すべし。然れども頓《ひたぶる》に漢直《あやのあたい》の氏を絶《たや》さまく欲せず。故《かれ》、大きなる恩《めぐみ》を降《くだ》して原《ゆる》したまう。……」と詔し、推古朝から天智朝の間に犯した七つの罪を許したとみえる。その罪の内容は不明であるが、たとえば、崇峻五年（五九二）十一月、蘇我馬子に反感を抱いていた崇峻の暗殺に東漢直駒《やまとのあやのあたいこま》が暗躍し、皇極四年（六四五）六月、中大兄・中臣鎌足らが蘇我入鹿を飛鳥板蓋宮《あすかのいたぶきのみや》で暗殺したさい、漢氏は一族をあつめ、大臣蝦夷を支援するために軍陣を設けたが、中大兄の派遣した巨勢徳陀臣《こせのとこだのおみ》の説得により

第18図　伝飛鳥板蓋宮大井戸跡（遠景は甘樫岡）

解いたといい、七世紀前半の政治事件に東漢氏は蘇我氏の私的勢力として暗躍したが、壬申の乱において天武方で活動した漢氏のめざましい功績に免じて、今までの罪を許されたのであろう。

このように、東漢氏は蘇我氏と密接な関係をもつが、その歴史はかなり古い。そこで本章では両氏の関係を五世紀後半にまでさかのぼって考察し、さらに六世紀以降において、多くの渡来人が蘇我氏あるいは古代国家に対してどのような役割をはたしたかについて考えてみたい。

蘇我の氏名　はじめにあきらかにしておかなければならないのは、蘇我氏の本拠である。この点は他章でも説かれているが、本拠を大和国高市《たけち》郡曾我（奈良県橿原市曾我町）・大和国葛城《かずらき》（同県御所《ごせ》市を中心とする西南部）・河内国石川郡（大阪府羽曳野・富田林市を流れる石川流域北部）とする諸説がある。筆者は曾我の地を本拠とみて、氏名のソガはこの地名に由来すると考えている。この地は弥生時代以降曾我川流域に分布した地下水位の高い湿田土壌地帯であり（八賀晋「奈良盆地土壌型分布図」『古代の日本』2、角川書店）、低湿地中の微高地に曾我や中曾《なかそ》司《し》遺跡などの集落がある。

ソガは湿原に生えるスガ（菅）にちなんだ地名とみて、これが蘇我の氏名となったとされている（黛弘道「ソガおよびソガ氏に関する一考察」『律令国家成立史の研究』吉川弘文館）。曾我の地の右にみたような自然景観からも、その由来がうなずける。また、菅は田の神の宿る依代《よりしろ》として神聖視された湿地に生える草で、田にまつられた菅草を化身《けしん》とする宇迦御魂《うかのみたま》は、水田に開発される以前の湿地の地主神であったとみる民俗学の方面からの指摘もある（金井典美『湿原祭祀』法政大学出版局）。『延喜式《えんぎしき》』によれば、曾我には「宗我坐宗我都比古神社《そがにいますそがつひこじんじゃ》」が鎮座する。ソガツヒコはスガツヒコで、菅が神格化し、この神がやがてソガの地を支配する神へと変化したとみられているが（黛弘道、前掲論文）、この社の祭神はもと曾我の地が湿地であった時期以来の古い地主神であって、五世紀に蘇我氏が発祥地としての曾我にいつく神であったと考えられる。

飛鳥開発と東漢氏　低湿地を本拠としていた蘇我氏にとって、曾我の地は排水に追われ、けっして水田耕作をいとなむには好条件をそなえた土地ではなかった。このため五世紀後半に蘇我氏は曾我・高取川にそって南進し、畝傍山《うねびやま》周辺の黄褐色土壌の原野を開拓し、農耕の適地をもとめて進出した。この開拓には朝鮮伝来の鉄製農具や北方系乾田農法がもちいられた（門脇禎二「蘇我氏の登場」『古代を考える　飛鳥』吉川弘文館）。蘇我氏が曾我から畝傍山周辺をへて飛鳥西部の軽《かる》付近（奈良県橿原市大軽町）に達したのは、五世紀後半なかばの雄略朝のはじめとみられるのである。

第19図　畝傍山遠景

第20図　甘檮岡より真神原

しかも、この開拓で朝鮮伝来の農具や農法を導入していたことからすると、これを契機として蘇我氏は渡来人と接触していたのではないかと考えられる。雄略二年紀十月是月条には、雄略が愛寵した史部《ふみひと》に身狭村主青《むさのすぐりあお》と檜隈民使博徳《ひのくまのたみのつかいはかとこ》がいたとあるが、これらの漢人《あやひと》の名にみえる身狭・檜隈は大和国高市郡の地名であり、飛鳥南部にあたる右の両地には、五世紀代にいくつかのグループが分散的に渡来した東漢氏が雄略朝以前から住みつき（加藤謙吉「渡来人」『古代史研究の最前線』1、雄山閣出版）、この地を開発し、雄略朝のはじめに曾我・高取川を南進してきた蘇我氏と提携して、飛鳥東部の桃原《ももはら》・真神原《まかみのはら》の開発をすすめたのである。

葛城氏滅亡と渡来人の管理　五世紀後半のなかば、雄略は葛城氏を滅ぼし泊瀬《はつせ》（長谷）朝倉宮《あさくらのみや》に即位した。このとき葛城氏から奪った所領のほか、渡来人の領民がいた。これらの領民は神功皇后摂政五年紀三月条に、葛城襲津彦《かずらきのそつひこ》が新羅からつれ帰った俘人《とりこ》は「桑原・佐糜《さび》・高宮・忍海《おしぬみ》、凡て四《よつ》の邑《むら》の漢人等が始祖《はじめのおや》なり」とあり、これにみえる桑原以下四邑の地、つまり葛城氏の旧領であった大和国葛上・忍海の両郡に集住し、しかも東漢氏配下の漢人村主《あやひとのすぐり》三十氏のなかに桑原村主などのように四邑の地名をふくむ村主氏族がみえるので、これらの四邑漢人はもと葛城氏領有の工人で、同氏没落のさい朝廷に支配され東漢氏に管理されたとみられた（井上光貞『飛鳥の朝廷』小学館）。

また、葛城氏は秦人《はたひと》も領有していたとみられている。『聖誉抄《しょうよしょう》』に引く「広隆寺造寺勅使大花上秦造川勝臣本系図《こうりゅうじぞうじちょくしたいかじょうはたのみやつこかわかつのおみほんけいず》」にみえる伝承に、葛城襲津彦のもとには、阿佐豆麻乃加知《あさずまのかち》（朝津間〈朝妻〉勝）・槻田加知《つきたのかち》（調田勝）がいたと伝え、この両名が朝妻・調田（奈良県北葛城郡新庄町疋田）など葛城の地名をふくんでいることにもとづくと考えられている（佐伯有清「雄略朝の歴史的位置」『古代を考える　雄略天皇とその時代』吉川弘文館）。『新撰姓氏録』山城国諸蕃、秦忌寸《はたのいみき》条に、応神朝に渡来した秦氏の祖が大和の朝津間腋上《わきのかみ》の地に居住したと伝えるが、応神朝は別としても五世紀後半の雄略朝には葛城に秦人の居地のあったことは確実である。

なお、雄略十五年紀には、臣・連の豪族に使役されていた秦の民をあつめて秦造氏《はたのみやつこうじ》を、同十六年紀十月条には漢部《あやべ》・漢人をあつめて東漢氏を伴造《とものみやつこ》と定めたとある。これは葛城氏を中心として諸豪族が独自に支配していた漢人が東漢氏の管理下に移されたと同様に、秦人も秦氏の管理下にいれられたことを意味するものであり（佐伯有清、前掲論文）、雄略の王権は渡来人の集中管理をめざしたのである。

他方、古く渡来した漢人・秦人に対し、雄略七年紀是歳《ことし》条には、百済の貢進した今来《いまき》（新来）才伎《てひと》（手人）が日鷹吉士堅磐《ひたかのきしかたしは》・固安銭《こあんせん》にともなわれて渡来し、倭国吾礪広津邑《やまとのくにあとのひろきつのむら》（河内国渋川郡跡部郷、大阪府八尾市植松町付近）に安置したが、病死する者が多く、その後天皇は大伴大連室屋《おおとものおおむらじむろや》に命じて、東漢直掬《やまとのあやのあたいつか》に新漢陶部高貴《いまきのあやのすえつくりのこうき》・鞍部堅貴《くらつくりのけんき》・画部《えかき》因斯羅我《いんしらが》・錦部定那錦《にしごりじょうあんこん》・訳語《おさ》卯《しう》安那《あんな》らを上桃原・下桃原・真神原（大和国高市郡）の三ヵ所に遷居させたとあり（分注には吉備上道臣弟君《きびのかみつみちのおみおときみ》が百済より漢手人部・衣縫部《きぬぬいべ》・宍人部《ししひとべ》を献じたとある）、雄略十四年紀正月条には呉《くれ》（百済からの渡来か）漢織《あやはとり》・呉《くれ》織《はとり》・衣縫などが渡来したと伝える。右の年紀は信じがたいが、雄略朝には今来才伎《いまきのてひと》が分散して多数渡来し、諸豪族に分有されていたのであろうが、雄略の王権による漢人・秦人の集中管理にともなって、今来才伎も東漢氏の管理下におかれたのである。

蘇我満智の登場　漢人・秦人のほか今来才伎の渡来によって、彼らを集中管理した雄略王権の財政はとみに豊かとなった。『古語拾遺』には、雄略朝のこととして、諸国の貢調が満ちあふれたため、さらに大蔵《おおくら》を建て蘇我満《そがのま》（麻）智宿禰《ちのすくね》に命じて三蔵《みつのくら》（斎蔵《いみくら》・内蔵《うちのくら》・大蔵）を検校《けんぎょう》させ、秦氏には出納を、東西文氏《やまとかわちのふみうじ》には簿の勘録をつかさどらせたので、漢氏に姓《うじ》を賜い内蔵・大蔵としたが、これが今、秦・漢両氏をして内蔵・大蔵の主鑰《かぎのつかさ》・蔵部《くらひとべ》とする由来であるという説話がみえる。これは雄略朝の豊かさの一端を物語っているのではなかろうか。この説話にみえる雄略朝に蘇我満智が三蔵を検校した話は、ある程度信憑性があるとされており（黛弘道、前掲論文）、また履中二年紀にみえる平群木菟宿禰《へぐりのつくのすくね》らとともに国政を担当した満智の存在は疑わしいが、彼は五世紀前半から後半にかけて実在していた人物であって、右の説話から、葛城氏滅亡後、東漢（東文）・秦・西文などの伴造諸氏族を掌握し、蘇我氏はこれらの上に立っていたことを類推させるという（佐伯有清「貴族文化の発生」『日本の古代国家と東アジア』雄山閣出版）。このように蘇我氏が非血縁の渡来人伴造を配下として掌握したことは、従来の氏姓制と異なる支配方式であり、このような他氏にみられぬ氏族の特異性が、すでに五世紀後半に成立していたことに注目されるのである。

蘇我氏はもと葛城氏の支流か少なくともそう称していた氏族とみられており（井上光貞、前掲書）、葛城の地にもゆかりがあり、葛城氏滅亡後旧領と渡来系旧領民の管理を朝廷より委任されたため、満智の時代に葛城へ進出したと考えられる。

ただ、大和に在住した秦氏は、山背《やましろ》盆地の開発に動員され、大和から山背に国家権力によって移住させられ、その正確な移住の年代は未詳としても、六世紀前半にはすでに移住していたとみられている（京都大学考古学研究会編『嵯峨野の古墳時代』）。のち秦氏は蘇我・東漢氏の勢力結合に対抗して、聖徳太子とむすび勢力を結集することからも、六世紀なかばには蘇我氏の支配を離脱していたのである（平野邦雄「秦氏の研究」㈠『史学雑誌』七〇―三）。

大和から河内へ　雄略朝を中心とする五世紀後半から六世紀にかけて、貢調の集積は、朝廷のみならず大和・河内の各地に、これを収納する倉の増設と出納事務組織の発生をうながした。大和・河内を本貫とし渡来人系とみなされる氏族には、朝廷の倉に上番勤務し、非血縁・非同族の造《みやつこ》・首《おびと》・直《あたい》などの有姓氏族の配下にあって、出納事務を担当する中級以下の官職としての倉人《くらひと》が出現し、この官司制度は六世紀後半に蘇我氏によって拡充された（直木孝次郎「人制の研究」『日本古代国家の構造』青木書店）。

倉人はたとえば河内蔵人（『続日本紀』天平五年三月条）・日置倉人《へきのくらひと》（『新撰姓氏録』大和国諸蕃）などのように、氏名を地名プラス倉（蔵）人の複姓であらわすが、冠する地名は本貫とみられる大和・河内の地名が多く、しかも横大路《よこのおおじ》や竹内街道《たけのうちかいどう》（丹比道）にそって集中している点に注目された和田萃氏は、むしろこれらの大道にそって稲や貢納物の収納・保管を目的とする、蘇我倉・当麻倉《たぎまのくら》・春日倉に代表されるような政治的クラ＝ミヤケが存在した結果、これらの倉に勤務する倉人の居住地が自《おの》ずと右の沿道の周辺に限定されるようになったとみられている（「横大路とその周辺」『古代文化』一八五）。

むしろ、ここで注目したいのは、地名・氏名に倉をつけて呼ばれている政治的クラである。蘇我氏に有縁の蘇我倉（皇極三・四年紀、孝徳即位前紀などにみえる山田石川麻呂の氏名）をはじめとして、忍海《おしぬみ》倉連《くらのむらじ》（『続日本紀』宝亀八年正月条）・当麻倉首《たぎまのくらのおびと》（用明記、用明元年紀に葛城直、『法王帝説』には葛木当麻倉首とある）・当麻倉（『大日本古文書』八―一二九）・春日椋人《かすがのくらひと》（『平城宮出土木簡概報』㈥）を率いる春日蔵《かすがのくら》首《おびと》（『大日本古文書』一―六三）などにみえる忍海《おしぬみ》（大和国忍海郡）・当麻（同、葛下郡当麻）・春日（河内国石川郡山田村春日または高安郡の両地にあるが、前者に比定）・蘇我（大和国高市郡曾我または河内国石川郡とみる説があるが、前者に比定）の政治的クラの所在地名である。これらの倉は、忍海・当麻が葛城氏の旧領であり、蘇我氏の葛城進出以来、在地氏族によって経営されていた倉とみられ、忍海倉連氏の管理した忍海倉は、忍海手人《おしぬみのてひと》・朝妻手人《あさづまのてひと》（『続日本紀』養老三年十一月条）・朝妻金作《あさづまのかなつくり》（同、養老四年十二月条）などの工人の製作した武器類を収納・保管していたとみられ、蘇我氏の葛城進出はこの倉の掌握を目的としていたのではなかろうか。

当麻倉は、当麻首氏の管理した倉であるが、姓《かばね》の低い当麻氏が娘を欽明と蘇我堅塩媛《そがのきたしひめ》所生の用明の妃にいれていることからすると、当麻氏は蘇我氏による大和と河内の連絡に協力した氏族であり（黛弘道「河内石川と大和蘇我」飛鳥を守る会編『講演河内飛鳥』3）、春日は安閑皇后の春日山田皇女の名にちなんだ磯長《しなが》の地名であり、この倉の所在地の石川は蘇我の氏名の別称である。

これらの倉の所在地をむすぶと、そのルートが横大路・竹内街道にそっており、どの倉にも蘇我氏との関係が認められる。このことからも、葛城に進出した蘇我氏は、本拠の大和の蘇我からこれらの倉を接収することによって、葛城の忍海をへて当麻にいたり、六世紀前半の安閑朝のころには河内石川の春日から石川流域にかけて勢力をのばし、この地を河内進出の拠点と定めたのである。

2　渡来人の活動と蘇我氏

河内の渡来人と社寺　河内の渡来人の集住地の一つに、大和川と石川の合流地を中心とした周囲の高安《たかやす》・大県《おおかた》・安宿《あすかべ》・志紀《しき》・古市《ふるいち》・丹比《たじひ》・石川の諸郡があげられる。このうち、その西南にあたる古市・丹比（大阪府羽曳野市）・志紀（同、藤井寺市）の各郡に本拠をもつ渡来人の活動について、蘇我氏との関係を念頭においてのべてみたい。

神護景雲《じんごけいうん》四年（宝亀元年〔七七〇〕）三月、葛井《ふじい》・船《ふね》・津《つ》・文《ふみ》・武生《たけふ》・蔵《くら》の六氏男女二三〇人が称徳女帝の河内由義宮《ゆげのみや》行幸に供奉し、博多川（長瀬川）での宴遊の数日後に歌垣《うたがき》をおこない、女帝を慰めた（『続日本紀』）。

右の六氏のうち、武生・蔵の両氏は西文氏《かわちのふみうじ》の分氏である。応神記・紀に書《ふみの》（文）首《おびと》の祖を百済から渡来した王仁《わに》と伝える西文氏は、蘇我満智のもとで東文氏とともに簿の勘録にあたったという（『古語拾遺』）。その渡来時期は未詳であるが、蘇我氏が河内に本拠をもつ西文氏を配下において出納事務にあたらせたのは、六世紀前半のことであろう。

西文氏系三氏のうち、武生氏はもと馬史《うまのふひと》（『続日本紀』霊亀二年六月条、史は毗登《ひと》とも書く）といい、天平神護元年（七六五）十二月に武生連を賜姓（『続日本紀』）、蔵氏は首の姓《かばね》をもつ（同、天平宝字五年六月条）。右の三氏の本拠をみると、西文氏は氏寺の西琳寺《さいりんじ》周辺（羽曳野市古市）、馬氏は羽曳野丘陵東斜面にある戸《と》刈池《かりのいけ》付近（同市蔵之内・尺度《さかと》）とみられ、馬にちなんだ小字名が現存するという（上田正昭他編『日本の渡来文化』（座談会）中央公論社、三木精一氏の発言、なお第21図参照）。蔵氏はその北隣の蔵之内が本拠と考えられ、それぞれの氏名から馬氏は輸送を、蔵氏は貢納物の収納・保管を、西文氏は貢納物の出納を勘録したとみられる。また、西文氏系三氏の本拠がほぼ石川と竹内街道の交差する古市南部に集住していることに注目される。この地は難波と大和をむすぶ通路の中間に位置し、大和川水運と大和への陸上輸送のポイントにあたり、蘇我氏はこの地を通過する貢納物を西文氏に管理させたのである。

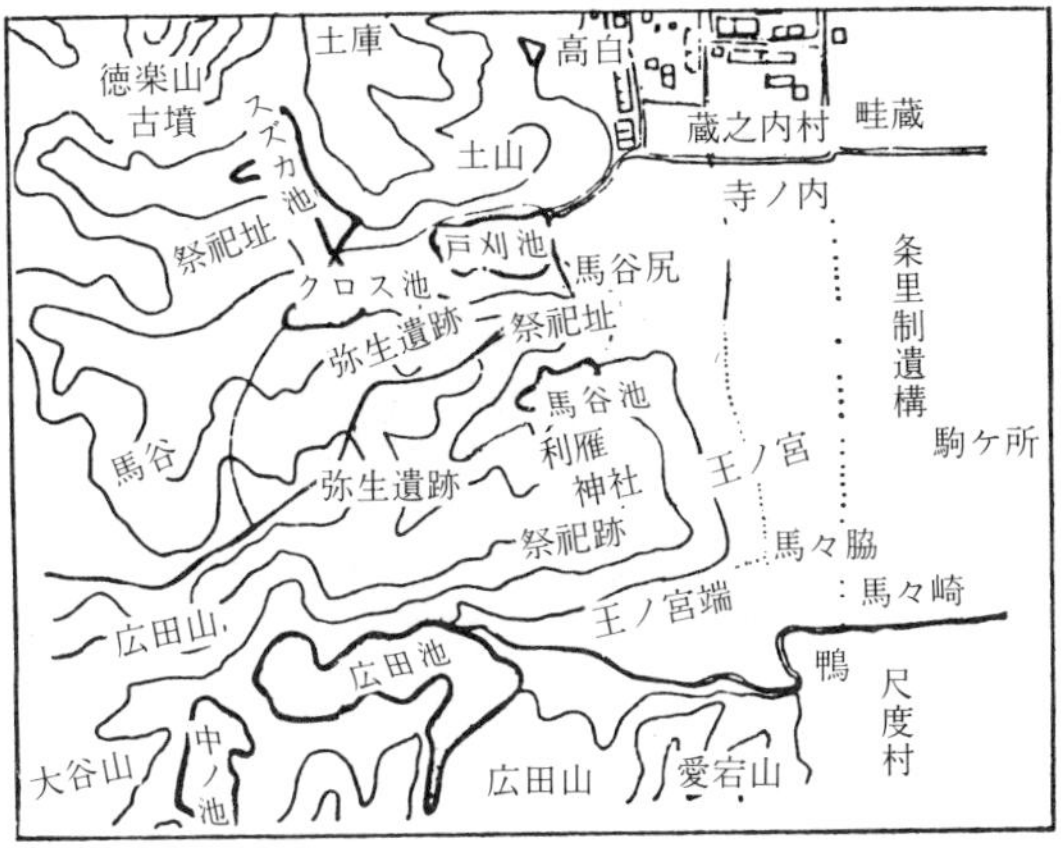

第21図　利雁神社付近要図

さて、のこる船・葛井（白猪《しらい》）・津の三氏は、王辰爾《おうしんに》の一族である。欽明十四年紀七月条に、大臣の蘇我稲目が船賦《ふねのみつぎ》（関税か）を数《かぞ》え録《しる》させるために王辰爾を派遣し、その功により船長《ふねのつかさ》となり船史《ふねのふひと》と賜姓され、天武十二年（六八三）連《むらじ》を賜わった。辰爾は、大阪府柏原市

（裏）　（表）

第22図　船首王後墓誌

松岳山《まつおかやま》古墳出土の船首王後墓誌《ふなのおびとおうごのぼし》に「王智仁首」とみえ、敏達元年五月条には、東西の史《やまとかわちのふひと》が解読できなかった高句麗使持参の烏羽《からすは》の表（国書）を読み賞讃された話がみえ、また、辰爾の弟の牛《うし》も津史《つのふひと》を賜わり、港津の管理実務にたずさわったという（敏達三年紀十月条）。さらに、辰爾の甥の胆津《いつ》は、蘇我稲目が吉備五郡に設置した白猪屯倉《しらいのみやけ》の田部《たべ》の戸籍の検定を命ぜられ、その造籍の功により白猪史と賜姓され て田令《たつかい》となり（白猪史は養老四年五月に葛井連と改氏姓〔欽明三十年紀〕）、また蘇我馬子は白猪屯倉と

第23図　野 中 寺 塔 跡

第24図　葛 井 寺

田部の増益をはかるため、その名籍を胆津に授けたとある（敏達二年紀）。

王辰爾は、六世紀中葉までに百済から渡来した実在の人物とみられ、彼をはじめとして船氏系三氏は、課税に造籍に新しい管理技術を駆使したため、蘇我氏の注目するところとなり登用された。

いま、船氏系三氏の本拠をみると、津氏は氏神とする式内社《しきないしゃ》の大津神社（河内国丹比郡、羽曳野市高鷲）付近、船氏は氏寺の野中寺《やちゅうじ》（同、羽曳野市野々上）付近、白猪（葛井）氏は氏寺の葛井寺《ふじいでら》（河内国志紀郡、藤井寺市藤井寺）付近とみられ、たがいに一〜一・三キロほどの近くにあり、西文氏の氏寺の西琳寺とも近かったので、両系の六氏は精神的・生活的に緊密な相互関係があったという（井上光貞「王仁の後裔氏族と其の仏教」『日本古代思想史の研究』岩波書店。なお巻末付図参照）。

しかし、六氏のうち古い伝統に従えば西文氏が河内在住の史《ふひと》ら全体の上に立つ家柄であったが（関晃『帰化人』至文堂）、さきにみた烏羽の表の説話が物語っているように、西文氏は船氏系三氏のもつ新しい管理技術に圧倒されて不振となり、大和川（長瀬川）の水運管理独占の座を船氏系三氏に明け渡さなければならなかったのである。

渋川寺と法興寺　六世紀には西文氏系や船氏系の渡来人は氏寺をもち、仏教を信仰していたが、蘇我氏の法興寺（飛鳥寺・元興寺《がんごうじ》）のみならず、欽明・敏達・用明紀に排仏派と記されている物部氏も、本拠の河内渋河（崇峻即位前紀）に渋川寺（廃寺）を氏寺としてもち、仏教に理解があったという（安井良三「物部氏と仏教」三品彰英編『日本書紀研究』三、塙書房）。

渋川寺は飛鳥時代初期の創立とみられ、寺跡は大阪府八尾市渋川にあった。この地には物部守屋の阿都《あと》（用明二年紀・雄略七年紀に吾礪）の別業があった。『荒陵寺御手印縁起《こうりょうじごしゅいんえんぎ》』によれば、守屋の八ヵ所領のうち、渋川郡には弓削《ゆげ》（大阪府八尾市弓削町）と鞍作《くらつくり》（大阪市平野区加美鞍作町）の地をふくみ、鞍作には仏教に関係の深かった鞍作村主氏《くらつくりのすぐりうじ》が居住していた。

鞍作村主氏は、その氏名を鞍部・案部・鞍師首などとも書き、もと馬具製作技術工人の集団であったが、馬具の金工技術を造仏に転用し、銅を鏨《たがね》で彫琢する技法をもちいて造仏にたずさわった（増田精一「鞍作部の系譜」『日本文化の歴史』2、学習研究社）。この氏は、『新撰姓氏録』右京諸蕃上、坂上大宿禰本系の逸文には、東漢氏に属する村主姓氏族としてみえる。その祖の案部村主司馬達止《しばたっと》（等）は、『扶桑略記』に引用の「法華験記」に引く「禅岑記《ぜんしんき》」によれば、継体十六年（五二二）に渡来し、大和国高市郡坂田原《さかたがはら》に草堂をもち、仏像を礼拝したとある。ここで注意をひくのは、鞍作氏の渡来時期であって、雄略七年紀に鞍部堅貴《けんき》の名がみえ、堅貴と達止との血縁関係は不明であるが、五世紀後半に渡来して鞍部として編成され、東漢氏の管理下におかれたものと関係があったとみる説がある（佐伯有清「貴族文化の発生」前掲書）。おそらく鞍作村主氏は、五世紀後半の雄略朝から六世紀前半にかけて分散して渡来し、大和のみならず河内にも居住したのではなかろうか。

達止を初代とし、子の多須奈《たすな》、孫の鳥《とり》（止利）の三代にわたる仏教信仰と造仏は著名であり、崇峻元年（五八八）百済に留学した達止の娘の嶋《しま》（善信尼）らがいるが、推古十七年（六〇九）氏寺の法興寺金堂の銅繡丈六の仏像が鳥の手になったことからも、蘇我氏の仏教信仰は鞍作三代によってささえられていたとみてよいであろう。

わが国に伝来当初の仏教では、人びとは仏像の礼拝・寺院の建立によって病をいやし、よわいを保ち、現世の福徳を得ることができると信じた（井上光貞『日本古代仏教の展開』吉川弘文館）。このため蘇我氏は、仏に帰依《きえ》しながらも、造寺造仏を優先した。とくに寺院の建立には、日本固有の建築技法と異なり、多種類の建築技術者を必要とした。法興寺の建立にさいし、崇峻元年紀是歳《ことし》条にみるように、百済から寺工《てらのたくみ》の太良未太《たらみだ》・文賈古子《もんけこし》、鑪盤博士《ろばんはかせ》の将徳白昧淳《しょうとくはくまいじゅん》、瓦博士《かわらはかせ》の麻奈文奴《まなもんぬ》・陽貴文《ようきもん》・㥄貴文《りょうきもん》・昔麻帝弥《しゃくまたいみ》、画工《えかき》の白加《びゃくか》などの多種類の技術者が渡来し（『元興寺伽藍縁起幷流記資財帳』に引く「塔露盤《とうのろばん》銘《のめい》」には、用字のちがいはあるが、同一人名がみえる。ただ、画工を書人《ふみひと》とし百加と陽古の名を記す）、四部《しほう》の首《おびと》ら在来の渡来系技術者とともに工事を進行させた。

このように法興寺の建立には、かなり異姓の渡来人をふくんだ技術者集団が動員され、その監督に山東漢大費直《やまとのあやのおおあたい》麻高垢鬼《まこうこき》と意等加斯費直《おとかしのあたい》が任命されていることに注意したい。これは渡来系の東漢氏が、六世紀に氏族分裂しても同族意識があまり強くなく、一族以外の渡来人を積極的に包容し、日本の氏族にみられない開放性をもっていたためとみられている（関晃、前掲書）。いわば東漢氏のもつ開放性・包容性が法興寺の建立を実現させたと考えられるのである。

ところで、蘇我馬子が法興寺建立工事をはじめる一年前の用明二年（五八七）、物部守屋は本拠の河内渋河で滅んだが、滅亡後「摂津国にして、四天王寺を造る。大連の奴の半《なかば》と宅《いえ》とをわけて、大寺の奴・田荘《たどころ》とす」（崇峻即位前紀）とあり、守屋所有の奴と所領が四天王寺建立のために施入された。また、天平宝字五年『法隆寺伽藍縁起幷資財帳』には、河内国志貴（紀）郡と渋川郡に法隆寺領があり、これは守屋からの没収地で法隆寺に施入されたものとみられており（上原和『斑鳩の白い道のうえに』朝日新聞社）、守屋の旧領は寺院建立の費用にあてられたことがわかる。

しかし、蘇我氏の氏寺のためか法興寺には、守屋の旧領の施入がない。法興寺は推古四年（五九六）になるが、『元興寺伽藍縁起幷流記資財帳』に引く「塔露盤銘」に「作金を使《な》せる人等」として、意奴《おしぬ》弥首《みのおびと》 辰星《しんしょう》・阿沙都麻首《あさづまのおびと》未沙乃《みさの》・鞍部 首《くらつくりのおびと》 加羅爾《からに》・山西首《かわちのおびと》都鬼《つき》らの四部の首の名がみえる。これらの人名をみると首の姓《かばね》の上に、忍海・朝妻などの葛城や河内の地名を冠している。さきの二名は葛城氏滅亡後、蘇我氏に管理された漢人の後裔であり、山西首都鬼とともに、大和・河内の金工専門の工人であった。このなかに鞍部首加羅爾の氏名がみえるのは興味深く、彼と鞍作三代との血縁関係は不明であるが、もと河内渋川に住む鞍作村主氏の出身で、渋川寺の造仏の経験をもつ金工ではなかろうか。

おそらく守屋滅亡のさい、馬子は法興寺建立工事を翌年にひかえ、物部氏の配下にあった多数の漢人を河内から大和に移住させ、山東漢大費直（東漢）氏の監督のもとに建立工事に参加させたと考えられる。ただ、右の露盤銘には仏像を造った四人の名があげられているが、鳥の名がみえないのは謎であろう（工藤圭章「謎の鞍作三代」『明日香風』六）。

ともあれ、鞍作村主氏が仏教信仰をとおして蘇我氏と深い関係にあっただけでなく、入鹿が鞍作《くらつくり》臣《のおみ》と呼ばれ、彼の乳母が鞍作氏の人であったからという説もあり、六四五年蘇我氏の本宗滅亡とともに鞍作村主氏は史上からほとんど姿を消すのである（関晃、前掲書）。また、飛鳥時代の銅仏像の製作に多く使われた鏨《たがね》は、白鳳時代にはその使用が減少したといわれている（石田茂作「仏教の初期文化」『岩波講座日本歴史』）。

船氏の平野川管理　六世紀に大和政権を構成した諸豪族は、西国経営や朝鮮での軍事行動のために、難波に経営拠点をもち本拠と連絡していた。このため、本拠と難波とを直結する交通路の確保は、諸豪族の重要課題であった。

物部氏は経営拠点として難波宅《なにわのいえ》をもち、守屋滅亡のさい資人《しじん》の捕《と》鳥部万《とりべのよろづ》が守備していた（崇峻即位前紀）。この物部氏の難波宅は、四天王寺の位置と密接な関係があった。『上宮聖徳太子伝補闕記』《じょうぐうしょうとくたいしでんほけつき》には、四天王寺の位置について、物部守屋討伐後「虜賊の首を家口に係《か》け、玉造《たまつくり》の東岸上（東生郡に在り）に覆奏《ふくそう》す。即ち営を以て四天王寺と為し、始めて垣基を立つ」とみえるように、はじめ玉造の東岸上にあったとし、また推古元年紀には「是歳《ことし》、始めて四天王寺を難波の荒陵《あらはか》に造る」とあるのに対し、『聖徳太子伝暦』推古元年条に引く「暦録」には、「是歳、四天王寺始めて壊《こわ》ち移して、難波荒陵の東下に建つ」とみえ、四天王寺が守屋の私財を施入して建立された事情を考慮すると、はじめ四天王寺は、上町《うえまち》台地東辺の玉造の東岸（大阪市東成区玉造）にあった守屋の難波宅を没収して創建されたが、のち荒陵の地に移建したとみられている（今井啓一「四天王寺玉造創始考」『秦河勝』綜芸舎）。また、物部氏の難波宅は、百済川（平野川の別称）に面しており、内陸への水運と深くかかわった場所にあり、渋河の本拠にも近い位置を占めるという（吉田晶『古代の難波』教育社）。つまり、物部氏の難波宅のあった玉造東岸は平野川流域にあり、この川は本拠の渋河と経営拠点の難波とをむすぶ物部氏の専用河川であった。

ところで、物部氏の本拠に近い河内国渋川郡竹渕郷《たかふちごう》（大阪府八尾市竹渕町）には、天平勝宝元年（七四九）勘籍（『大日本古文書』三―三四六）に、「河内国渋川郡竹渕郷戸主正八位下利苅村主家麻呂戸口」として「船連石立年卌七」がみえ、この地に船連氏が居住していたことがわかる。また、利苅村主《とかりのすぐり》氏は、『日本霊異記《にほんりょういき》』中巻第十九に「利苅優婆夷《とかりのうばい》、河内国人、姓は利苅村主なるが故に、字とす」とあって、氏名の利苅は推古十五年紀是歳条にみえる戸苅池（大阪府羽曳野市蔵之内に所在、第21図参照）にゆかり、この地はすでにのべたように西文氏系の馬史・蔵首両氏の本拠に近く、式内社の利《と》雁《かり》神社もあり、利苅村主氏の本拠と考えられる。河内国丹比郡野中郷は船氏の本拠であったが、物部守屋滅亡後、蘇我氏は船氏を物部氏の本拠渋川に近い竹渕郷に移住させ、平野川の管理にあたらせて、この川を蘇我氏の専用河川としたのである。利苅村主氏の竹渕郷移住も、船氏と同時期の六世紀末とみられる。

蘇我氏大津宅と渡来人　物部氏の難波宅に対し、蘇我氏は大津宅《おおつのいえ》をもっていた。皇極三年紀三月条に、豊浦大臣《とゆらのおおおみ》（蝦夷）の大津宅の倉に休留《いいどよ》（ふくろう）が子を産んだ話がみえる。倉をもった大津の宅の設置は、欽明朝に稲目が、敏達朝に馬子が吉備の屯倉経営に関与したことからも、欽明朝のころとみられ、屯倉との連絡や貢納物の保管・港津の管理などにたずさわった機関と考えられる。また、宅のあった大津の位置は、大阪城址東北方の寝屋川《ねやかわ》（旧大和川）の左岸付近をさし（大阪市東区城見付近）、この川の河口部に内港があったという（千田稔「難波津補考」小野忠煕博士退官記念出版会編『高地性集落と倭国大乱』雄山閣出版）。したがって大津は、旧大和川と平野川の合流地点に近く、物部氏の難波宅のあった平野川流域の玉造東岸は、合流地点の南にあった。

河内石川を進出拠点と定めた蘇我氏は、物部氏滅亡前には、平野川を避けて、大和川・石川の合流地点から長瀬川以東を流れる諸河川にそって、難波へ進出した。これを直接確かめる史料はないが、傍証となるのは蘇我系皇族名にゆかりのある地名分布を河内国についてみると、北は交野《かたの》郡から南は石川郡まで、東は生駒山西麓から西は長瀬川流域にかけての、主として東半部にみられるという（黛弘道『古代史を彩る女人像』講談社）。蘇我系皇族の名代《なしろ》設定分布を手がかりとして推察すると、蘇我氏は河内東部を南北に流れる長瀬川などの諸河川の水運を利用して、難波へ進出したと考えられる。しかも、大津宅のあった摂津国東生郡には、郡主帳に高向毗登真立《たかむこのひとまたて》（『大日本古文書』五—七〇二）の名がみえる。高向毗登氏は高向史とみえ（『新撰姓氏録』右京諸蕃上、坂上大宿禰本系逸文）、旧姓は漢人で東漢氏の一族であり、河内国錦部《にしごり》郡錦部郷高向村（大阪府河内長野市高向）を本拠とした。また、摂津職大属に正六位上古市村主寸食（『大日本古文書』四—二二五）がいる。古市村主氏は百済国虎王《くだらのくにとらのこきし》の後と伝え（『新撰姓氏録』河内国諸蕃）、河内国古市郡古市郷を本拠とする。これらの渡来人は帯びる位階・官職をみるといずれも在地の有力者であって、本拠地名を冠する氏名から考えると、蘇我氏は難波進出にともなって、彼らを河内国錦部・古市の両郡から摂津に移住させ、大津宅において屯倉との連絡や貢納物の出納管理にあたらせていたとみられる。欽明十四年紀にみた王辰爾による船賦を数え録した事務や敏達三年紀の牛による港津管理は、大津宅でおこなわれたのであろう。

このようにして蘇我氏は、難波大津宅を経営拠点として西国に進出したのである。

3　蘇我氏の基盤と渡来人

屯倉の経営　蘇我氏が渡来人のもつ技術を利用して、大和政権の財政を管理した施策の一つに、屯倉の経営がある。

大臣の蘇我稲目は筑紫那津《つくしのなのつ》の官家《みやけ》（宣化元年紀五月条）をはじめ、吉備に設立した白猪《しらい》・児島屯倉《こじまのみやけ》（欽明十六年紀七月・同十七年紀七月条）、大和国高市郡に韓人大身狭屯倉《からひとおおむさのみやけ》・高麗人小身狭屯倉《こまびとおむさのみやけ》、紀国《きのくに》に海部屯倉《あまべのみやけ》を設定した（同十七年紀十月条）。吉備白猪屯倉では、稲目が王辰爾の甥の胆津に命じて耕作者としての田部の戸籍を作成させ、また田戸《たべ》を定めて、従来の部民制と異なるのちの律令制につながる個別支配方式をとり、屯倉の経営・管理には地方の国造《くにのみやつこ》に委任する方式をやめ、中央から田令《たつかい》とよばれる官人を派遣し、屯倉からの収入を確保した。蘇我氏はこの新方式を吉備以外の屯倉にも採用し、その経営を充実させた。

戸籍による渡来人の編成は、欽明元年紀八月条に秦人・漢人ら諸蕃投化の者を国郡に安置し、戸籍に編貫したとある。欽明元年の時期はともかく、六世紀なかばには、大和政権は多数の渡来人を編戸する必要にせまられていた。すでに河内国高安・安宿郡では渡来人を「某戸」として定着させ、部民制と異なる編戸制が施行されていたことを指摘されている（岸俊男「日本における『戸』の源流」『日本歴史』一九七）。施行地の右の両郡が蘇我氏の河内進出の拠点であった石川郡と隣接すること、胆津の賜姓された白猪史氏の本拠であった丹比郡が、大和川・石川をはさんで高安・安宿郡と接していることなどから推察すると、田部を編戸・造籍する技術や制度は、六世紀に船氏系渡来人のもたらしたものではなかろうか。

このように蘇我氏は、配下に渡来人を置き、彼らのもつ制度や技術を利用し、中央から官人として派遣するなどして実務にあたらせ、その上にたって渡来人を掌握したのであり、両者はたんに職掌を通して上下関係で結ばれていた。このような組織を官司制というが、六世紀に王権財政の管理面において多数の渡来人を官人として掌握するために、この制度を創出したのは蘇我氏であったといえよう。

部の設定　いっぽう蘇我氏は名代・子代の部や部曲《かきべ》も設定した。蘇我氏の部曲であったソガ部（宗我・蘇宜などとも書くが、仮名書きとする）は、ほぼ東北・関東北部および南九州をのぞいて全国的に分布する。この設定は、さきにのべた屯倉の設定時期に並行してなされたとみる説（日野昭『日本古代氏族伝承の研究』永田文昌堂)、蘇我氏・ソガ部と物部氏・物部との分布重複率(五三・六%)から推察して、物部氏本宗滅亡後、蘇我氏の物部収奪がおこなわれ、各地で物部からソガ部への所轄替えがなされたとみる説(加藤謙吉『蘇我氏と大和王権』吉川弘文館)などがある。おそらくソガ部はかなり広範囲に分布することからも、その設定には時間を要したとみられ、稲目が大臣となった宣化から欽明朝以降にあらゆる地方進出の機会をとらえて設定していったと考えられる。

なお、ソガ部とともに注意をひかれる皇極三年紀十一月条に初見の東方儐従者《あずまのしとべ》は、蘇我蝦夷が健人《ちからひと》と名づけ、東漢氏とならぶ蘇我氏の私兵であるが、これを東国のソガ部よりの出身とみる説(日野昭、前掲書)、舎人《とねり》・膳夫《かしわで》と同じく東国国造やそれに準ずる土豪の子弟よりの出身とみる説(加藤謙吉、前掲書)などがある。ソガ部について史料が不足しているので、両説の当否がつけがたいが、ソガ部・東方儐従者に共通していえることは、その設定・管理には屯倉の場合にみたような渡来人による官司制的方式が採用されず、ソガ部の設定や東方儐従者の選抜・出身には、蘇我氏は伴造—部民制や国造制を基調とした氏姓制的方式を採用していることに注目される。

さらに蘇我氏の勢力を理解する上に指標となるのは、名代・子代部の設定である。黛弘道氏の調査によれば、蘇我稲目の娘堅塩媛所生の額田部皇女《ぬかたべのひめみこ》(炊屋姫《かしきやひめ》、推古)の名代部である額田部の設置は二五ヵ国にわたるが、このうち敏達六年(五七七)に設けられた敏達皇后炊屋姫の経済基盤とみられる私《きさいち》部《べ》は一五ヵ国に、ソガ部は一四ヵ国に設定されており、右の三つの部が蘇我氏によって推進されたのであり、また推古十五年（六〇七）に設けられたと伝える聖徳太子に付与された皇子の経済基盤としての壬生部《みぶべ》の分布は三五ヵ国にわたるが、このうちソガ部と重複して分布するのが一八ヵ国と指摘された（黛弘道、前掲書）。これらの名・子代とソガ部が重複分布することからも、これらの設定や支配には蘇我氏の関与があったとみられるが、この設定や支配は伴造―部民制や国造制を基調とする氏姓制的方式によるものであり、渡来人による官司制的経営・管理は認められない。

このように蘇我氏は、屯倉の管理などには渡来人を登用し官司制的方式によって推進するいっぽう、天皇家や自氏の経済基盤の設定・支配には旧来の氏姓制的方式に依拠したのである。これは六世紀後半から七世紀後半にかけて官司制の発達がみられながらも、国家組織の基幹がなお氏姓制にあったためと考えられる。つまり官司制を推進した蘇我氏すらも、屯倉や部民の支配には、氏姓制的・官司制的の二重方式の併用によって、自らの勢力基盤を維持しなければならなかったのである。

蘇我氏の財力　これまでみてきた蘇我氏の経済基盤から推察すると、強大な権勢とならんで豊かな財力を想定できそうである。ところで、すでにみたように物部守屋は本拠の河内に多くの所領や家宅をもっていたが、滅亡後、四天王寺や法隆寺に施入された。蘇我氏も稲目は小墾田・向原《むくはら》（欽明十三年紀）・軽《かる》（同二十三年紀）などに家宅をもち、馬子も槻曲《つきくま》（用明二年紀）や嶋《しま》（推古三十三年紀）に、蝦夷は難波の大津に、また入鹿とともに畝傍山の東や甘檮岡《あまかしのおか》（皇極三年紀）に家宅をもっていた。しかし、滅亡時に中大兄らが蘇我氏本宗家の所領を没収した記事は『日本書紀』などそのほかの史料にみあたらない。この点で、王権の財政管理を担当した蘇我氏の経済基盤は、受益に限界があり、非常に貧弱であったとみられていることも（加藤謙吉、前掲書）、うなずける。

では、蘇我氏の財力を示すものは何か。それは蘇我氏が多くの渡来人を動員し、建築・造仏技術の粋を結集して建立した法興寺ではなかろうか。しかも、推古十三年紀や『元興寺伽藍縁起并流記資財帳』に引く「塔露盤銘」にみえる、推古や聖徳太子がこの寺の創建や大仏造立を発願したという伝承は、法興寺を自分のものにしたいという天皇家の願望から生まれたものと考えられている（直木孝次郎「飛鳥―再訪の旅」『明日香風』七）。蘇我入鹿誅殺後、蝦夷は甘檮岡の家を焼き自尽したが、中大兄はすぐに法興寺を接収した。ここに天皇家は宿年の願望をはたしたのである。

渡来人の処遇　これまで多くの渡来人の活動を、蘇我氏と関係のあるものについてのべてきた。このうち、五世紀後半の雄略朝以来蘇我氏とむすびつきをもち、文化・技術を提供し、朝廷における倉の管理をとおして官司制の成立をうながすなど、もっぱら同氏の勢力基盤を築いたのは、多くの渡来人のなかでも東漢氏であり、まさに東漢氏あっての蘇我氏であった。

それでは蘇我氏は東漢氏に対してどのように処遇したか。『日本書紀』にみえる東漢氏の人名をみても、姓《かばね》は直《あたい》であり、以外の渡来人も造《みやつこ》・史《ふひと》・首《おびと》などの低い姓しかあたえられていない。ところで崇峻五年紀十一月是月条に、蘇我馬子に命ぜられて崇峻を殺害した東漢直駒は、崇峻の嬪《みめ》であった馬子の娘の河上娘《かわかみのいらつめ》を盗んで妻としていたが、馬子はこの事情を知って駒を殺したという記事がみえる。

これは親が子のために報復した話とみられるが、河上娘が崇峻の嬪であったことから推察すると、蘇我氏は勢力を誇る東漢氏をはじめとする渡来人の内廷接近を警戒していたのではなかろうか。稲目の時代に堅塩媛と小姉君《おあねのきみ》を欽明の宮廷にいれ、用明・崇峻・推古などの諸天皇を輩出させた蘇我氏にとって、天皇家（内廷）との外戚関係は、政治権力の根源であった。東漢氏など多くの渡来人と密接な関係をもっていた蘇我氏すらも、内廷は渡来人にとって禁断の園と考えていたのであろう。

また、はじめにみたように、蘇我氏は東漢氏を政争にさいし私兵として利用したが、けっして東漢氏をはじめとする渡来人を政治の中枢に参加させなかった。つまり渡来人は異種族として意図的に権力から遠ざけられていたこと、朝鮮三国対立の状況を反映して、渡来人内部の団結が妨げられていたことなどを理由とする説もあるが（長山泰孝「渡来人の動き」『古代の地方史』3、朝倉書店）、蘇我氏をはじめとする六・七世紀の豪・貴族は、渡来人が内廷に接近し、外廷において政治の中枢に進出することには一線を画していたのであり、むしろこれらから意識的に彼らを疎外していたのではなかろうか。蘇我氏にとって渡来人は、自氏勢力拡大のための重宝な持ち駒にすぎなかったのである。

蘇我氏は強大であったとはいえ、古代王権の前には一氏族にすぎなかった。六二八年、推古の崩御によって蘇我系の天皇が断絶すると、蘇我氏も没落の道をたどりはじめた。六四五年六月、中大兄らを中心とする王権勢力は、渡来人の母国であった三韓からの進調の日を選んで蘇我本宗家を倒し、同氏が東漢氏をはじめとして多くの渡来人に築かせた勢力基盤を一気に吸収したのである。

五　蘇我氏の同族

前之園亮一

1　武内宿禰後裔氏族と食膳奉仕

蘇我氏の同族　蘇我氏の同族には、二通りがある。蘇我氏から枝分かれした川辺臣《かわべのおみ》・高向《たかむこ》臣・境部《さかいべ》臣など蘇我氏の傍系氏族のみをさす場合と、武内宿禰《たけのうちのすくね》を共通の祖先とする葛城《かつらぎ》臣・平群《へぐり》臣・巨勢《こせ》臣・波多《はた》臣などもふくめた武内宿禰後裔氏族全体を意味する場合である。標題の「蘇我氏の同族」とは、後者の場合である。しかし、かぎられた紙数で武内宿禰後裔氏族のすべてにわたって叙述することは不可能であるので、彼らに共通してみられる属性の一つに焦点をしぼって論じてみたい。それは、食膳奉仕という属性である。蘇我氏とその同族すなわち武内宿禰後裔氏族が、服属の儀礼として大化以前に大王《おおきみ》の食膳に奉仕する役割を有していたことは、これまで看過されてきたといっても過言ではない。本章では、蘇我氏など武内宿禰後裔氏族が、服属儀礼として食膳奉仕（食物供献・饗応を含む）の

第25図　武内宿禰系譜

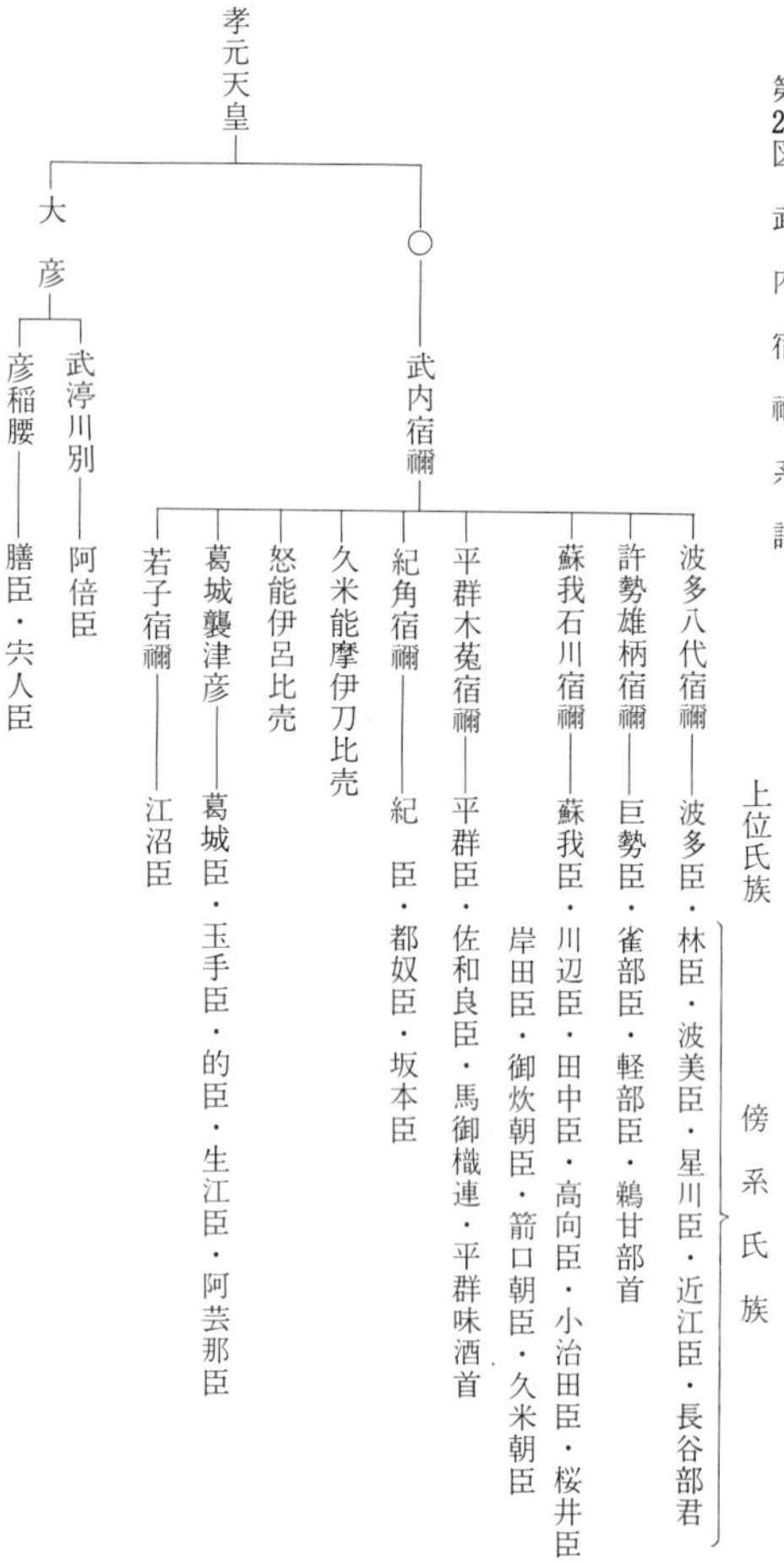

役割を負っていたことを指摘し、食膳奉仕というものが、蘇我氏とその同族に関する理解を深めるうえで、また蘇我氏の主導した官司制の成立を考えるうえでも重要な属性であることを提案してみたい。

武内宿禰後裔氏族　『古事記』（以下『記』）孝元天皇段に、第八代孝元天皇の孫（『日本書紀』（以下『紀』）では曾孫）にあたる武内宿禰を共通の祖先とする一団の氏族の系譜が記されている。それによると、武内宿禰には波多八代《はたのやしろ》宿禰をはじめ七男二女があり、七人の男児から多くの氏族がわかれ出たことになっている。また、『新撰姓氏録《しんせんしょうじろく》』（以下『姓氏録』）や、『先代旧事本紀《せんだいくじほんぎ》』所収の「国造本紀《くにのみやつこほんぎ》」にも武内宿禰後裔の氏族や国造が記載されている。これら武内宿禰を共通の祖とする諸氏族は、武内宿禰後裔氏族と総称されているが（以下、武内後裔と略称）、第25図に系図化して示したように、波多八代宿禰後裔の諸氏族から若子《わくご》宿禰後裔の江沼臣《えぬまのおみ》まで七つのグループで構成され、若子宿禰後裔をのぞく六グループは、それぞれ中心となる有勢な氏族（これを上位氏族と仮称する）と、その他の氏族（これを傍系氏族と仮称する）からなっている。

ただし、武内後裔がみな血縁関係でむすばれた血縁的同族であるとはかぎらない。同一グループ内の上位氏族と傍系氏族との関係についても逐一検討してみる必要があろう。そのうち蘇我氏とその傍系氏族との関係については、系譜的に蘇我氏とむすびついた非血縁的な同族であるとする説と、蘇我氏から分出した血縁的同族であるとする見解とが併存しているが、後者の見解が妥当と考える。なお、武内宿禰を共通の祖先とする同族系譜の形成については紙数の制約のため詳論できないが、それが最終的に成立したのは「記紀」編纂のころであるとしても、その原型は六世紀の『帝紀《ていき》』編纂時か、おそくとも七世紀前半の『天皇記』『国記《こっき》』撰録のころまでに形成されていたと考える。

武内宿禰後裔氏族の性格　武内後裔の上位氏族のすべてと傍系氏族の一部は、奈良盆地の西北部から西南部一帯の地域に本拠地ないし居住地を有し、地域的に一まとまりのグループを形成しており、それは、あたかも大王家がその譜代の臣僚であり伴造の雄である大伴連《おおとものむらじ》・物部連《もののべのむらじ》を両脇に従えて、盆地東部に蟠踞しているのと対峙しているかのような形勢にみえる（第26図参照）。

武内後裔の上位氏族についての最大公約数的な見解は、おおよそつぎのとおりである。いずれも

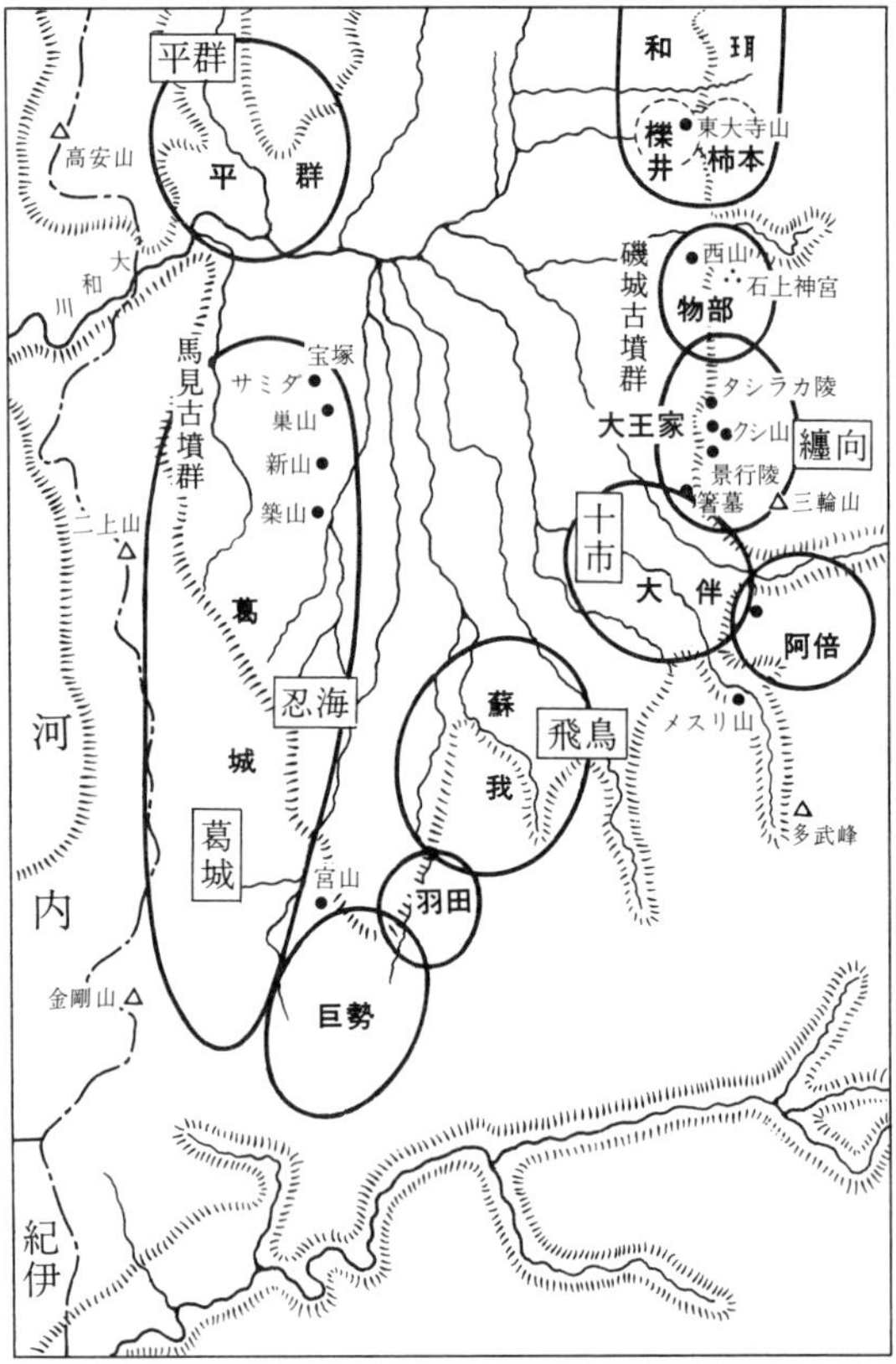

第26図　武内宿禰後裔氏族分布図（岸俊男『日本古代政治史研究』より作製）

伴造《とものみやっこ》のような世襲の職業をもたず、勢力基盤とする一定の領域に立脚してその地名を氏の名に負い、伴造に授与された連《むらじ》・造《みやつこ》とは異なる臣というカバネを共有し、その多くは大化以前に大臣《おおおみ》・大夫《まえつきみ》などの執政官や后妃を出した伝承や、外交・外征に活躍した事績や大王への反抗・反乱の伝承をもち、大王家の外戚や執政官・外征将軍として大和政権の中枢を形成した自立性に富む勢力であって、一定の職務を分担・世襲する伴造として大王に隷属・奉仕したのではないと。

通説への疑問　武内後裔に関する右のような見解は、広く容認されているが、大王に対する自立性と非伴造的性格のみが強調され、大王への服属や奉仕の側面が見落されているのではないかと思われる。

武内後裔の多くが、「家来」「君主に仕える者」を意味する漢字「臣」で表記されるカバネ臣を称しているのも、彼らが臣下として何らかの形で大王に奉仕していたからにほかなるまい。それゆえにこそ、大王からカバネ臣を賜与されたのであろう。その点、最近、吉村武彦氏（「仕奉と貢納」『負担と贈与』日本の社会史　第四巻、岩波書店）が、大化前代の臣・連・伴造・国造や氏の名をもつ百姓の間には、天皇に「つかえまつる」という共通の認識が存在していたことを強調されているのは注目してよい。

しかしながら、武内後裔の奉仕の内容を具体的に知ることは容易でない。それは、膳《かしわで》臣・宍人《ししひと》臣・鏡作《かがみつくりのむらじ》連・服部《はとり》連・鳥取《ととりのみやっこ》造・馬飼《うまかい》造・赤染《あかぞめ》造・海部直《あまべのあたい》などの伴造が、大王への奉仕内容をあらわす職名を氏《うじ》の名に負っているのと異なり、武内後裔の大部分は、本拠地ないし居住地の地名を氏の名としているからである。武内後裔の多くは地名を称し、伴造でもないために、彼らが大王に奉仕する役割を有していたことがみすごされやすく、奉仕の内容を明らかにすることも容易でないものの、通説に疑問の目をむけて検討していくうちに、彼らが服属儀礼として大王に食物を供献・調理して食膳に奉仕する役割を負っていたことが次第に明らかになると思う。

通説への疑問の第二点は、武内宿禰後裔氏族が朝鮮経略に重要な働きをしたことを力説することである。武内後裔についてのべた論文・著書の多くは、武内後裔の一派や部民らが朝鮮への道筋にあたる瀬戸内海から北九州にいたる沿岸に点在している事実を重視して、これを武内後裔が朝鮮経略に主導的役割をはたした証拠として理解している。しかしながら、大韓民国や朝鮮民主主義人民共和国の研究者の間から、古代の日本が朝鮮半島南部を支配していたとする日本側の明治時代以来の見解に対して、鋭い批判が出されているのである。この批判に耳を傾けるならば、畿内以西における武内後裔の足跡やその部民の分布に関して、通説とは異なる観点に立脚した理解がなされてもよいのではあるまいか。私は、畿内以西に分布する武内後裔の一派とその部民は、たんに朝鮮経略のためのみに置かれたのではなく、大王への食膳奉仕に不可欠な海産物などを確保する必要から設置されたのではないかと考える。ただし、この問題について叙述することは紙数の制約上許されないので、拙稿「ウヂとカバネ」（大林太良編『ウヂとイエ』日本の古代11、中央公論社）を参照していただきたいと思う。

共飲共食　五世紀ごろの武内後裔の上位氏族は、葛城氏を中心にして一個の自立的な勢力をなし、大王と連合関係にむすばれていたと推測される。直木孝次郎氏は、五世紀中葉以降に成立する第二次ヤマト政権の実態は「大王家と葛城氏の両頭政権ではなかったか」(「葛城氏とヤマト政権と天皇」『藤澤一夫先生古稀記念古文化論叢』藤澤一夫先生古稀記念論文集刊行会) といわれ、門脇禎二氏は「初期ヤマト国家を構成した諸地域首長の結合形態は、まだ官僚制の形成などにはいたらず……首長の相互間の結合様式には、共飲共食といったより古式の共同体的慣習が生かされていたと思われる」(『葛城氏と古代国家』教育社) とのべられている。

共飲共食という結合様式が古代の日本に存在していたことは、つとに松村武雄氏によって明らかにされていた。松村氏は「共食若《も》しくは共飲によって人と人との繋がりが、新たに発生し、若くは既に存する繋がりがより強化されるという観念・信仰は、既に上代日本にも存していた」(『日本神話の研究』第二巻、培風館) とのべられている。

『記』履中天皇段には、大王と大臣との共飲による結合をうかがわせるつぎのような話が記されている。履中天皇は、弟の水歯別命《みずはわけのみこと》(のちの反正天皇) に反乱をおこした墨江中王《すみのえのなかつみこ》を殺してこいと命じた。水歯別命は墨江中王の側近の曽婆加里《そばかり》という名の隼人に近づき、「吾《われ》天皇となり、汝を大臣になして、天の下を治《し》らさん」といってだまし、主人の墨江中王を殺させることに成功したが、主人を殺害した曽婆加里の罪をにくんでこれをなきものにしようとはかった。そこで水歯別命は、大坂の山口に仮宮《かりみや》を造り、豊楽《とよのあかり》（饗宴）をひらいて曾婆加里に「大臣の位」をさずけ、「『今日大臣と同じ盞《さかづき》の酒を飲まん』とのりたまいて、共に飲みたまう時に、面《おも》を隠す大鋺《おおまり》（鋺は、わんの形をした容器）に、其《そ》の進むる酒を盛りき。是《ここ》に王子《みこ》（水歯別命）先に飲みたまいて、隼人後に飲みき。故《かれ》、其の隼人飲む時に、大鋺面を覆《おお》いき。爾《ここ》に席《むしろ》の下に置きし剣《つるぎ》を取り出して、其の隼人の首を斬」ったという。

この話は、坂や峠などの境界を越えるさいに儀礼的な飲食がおこなわれたことを物語るだけでなく、大化以前において大臣任命の儀式が饗宴の場でとりおこなわれたこと、そのさいに大王と新任の大臣とが同じ盞で酒を共飲してきずなを固めることがなされたことを示唆しているように思われる。大化以前の大王と武内後裔の上位氏族とは、大臣任命のときにかぎらず新しい大王の即位など、事あるごとに共飲共食の儀式をとりおこなうことによって、相互の結合・統属の関係を維持・強化したのではあるまいか。ただし、大王と彼らは完全に対等というわけではなく、共飲共食の儀礼に必要な酒食・料理人・給仕などは武内後裔が負担し、大王はもっぱら饗応にあずかる立場にあったのであろう。そのような意味で、すでに共飲共食の段階から武内後裔の上位氏族が、儀礼として大王の食膳に奉仕する役割を有していたと考えられるのであるが、それは、大王への絶対的な臣従・服属のしるしとしての食膳奉仕ではなく、大王と彼らとの連合・協力のきずなを固めるためのものであった。

ところが、葛城氏や平群氏が衰退して相対的に大王の権勢が強大化した五世紀末以後は、大王と武内後裔の上位氏族との連合関係の維持・強化を目的とする共飲共食は否定され、大王への臣従を誓い主従関係のきずなを固めるための共飲共食、言い換えれば服属儀礼としての食膳奉仕に変わっていったと推定される。ただし、武内後裔の上位氏族が、恒常的に大王の日常の食膳に奉仕する伴造になったというのではない。食膳奉仕を専門におこなう伴造は、阿倍臣・膳臣《かしわでのおみ》・安曇連《あずみのむらじ》・宍人臣《ししひとのおみ》らがあったので、武内後裔の食膳奉仕は毎秋の新嘗祭《にいなめさい》などに食物を供献したり、定期的に大王を饗応したりする服属儀礼としておこなわれたのである。

服属儀礼としての食膳奉仕　服属のしるしに大王への食物を供献する儀礼は、大化以前からおこなわれており、政治的従属と食物の献上とは深いつながりがあった。岡田精司氏（『古代王権の祭祀と神話』塙書房）によると、食物供献による服属儀礼は、つぎのような展開をたどったという。それは、共同体における春の農耕儀礼（国見《くにみ》）に源を発し、(1)小国家の族長による「国占《くにじ》め」（人びとが、その地域の支配を呪術的に保証する霊力のひそんでいる聖なる食物を小国家の族長に献上する。三世紀ごろにあらわれた）。(2)征服戦争における敗者からの食物供献（四・五世紀の大和政権による国内統一戦争にともなって盛行した）。(3)毎秋の新嘗祭と結合したヲスクニ（食国）儀礼となる（地方の国造的豪族層から貢進される采女《うねめ》の手によって諸国の国魂《くにたま》の象徴ともいうべき聖なる御酒・御饌が毎秋の新嘗の日に供献され、宮廷儀礼となった。雄略朝前後の五世紀後半から六世紀にかけて盛行した）。(4)天皇の即位儀礼の大嘗祭《だいじょうさい》に定着し形式化した（七世紀末の天武朝以後）。岡田説によると、食物供献は三世紀までさかのぼるもっとも古く普遍的な服属儀礼ということになる。

また、泉谷康夫氏は、「記紀」および「風土記」にみえる大王への服属伝承は、(1)神宝を奉献して服属のあかしとする物語、(2)服属に際してわざをぎ（俳優）の民となる誓をする物語、(3)食物を整え饗応して恭順の意をあらわす物語、(4)服属し恭順の意をあらわすために屯倉《みやけ》や部民を設置する物語、の四類型に分類できるといわれる。そして(3)の饗応は普通のもてなしでなく祭儀であり、神にかけて服属を誓う儀式であって、その本来の姿は、食物を貢進した者が料理人も貢進して御膳を奉る《たてまつ》という直接的饗応であったが、のちに調理の要素が欠けて服属のしるしの食物（御贄《みにえ》）だけを貢進するという間接的饗応の形へと変化していき、御贄は最終的には租税化していったと説かれている（「服属伝承の研究」『日本書紀研究』第四冊）。

このように大王に服属したものは、服属のしるしとして大なり小なり大王の食膳に奉仕する役割を負っていた。たとえば、物部連は大王に飲料水や氷を貢上した水取連・氷連などの同族を通じて、中臣連は中臣酒人連・中臣酒屋連という同族を介して大王の食膳に奉仕し、国造《くにのみやつこ》など地方の豪族も子女や一族を膳夫《かしわで》や采女として貢進した（采女が大王の食膳につかえたことは、『記』雄略天皇段をはじめ「記紀」に散見する）。食膳奉仕というものは、武内後裔のみにみられる特殊な役目ではないものの、小稿で武内後裔の食膳奉仕を強調する理由は、彼らの大王に対する自立的性格を力説する通説が一面的であることに不満を覚えたからにほかならない。武内後裔は、自立的な性格のほかに食膳奉仕という従属的な一面ももっていた。つまり大王に対して二面性を有しており、一方大王は、彼らに食膳奉仕という定期的な服属儀礼を課することによって、これを統制していたのである。

2　蘇我氏同族と食膳関係官司

雀部臣・御炊朝臣　武内後裔の上位氏族の食膳奉仕は、本来大王との連合のきずなを固める儀礼として、のちには大王への服属の儀礼としておこなわれたのであるが、その過程で恒常的・専門的に食膳に奉仕する職務を負うものが武内後裔のなかからあらわれでていった。大化以前から大王の食膳に奉仕することを職務とした氏族といえば、阿倍臣・膳《かしわで》臣・宍人臣・安曇連らが著名であるが、武内後裔のなかにも食膳奉仕を専門の職務とした氏族がいる。それは、巨勢臣の傍系氏族の雀部《さざきべ》臣（のちに朝臣）と蘇我氏の傍系氏族の御炊《みかしき》朝臣（もとのカバネは臣か）である。

雀部臣は、『姓氏録』左京皇別条に「雀部朝臣　巨勢朝臣と同祖。建内《たけのうち》宿禰の後なり。星河建彦宿《ほしかわのたけひこのす》禰《くね》、諡《おくりな》応神の御世、皇太子大鷦鷯尊《おおさざきのみこと》（仁徳天皇）に代わり、木綿襷《ゆうだすき》を繋《か》けて御膳を掌監す。因《よ》りて名を賜いて大雀臣と曰《い》う」という祖先伝承をもつ。「応神の御世」というのは信じがたいものの、雀部臣が大化以前に大王の食事の調理を担当した伴造であったことが強調されている。御炊朝臣は、氏の名から推して大化以前に炊飯に奉仕し、大炊寮《おおいりょう》の前身にあたる官司（これを炊職《すいしき》と仮称する）とむすびつく職務についていたと考えられる。

食膳関係官司の補任例　巨勢臣や蘇我臣の傍系氏族が、食膳奉仕の伴造となっていることは、巨

第1表　食膳関係官司への諸氏の補任

	膳職	内膳司			大膳職	
	奉膳	奉膳	正(権正)	典膳	大夫	亮(員外亮)
奈良時代以前に任命された者	**紀朝臣真人**〔紀〕	采女朝臣比等　高橋朝臣国足〔正文〕　高橋朝臣子老　高橋朝臣老麻呂　安曇宿禰諸継　安曇宿禰浄成　高橋朝臣祖麻呂〔続紀〕	布勢王　山辺王〔続紀〕	椋椅部首入鹿〔藤木〕　栗前連東麻呂〔正文〕　**雀部朝臣真人**〔続紀〕　高橋朝臣広道〔正文〕　安曇宿禰諸継〔続紀〕　高橋朝臣乎具須比〔高橋氏文〕	道祖王〔万〕　栗栖王　御使王　奈貴王　菅生王　山辺王　参河王　陽侯王　当麻王　笠王　**紀朝臣犬養**〔続紀〕	**川辺朝臣薬**〔正文〕　多治比真人犬養　県犬養宿禰沙弥麻呂　高橋朝臣子老　豊野真人篠原　三嶋真人嶋麻呂〔員外亮〕　清原王　乙訓王　三嶋真人嶋麻呂〔再任〕　百済王武鏡　**紀朝臣継成**　**平群朝臣清麻呂**　大神朝臣人成　葛井連根主〔続紀〕
平安時代初期に任命された者		高橋朝臣浄野〔文実〕　高橋朝臣浄野〔再任〕　高橋朝臣枝並　高橋朝臣秋雄〔三実〕	小倉王　安倍朝臣兄雄〔権正〕〔後紀〕　岡於王　愛宕王　安棟王　並山王　高叡王〔続後紀〕　清原真人真貞〔文実〕　連扶王　正峯王　連扶王〔再任〕　令扶王　弘道王〔三実〕	高橋朝臣藤野　丈部谷直平雄　**雀部朝臣祖道**〔三実〕	大原真人美気　高橋朝臣祖麻呂　稲城王〔後紀〕　豊前王　清原真人利見　在原朝臣守平〔文実〕　在原朝臣守平〔再任〕　橘朝臣春成　橘朝臣主雄　小野朝臣春風　源朝臣平	藤原朝臣真書　緌連家継　小野朝臣諸野〔後紀〕　吉田宿禰高世　**石川朝臣越智人**　御輔朝臣直雄　興世朝臣高世〔続後紀〕　**紀朝臣当仁**　藤原朝臣秀行〔三実〕

大炊寮		造酒司	主水司	園池司	主膳監	主漿司
頭	助（権助）	正	正	正	正	正
紀朝臣鹿人　依羅王　**紀朝臣伊保**　阿倍朝臣意宇麻呂　奈紀王　**小治田朝臣水内**　掃守王　広田王　清原王　**紀朝臣佐婆麻呂**　宗形王〔続紀〕	秦河辺忌寸信万呂〔正文〕　中臣栗原連子公〔続紀〕	高橋朝臣国足〔正文〕　真立王　上毛野坂本朝臣男嶋　浄上王　石城王　中臣丸朝臣馬主　和朝臣家麻呂　**巨勢朝臣総成**　乙乎王〔続紀〕	（見えず）	阿倍朝臣草麻呂　村国連子老　船木直馬養　長瀬連広足　高市連屋守　尾張連豊人　和朝臣国守　佐伯宿禰諸成〔続紀〕	（見えず）	（見えず）
中臣丸朝臣豊国〔後紀〕　藤原朝臣末継　善友朝臣豊宗　藤原朝臣秀道　南淵朝臣頴守　蕃良朝臣豊持〔続後紀〕　善世宿禰豊永　安倍朝臣房上　藤原朝臣家宗　広階宿禰貞雄　丸子連家継〔文実〕　車持朝臣広貞　丸子連家継（再任）　上毛野朝臣安守　安倍朝臣弘行〔三実〕	朝野宿禰道守　**林朝臣真永**　安倍朝臣節麻呂　日下部連高道　嵩山忌寸道光（権助）〔後紀〕　上毛野朝臣安守　安倍朝臣宗行　藤原朝臣藤宗（権助）〔三実〕	**田中朝臣浄人**　**田中朝臣大魚**　日下部連高道　安倍朝臣節麻呂　広階宿禰象麻呂〔後紀〕　秦宿禰氏継　高階真人黒雄　**巨勢朝臣康則**　下毛野朝臣田舎麻呂　菅野朝臣高年　出雲朝臣全嗣　桑田真人虎吉〔続後紀〕　善世宿禰豊永　伊統宿禰福代〔文実〕　春道宿禰永蔵　当麻真人安方　時統宿禰当世　布勢朝臣園公　布瑠宿禰今道〔三実〕	文室朝臣海田麻呂〔文実〕　岑行王　大中臣朝臣鹿王　忠臣王〔三実〕	坂本王　並槻忌寸荻麻呂　壬生公足人　伊勢朝臣継麻呂　壱伎直才麻呂〔後紀〕　伊統宿禰福代〔文実〕　春日朝臣宅成　新田部宿禰安河〔三実〕	丹遅真人縄足〔続後紀〕　登美真人直名〔文実〕　菅原朝臣峯嗣〔三実〕	（見えず）

註　ゴチックの人名は武内宿禰後裔氏族、傍線を付した人名は元皇親。紀は日本書紀、続紀は続日本紀、後紀は日本後紀、続後紀は続日本後紀、文実は日本文徳天皇実録、三実は日本三代実録、正文は正倉院文書、万は万葉集、藤木は藤原宮跡出土木簡。

勢・蘇我氏自身も、ひいては武内後裔の多くが食膳奉仕の役割を有していたのではないか、という憶測を生ぜしめる。そこでまず、律令官制の内膳司《ないぜんし》（天皇の食事を調進する）・大膳職《だいぜんしき》（朝廷の儀式・饗宴に供するもろもろの料理を作る）・大炊寮《おおいりょう》（諸国から貢上された舂米《しょうまい》〔精白した米〕や雑穀を収蔵・分配し、飯米を炊爨《すいさん》して諸司に給する）・造酒司《さけのつかさ》（天皇や朝廷の儀式に供する酒・醴《れい》〔あまざけ〕を造る）・主水司《もひとりのつかさ》（天皇・朝廷の飲料水・氷・粥をつかさどる）・園池司《えんちし》（宮内省所属の園池を管理し、天皇に供する蔬菜・果樹の栽培や魚鳥の捕獲にあたる）・主膳監《しゅぜんげん》（皇太子の食事を造る）・主漿署《しゅしょうしょ》（皇太子の粥・飲料水・菓子をつかさどる）などの食膳関係官司の長官《かみ》・次官《すけ》や判官《じょう》（内膳司のみ）にどのような氏の人びとが任命されているのかを調査してみると、大化以前以来の食膳奉仕氏族である阿倍・膳（のちに高橋と改姓）・安曇・宍人氏におとらず、武内後裔が食膳関係官司に多数補任されていることが判明する。

第1表は、天武朝末年の朱鳥元年（六八六）から六国史《りっこくし》最後の『日本三代実録』の記述が終わる光孝天皇仁和《にんな》三年（八八七）までの約二〇〇年間に、いかなる氏の人びとが食膳関係官司の長官・次官・判官に任命されたかを示したものである。なお、第1表の「奈良時代以前に任命された者」の「奈良時代」には、長岡京時代（七八七〜七九三年）もふくめることとする。

膳職　膳職《かしわでのつかさ》とは、大膳職・内膳司の前身にあたる官司で、大宝元年（七〇一）に完成した大宝律令によって大膳職と内膳職とにわけられたと推定される。この膳職は、『紀』朱鳥元年九月条の天武天皇の大葬において紀朝臣真人《まひと》が「膳職の事」を誄《しのびごと》した記事にみえるだけであるが（誄は死者の徳行や功績をほめたたえる言葉）、紀朝臣真人は翌年の持統天皇元年正月条にも「奉膳《ぶぜん》紀朝臣真人」とみえ、紀朝臣真人は膳職の奉膳（長官）であったことがわかる。紀朝臣は、奈良時代になっても大膳職の大夫《かみ》（長官）・亮《すけ》（次官）や大炊寮の頭《かみ》（長官）に五名も補任されている。朱鳥元年から奈良時代までの間に食膳関係官司の長官・次官を六人以上輩出した氏は、ほかに高橋朝臣（旧姓は膳臣）の八人があるだけで、紀氏の補任件数は伝統的な食膳奉仕氏族高橋氏のそれに匹敵する。これより推察するに、紀氏も大化以前から大王の食膳に奉仕していた公算は高いと思われる。

内膳司　内膳司の奉膳（長官。天皇の食事を総監し、御膳を進める前に毒味することをつかさどる）には高橋朝臣と安曇宿禰を、正《かみ》（長官。神護景雲二年（七六八）二月以後、長官に高橋・安曇氏が任命されたら従来通り奉膳と称し、他氏が任ぜられたら正と称することとした）には皇親（諸王）を補任する慣例のあったことが知られ、それが平安時代にいたるまで根強く守られている。このような排他的慣例にはばまれて、武内後裔は内膳司の長官に任官できなかったけれども、判官（第三等官）の典膳《てんぜん》（天皇の食事を造り、その庶味・寒温を調節することをつかさどる）に雀部朝臣が二人も任命されている（内膳司には次官は不設置）。前述のごとく、雀部朝臣は食膳奉仕の祖先伝承を有していたが、そのことと天皇の食事を調理する典膳に二人も任命されていることとは無関係ではあるまい。大化以前の雀部臣は、大王の食膳に奉仕した伴造であったとみてまちがいないであろう。

大膳職　奈良時代の大膳職の大夫（長官）は、ほとんど諸王で占められ（一〇件）、大夫には皇親を補任する排他的な慣例のあったことがわかるが、それにもかかわらず紀朝臣が一人任命されている。これも紀氏が、食膳関係官司となみなみならぬ間柄にあったことを物語っている。亮（次官）・員外亮も諸王（二件）と元皇親（四件）がもっとも多く、武内後裔（三件）がそれにつぎ、高橋朝臣の一件をしのいでいる。平安時代にはいっても武内後裔は亮に二人補任されており、大膳職と武内後裔とのただならぬつながりがみてとれる。

大炊寮　奈良時代の大炊寮の頭（長官）の補任は、諸王（六件）が最多であるが、武内後裔も四件をかぞえて諸王と肩をならべ、阿倍朝臣の一件をひきはなしている。平安時代にはいると、武内後裔の頭への任官はみられなくなるものの、助《すけ》（次官）に一人任命され、大炊寮とのつながりは保たれている。

造酒司　造酒司の正（長官）の補任をみても、武内後裔の任官が奈良時代（一件）から平安時代初期（三件）にいたるまで一貫してみられ、造酒司と特別な関係にあった様子がうかがわれる（造酒司には次官は不設置）。なお、主水司・園池司・主膳監の正（長官）と主漿署の首《かみ》（長官）には、現存史料によるかぎり武内後裔の補任はみられない。

これまでみてきた朱鳥元年から奈良時代までの膳職・内膳司・大膳職・大炊寮・造酒司の長官・次官と内膳司の典膳の補任を通計すると、諸王二四・元皇親四、伝統的食膳奉仕氏族一一（高橋朝臣八、安曇宿禰二、阿倍朝臣一）、武内宿禰後裔氏族一一（紀朝臣六、雀部・川辺・平群・小《お》治田《はりだ》・巨勢朝臣各一）件となる（その他の諸氏は省略。藤原朝臣・大伴宿禰の補任は皆無）。つまり武内後裔は、伝統的食膳奉仕氏族に比肩する補任数を有しているのである。この事実に、雀部朝臣・御炊朝臣が大化以前以来の食膳奉仕氏族であることを加味して考えると、武内後裔は大化以前に服属儀礼として大王の食膳に奉仕する役目を負っていたからこそ、その伝統が奈良時代まで保持されて食膳関係官司への多数の補任となってあらわれたと解釈できるであろう。それに藤原朝臣と大伴宿禰は、奈良時代の最有力貴族であるにもかかわらず、当時の食膳関係官司の長官や次官に一人として任命されていないという事実も見過ごしてはならない。これによって武内後裔の食膳関係官司への補任の多さが一層きわだち、それは特殊な歴史的事情に原因することが一段と明白になるのである。

また、食膳関係官司の長官の補任件数は諸王が最多であったが、皇親である諸王が臣下である諸氏族の人びとと等しく諸司の官人に任命されるようになるのは、七世紀後半以後のこととみてよく、大化以前から皇親が食膳関係の官司や役職に多数進出していたとは考えがたい。したがって、大化以前における食膳関係の官司ないし役職は、もっぱら阿倍・膳・宍人・安曇氏ら伝統的な食膳奉仕氏族と武内後裔によって掌握されていた可能性が大であろう。

武内宿禰後裔氏族と食膳奉仕氏族　つぎに武内後裔の上位氏族と伝統的な食膳奉仕氏族との親密な関係についてのべてみたい。両者は安曇連をのぞいていずれも臣というカバネを帯するという共通性があるにとどまらず、共通の祖先をもっている。前掲の系図にみられるように、武内後裔と大彦後裔の阿倍・膳・宍人臣は、ともに第八代孝元天皇の子孫と称して同祖関係にむすばれている。このような同祖関係系譜の原型が形成された時期は、第二代綏靖天皇から第九代開化天皇までのいわゆる欠史八代が創作されたと推定される六世紀の「帝紀」編纂よりのちのことであろうが、武内後裔と食膳奉仕氏族の阿倍氏らが同祖関係にむすばれていることと、両者が食膳関係官司にもっとも多く補任されている事実とはよく合致するのである。

蘇我氏と阿倍・膳・安曇氏　両者は系譜的に親縁関係にあったにとどまらず、志田諄一氏（「蘇我臣」『古代氏族の性格と伝承』雄山閣出版）や日野昭氏（『日本古代氏族伝承の研究』永田文昌堂）が論じておられるように、蘇我氏と阿倍・膳・安曇氏とは実際に親交があったのである。宣化朝以後、阿倍氏は大臣蘇我氏のもとで大夫《まえつきみ》として朝政に参画し、用明天皇二年（五八七）の物部戦争にも阿倍臣人・膳臣賀拕夫《かたぶ》は蘇我馬子方に従軍している。推古天皇二十年（六一二）に蘇我稲目の娘堅塩媛《きたしひめ》（欽明天皇の妃、推古天皇の母）を檜隈大陵《ひのくま》に改葬したさい阿倍内臣鳥が最初に推古天皇の言葉を誄《しのびごと》し、同三十二年に馬子が葛城県の割譲を天皇に要求したときにも阿倍臣摩侶と阿曇連（欠名）が馬子の使者となっている。推古天皇没後の皇位継承の紛議にさいして、蘇我蝦夷が皇嗣を決めるために群臣をよびあつめたときも阿倍麻呂臣は事前に蝦夷と打合わせしているのである。

3　葛城・平群・巨勢氏と傍系氏族

葛城臣　本章では、大化以前における武内後裔の食膳奉仕について、個々の氏族別にのべることにする。武内後裔のなかでもっとも早く活躍したのは、五世紀に大王家の外戚として権勢を誇った葛城臣である。葛城氏の本拠地は、『記』仁徳天皇段に磐之《いわの》媛《ひめ》（葛城襲《そ》津《つ》彦《ひこ》の娘、仁徳天皇の皇后）の作と伝える歌に詠まれた「葛城高宮《たかみや》」と考えられており、高宮は大和国葛上《かつらぎのかみ》郡高宮郷の地で、奈良県御所《ごせ》市大字西佐《にしさ》味《び》に比定されている（『奈良県の地名』平凡社）。また、塚口義信氏（「葛城氏と蘇我氏（上）」『続日本紀研究』二三一）によると、葛城氏の勢力圏は葛上郡のみならず、その北の忍海《おしぬみ》郡・葛下《かつらぎのしも》郡までふくむ広い範囲にわたったらしい（以下、葛上・忍海・葛下郡一帯を葛城地方と総称する）。

金剛山地の東麓に位置する葛城地方は、狩猟の地であった。『記』雄略天皇段と『紀』雄略天皇四年二月条・同五年二月条に、天皇が葛城山に狩をしたことが記されている。『紀』は狩の記事をいずれも二月にかけているが、これは葛城山における大王の狩が定期的に催される政治的、儀礼的な狩猟であったことを示唆する。葛城臣の始祖の襲津彦は、四世紀ごろの実在の人物とみなされているが（井上光貞「帝紀からみた葛城氏」『日本古代国家の研究』岩波書店）、『万葉集』に「葛城の襲津彦真弓荒木にも憑《たの》めや君がわが名告《の》りけむ」（巻一一―二六三九）と歌われて弓との関連がたどられること、襲津彦が百済国からともなってきた酒君《さけのきみ》が鷹狩の技法を伝えたという『紀』仁徳天皇四十一年・四十二年条の記事から推して、襲津彦（沙至比跪《さちひこ》とも記す）のソ・サチは征矢《そや》のソや狩の弓矢を意味するサチと同語ではあるまいか。襲津彦という名は狩猟にかかわる名前と考えられる。

また、襲津彦の娘の磐之媛についても、「豊楽《とよのあかり》」（饗宴）をするために「御綱栢《みつながしわ》」をとりに紀伊国に赴いたとか、「豊楽」の日に磐之媛が手ずから「大御酒《おおみき》の柏」（御酒を盛った御綱栢）をとって参内した氏々の女たちに与えたとか、「記紀」には磐之媛が宮廷の饗宴の主催者として描かれている。推測するに、大王と葛城氏は定期的に政治的な儀礼としての狩猟を催し、葛城氏が狩の獲物と一族の女性をさざげて大王と共飲共食の儀礼をおこなって、相互のきずなを固めたのではあるまいか。また、葛城氏の女性は、宮廷の饗宴をとりしきったり、大王の神事（新嘗祭など）に重要な役割を演じたのであろう。

葛城県　『延喜式』所載の祈年祭《としごいのまつり》の祝詞《のりと》や六月月次《みなづきのつきなみ》の祝詞によると、葛城県など大和国の六ヵ所の御県《みあがた》から「この六つの御県に生《な》り出《い》ずる、甘菜《あまな》・辛菜《からな》を持ち参《ま》い来て、皇御孫《すめみま》の命《みこと》の長御膳《ながみけ》の遠御膳《とおみけ》」として、天皇に献上することになっており、葛城県は食膳奉仕と深いかかわりがあった。葛城県は葛城円大臣《つぶらのおおおみ》が雄略天皇に滅ぼされるときに献上したという「葛城の五村《いつむら》」（『記』）、「葛城の宅七区《いえななところ》」（『紀』）に起源し、葛城御県神社（式内社）・園人《そのひと》郷の所在する忍海郡が葛城県の中心地と目されている。『延喜式』によると、この忍海郡には葛木坐火雷《かつらぎにいますほのいかづち》神社が鎮座しているが、大膳職にも火雷神社が祭られており、葛城県と大膳職とのただならぬつながりを思わせる。

葛城県と葛城氏について塚口義信氏（前掲論文）は、つぎのような見解を示されている。葛城氏は葛城地方南部を勢力圏とする玉田宿禰系と北部を勢力範囲とする葦《あしだ》田宿禰系の二系統があり、前者に属する円大臣の滅亡後に葛城地方南部の地域が大王家の直轄領として葛城県に設定されたが、その管権は雄略朝以降も大王家の外戚とし勢力を保っていた北部の葦田宿禰系葛城氏がにぎり、葛城系の女性が巫女として葛城県の食物供献儀礼を主掌したと。塚口氏の論文は、葛城氏の食膳奉仕を主題としたものではないものの、雄略朝以後に葛城氏が大王の食膳に奉仕する役割を負っていたことに言及している点は興味深い。思うに、葛城氏は、玉田宿禰系・葦田宿禰系いずれも古い共同体的慣習である共飲共食の儀礼を通じて大王と連合関係をむすんでいたが、玉田宿禰系が雄略天皇に滅ぼされて完全に大王優位の関係に転じたのちは連合関係を否定され、大王への臣従をあらわす服属儀礼としての食膳奉仕を義務づけられるにいたったのではあるまいか。

的臣・塩屋連　葛城臣の傍系氏族の的臣《いくはのおみ》は、大化以前に皇居の門（宮城十二門の一つに的門があり、弘仁九年〈八一八〉に郁芳門と改名）を守衛していた軍事的氏族として注目されているが、この氏も軍事的役割にとどまらず、服属儀礼としての食膳奉仕の役目を負っていた。的臣は、その名からして弓矢との関連がたどられる。弓矢による狩猟は軍事に直結するがゆえに、皇居の門を守るようになったと考えてよいだろう。淡路国津名《つな》郡に的臣ゆかりの育波《いくは》郷が存するのは、淡路島が「御食《みけ》つ国」（御食すなわち天皇の食料を貢進する国）であるからにほかなるまい。淡路島は海産物の宝庫であるばかりか、『紀』応神天皇二十二年九月条・履中天皇五年九月条・允恭天皇十四年九月条に天皇の淡路遊猟がみられるように、大王の直轄領的な狩猟地でもあった。遊猟記事がいずれも九月に記録されているのは、平林章仁氏（「日本古代における肉食・狩猟・祭祀」『日野博士還暦記念論文集・歴史と伝承』）の指摘されるごとく、淡路島における大王の狩猟が政治的・儀礼的狩猟として定期的にとりおこなわれていたことを物語っている。的臣は、このような大王の狩猟に奉仕する目的と、食膳奉仕に必要な山海の幸を確保するために育波郷に進出したのであろう。尾張国海部郡に伊久波神社（式内社）の鎮座するわけも、尾張氏を介して伊勢湾の海産物を入手するためとみてよい。また、『日本後紀』延暦十八年九月乙丑条に桓武天皇が「遊㆓猟的野㆒」した記事がみえる。

塩屋連《しおやのむらじ》は、『姓氏録』（河内皇別）に「上《かみ》に同じ（道守《ちもり》朝臣と同祖。武内宿禰の男、葛木曾都比古命《かつらぎのそつひこのみこと》の後なり）」と称しているが、連のカバネを有しているので葛城臣と血縁関係のある傍系氏族ではなく、系譜的にむすびついた傍系氏族であろう。塩屋連は、伊勢国奄芸《あむき》郡塩屋郷（三重県鈴鹿市白子町・稲生一帯。伊勢湾に面す）の豪族とする説があり、（佐伯有清『新撰姓氏録の研究』考証篇第二、吉川弘文館）、塩屋は塩を作る建物を意味するから塩とかかわりの深い氏と思われる。『万葉集』（巻一二―二九七一）に「大王の塩焼く海人《あま》……」と詠まれているごとく、塩は大王への供献食品であった。塩と有縁の塩屋連が、葛城氏と同祖関係にむすびついたのは、葛城氏が塩を献上して食膳に奉仕していたからであろう。

平群臣　葛城円大臣が滅亡したのち、雄略・清寧朝に大臣の地位についたと伝えられているのは、平群臣真鳥《まとり》である。真鳥の大臣就任は史実であるか疑わしいものの、真鳥について興味深い話が、『紀』武烈天皇即位前紀十一月条に記されている。太子（武烈）と大伴連金村《おおとものむらじかなむら》は、専横のふるまいの多い真鳥を誅滅しようと謀《はか》り、真鳥の家を包囲して火を放った。進退きわまった真鳥は、各地の塩を呪詛《じゅそ》してついに殺された。しかし、越前の角鹿《つぬが》（敦賀《つるが》）の海でとれる塩だけは呪詛することを忘れたので、角鹿の塩だけが天皇の食膳に供されるようになったという。この伝承は、首長相互間の結合様式として残存していた共飲共食という古式の共同体的慣習が、大王によって踏みつぶされたことを物語るものである（門脇禎二、前掲書）と同時に、敦賀の塩をはじめ大王に供する塩を平群氏が管理していたことを伝えている。しかもこの話が、新嘗祭のおこなわれる十一月条にかけられていることは、大化以前に平群臣が毎年の新嘗祭に塩を献上する儀礼をおこなっていたことを物語っていると思われる。

塩は、人間の生存に不可欠な食品であるにとどまらず、経済的・政治的・軍事的にも重要な価値を有していたので、大和政権とその中枢勢力であった武内後裔上位氏族は、塩の確保に重大な関心を寄せていたにちがいない。葛城氏の傍系氏族に塩屋連があり、平群臣真鳥が塩を呪詛した伝承をもち、後述のように紀臣が塩の特産地紀伊を勢力基盤とし、『紀』欽明天皇十七年七月条に蘇我稲目が備前に赴いて塩の特産地である児島屯倉《こじまのみやけ》を設定したとあり、稲目の女の堅塩媛《きたしひめ》が堅塩（黒塩のこと）にちなむ名を有しているのは、それを裏書きしている。しかし、彼らが塩とかかわりが深いのは、たんに塩が重要な食品であるからだけではない。『紀』仲哀天皇八年条に、筑紫の岡県主の祖熊鰐《わに》が服属のしるしとして「魚《な》塩《しお》の地」「塩地《しおどころ》」を献じたとあるように、塩は服属のしるしの献上品であり、食膳奉仕の役割を負う葛城・平群・紀・蘇我氏にとってなくてはならない食物だったからであろう。ちなみに、『続紀』天平神護元年（七六七）六月庚午条に「大膳職の塩一百石を貧民に糶《う》る」とみえ、大膳職に大量の塩が貯蔵されていたことが推察できるが、前掲の表に示したように、大膳職の長官・次官には平群朝臣、蘇我氏傍系の川辺朝臣・石川朝臣、紀朝臣（三人）ら武内後裔が六人も補任されており、平群・蘇我・紀氏と大膳職と塩とは、相互に関連のあることがうかがえる。

平群臣の本拠の大和国平群郡は、狩猟の地であった。『万葉集』に「八重畳《やえだたみ》　平群の山に　四月《うづき》と五月《さつき》との間《ま》に　薬猟《くすりがり》　仕《つか》うる時に……さを鹿の　来立ち嘆かく　頓《たちまち》に　われは死ぬべし　王《おおきみ》に　われは仕えん　わが角は　御笠《みかさ》のはやし……わが宍《しし》は　御膾《みなます》はやし　わが肝《きも》も　御膾はやし　わが肱《みげ》は御塩のはやし……」（巻一六―三八八五）と歌われているように、平群山の薬猟でえた鹿は大王に贄《にえ》として献上された。薬猟は、道教信仰にもとづく中国古代の採薬習俗が高句麗の儀礼的狩猟と習合したものが受容されて成立したものとされ、『紀』推古天皇十九年五月五日条に初見するが、薬猟の受容以前から平群山は大王の食膳に奉仕する狩猟の場であった公算が高いであろう。

平群氏と紀氏　平群氏が塩と深いかかわりを有していたことは今しがたのべたが、それは考古学的にもいえるらしい。というのは、最近森浩一氏が、「平群谷ぞいにはまだ知られていないが、その周辺では製塩土器や魚形土製品を埋めた古墳が点在している。……奈良の諸例はいずれも五～六世紀のもので、平群氏などの海との関係や動向を知る一つの資料となるだろう」（「弥生・古墳時代の漁撈・製塩具副葬の意味」『海人の伝統』日本の古代8、中央公論社）という興味深い指摘をされているからである。平群郡は大和川によって大阪湾に直結しているので、平群臣が難波の塩をはじめ食膳奉仕に必要な海産物を入手するのは容易であったろう。また、平群郡には平群坐紀氏《へぐりにいますきのうじ》神社（武内社）が鎮座し、その東南約五〇〇メートルに位置する三里《みさと》古墳（生駒郡平群町三里に所在、六世紀中葉の全長約三五メートルの前方後円墳と推定）は、和歌山市の岩橋《いわせ》千塚《せんづか》の古墳の石室によくみられる石棚が玄室の奥壁に架設してあるのが注目されている。三里古墳の調査担当者の河上邦彦氏は、平群坐紀氏神社の存在および紀臣と岩橋千塚とのむすびつきなどから、平群谷に「六世紀中頃には紀氏の一部が居住していたと考えるべきであろう」（橿原考古学研究所『平群・三里古墳』）と推定されている。戸田秀典氏も「記紀」の平群氏の伝承と『尊卑分脈《そんぴぶんみゃく》』所載「紀氏系図」の考察をもとに、平群氏と紀氏との交流を論じられている（「平群氏と紀氏」『橿原考古学研究所論文集』七、吉川弘文館）。思うに、平群氏は紀氏を通じて紀伊の塩などを得ていたのであろう。

平群氏と膳氏

平群郡の南部には夜麻《やま》郷（生駒郡斑鳩町東部に相当、『奈良県の地名』平凡社）があり、山部連・山部宿禰が居住していた。また同郡の斑鳩一帯は、膳臣の拠点の一つでもあったらしい（加藤謙吉「上宮王家と膳氏について」『続日本紀研究』一九三）。特定の山林を監守して狩猟の獲物の貢進や木材などの供給にあたった伴造であると考えられている山部連や、食膳奉仕氏族の膳臣が平群郡に居住していることは、平群氏の食膳奉仕の役割と無関係ではあるまい。

平群氏と膳臣とのむすびつきは、東国においてもみられる。東京湾の出入口の浦賀水道に面して安房国平群郡があり、平群壬生《みぶ》朝臣（旧姓は壬生部）が居住していた（『続紀』天平神護元年二月辛卯条）。平群という郡名がつけられたのは、平群臣が古くからこの地に勢力を伸張していたからであろうが、安房は食膳奉仕とかかわりの深い国柄であった。『紀』景行天皇五十三年条に、天皇が上総国から海路「淡水門《あわのみなと》」を渡ったとき、膳臣の遠祖磐鹿六鴈《いわかむつかり》が白蛤《うむき》（ハマグリ）を膾《なます》につくって献じたので、六鴈の功をほめて膳大伴部《かしわでのおおともべ》を賜わったという食膳奉仕起源譚を伝え、『高橋氏文《うじぶみ》』にも景行が安房の浮島宮（平群郡）に幸したとき、安房大神を「御食都神《みけつかみ》」としたことがみえ、安房国朝夷《あさひな》郡の高家神社（式内社）は大膳職坐《だいぜんしきにいます》神六座の中の高倍神社（同上）と同神である可能性が大で、現在も料理の神様として広く崇敬をあつめている。このように安房は本来、「御食つ国」としての性格を有し、この国に平群臣やそれとつながりのある膳臣が進出した理由は、食膳奉仕に不可欠な海産物、とりわけ安房特産の鮑《あわび》を入手するためにほかなるまい。おそらく平群臣は、安房国平群郡の豪族から直接に、また大和国平群郡の膳臣を通じて間接的に安房の鮑などを確保していたのであろう。そうだとすると、平群氏が大化以前の一時期膳臣を配下に従えていた可能性も皆無ではないかもしれない。なお、『続紀』神護景雲三年（七六九）四月壬寅条に「伊余国温泉郡の人正八位上味酒部《うまざけべ》稲依ら三人に姓を平群味酒臣と賜う」とあり、平群臣が味酒部とつながりのあることも平群氏の食膳奉仕の役割を考えるうえで参考になる。

巨勢臣・雀部臣　平群真鳥・鮪《しび》の滅亡後に、許勢臣男人《こせのおみおひと》が継体・安閑・宣化朝の大臣となったと伝えられている。前掲の表にみられるごとく、巨勢朝臣は奈良時代に造酒司の正《かみ》を一人、平安時代初期にも造酒司の助を一人だしており、奈良時代から平安時代初期にいたるまで一貫して造酒司と特別な関係を保っていたことが知られる。

巨勢臣の傍系氏族の雀部臣は、食膳奉仕の伴造であることは前述したが、雀部氏は巨勢氏から分岐した血縁的同族ではないかと思われる。というのは、『続紀』天平勝宝二年（七五〇）二月己卯条によると、内膳司の典膳正六位下雀部朝臣真人らが奏言して、巨勢朝臣よりも雀部朝臣の方こそ許勢男柄《おがら》宿禰の本流であることを強調し、許勢男人大臣が巨勢朝臣の祖先であるというのは誤りであり、実は雀部朝臣の祖先であるから今後は雀部大臣と改めるべきであると主張したのに応じて、当時大納言従二位の高位高官で巨勢氏の氏上《うじのかみ》でもあったと思われる巨勢朝臣奈弖麻呂《なでまろ》が雀部朝臣真人の主張の正しいことを証明したので、治部省に命じて申し立てのままに改正させた、と記されているからである。雀部朝臣こそ許勢男柄宿禰の本流であり許勢男人大臣の子孫である、という主張が事実か否かは別にして、それが大納言巨勢朝臣奈弖麻呂に認められたということは、少なくとも雀部氏が巨勢氏の血縁的同族であり、たんに系譜的にむすびついた同族ではないことを表明している。

食膳奉仕の伴造である雀部臣が巨勢氏から分出したということは、母胎の巨勢氏自身も食膳奉仕の役割を有していたことを物語っているといえる。許勢男人の娘紗手媛《さてひめ》と香香有媛《かがありひめ》は安閑天皇の妃となり、『紀』安閑天皇元年十月条に紗手媛に小墾田《おはりだ》屯倉を、香香有媛に桜井屯倉を賜わったと記されているが、これは巨勢氏出身の妃が新嘗の祭に屯倉の稲穀を献上する役割を負っていたことを物語る記事であろう。というのは、十月は稲の収穫祭である新嘗の祭がおこなわれるにふさわしい月だからである。養老二年（七一八）につくられた『養老令』の神祇令によると、新嘗祭は十一月にとりおこなう規定になっているが、大化以前には必ずしも十一月に固定していなかった。『紀』允恭天皇七年十月条の新室《にいむろ》の宴は、新嘗祭の宴にほかならないという説（泉谷康夫「磐之媛命と忍坂大中姫命」『角田文衛博士古稀記念古代学論叢』）があり、垂仁天皇四年九月条・五年十月条に記されている狭穂彦反乱の物語は、新嘗祭や大嘗祭と共通する要素が少なからずみられるので、新嘗祭・大嘗祭とつながりのある話とみてよい。このように古くは十月にも新嘗祭がおこなわれたのであり、安閑元年十月条の記事から巨勢氏出身の妃が新嘗の祭に稲穀を献上する儀式をおこなっていたことを推察できるであろう。また、巨勢氏の本拠地の大和国高市郡巨勢郷は、御所市大字古瀬《こせ》を中心とする曾我川上流の巨勢谷一帯に比定され、古瀬の南に接して奉膳《ぶんぜ》という大字（尋尊〔一四三〇～一五〇八〕の著した『三箇院家抄《さんかいんけしょう》』に「奉膳庄」とみえる）がある（『奈良県の地名』平凡社）のは暗示的である。

巨勢臣は、服属儀礼として大王の食膳に奉仕する役割を負っていたがゆえに、大化以前のある時期に専門に食膳に奉仕する一族として雀部臣を分出することになったのであろう。許勢男人が継体・安閑・宣化朝に大臣となったという所伝は、史実か否か確認できないものの、巨勢氏本宗が六世紀前半ごろに執政官としての性格を強めたとすると、本来巨勢氏が属性の一つとして有していた食膳奉仕の役割を枝族の雀部臣に専当させたと想定することも可能であり、食膳奉仕氏族としての雀部臣の分立時期は、六世紀前半にもとめうるであろう。そうだとすると、巨勢臣は傍系氏族の雀部臣を介して、内膳司・大膳職の前身の膳職に対してかなりの影響力をおよぼしていたはずであり、その意味で巨勢氏も六世紀のころから官司制とかかわりをもっていた氏族といえるであろう。

鵜甘部首　巨勢氏の傍系氏族の鵜甘部首《うかいべのおびと》は、『姓氏録』（未定雑姓・和泉国）に「武内宿禰の男、巨西《こせ》男柄宿禰の後なり」とあるものの、巨勢臣と異なるカバネ首を称しているので、系譜的にむすびついた同族とみてよい。鵜甘は大膳職管轄下の雑供戸《ぞうくこ》の一つであり、『令集解《りょうのしゅうげ》』所引の「官員令別記」によると、「鵜飼卅七戸」が大膳職に所属していた。鵜甘部の伴造である鵜甘部首が巨勢氏と同祖と称し、鵜甘が大膳職に所属していることは、かつて巨勢臣が鵜甘部を支配し、大膳職の前身の膳職と深い関係を有していたことを物語っている。

4　蘇我臣と傍系氏族

蘇我臣　許勢男人についで宣化朝に大臣となったのは、蘇我稲目である。蘇我氏は、その後約一世紀にわたって権勢を誇った。大化元年（六四五）の蘇我本宗家滅亡後、河内国石川郡を本拠とする傍系の蘇我（倉）氏が第二の本宗家ともいえる地位を占めたが、壬申の乱から天武朝の中ごろまでの間に氏の名を石川と改めたらしい（星野良作「蘇我氏の改姓」『法政大学工業高等学校紀要』二）。第1表にみられるごとく、石川朝臣をはじめ蘇我氏傍系氏族で食膳関係官司に補任されたものは少なくなく、大膳亮川辺朝臣薬《かわべのあそんくすり》・石川朝臣越智人《おちひと》、大炊頭小治田朝臣水内、造酒正《さけのかみ》田中朝臣浄人《きよひと》・田中朝臣大魚の五人を数える。表示した武内後裔の食膳関係官司補任の総数が一七件であるから、蘇我氏傍系氏族の補任数は全体の三分の一近くも占めているわけである。

御炊朝臣　蘇我氏の傍系氏族のなかで、大化以前に食膳に奉仕したことの明白な氏は、御炊朝臣である。御炊という氏の名は、栗田寛が「朝廷の御食を炊き奉る職にて、大炊などに同じきなるべけれど」（『新撰姓氏録考証』上、吉川弘文館）と推定したように、大炊寮の前身の炊職《すいしき》にむすびつく職務についていたことにちなむと思われる。御炊朝臣は、『姓氏録』右京皇別上に「武内宿禰六世孫宗我馬背《そがのうませ》宿禰の後也」とあり、宗我馬背宿禰は佐伯有清氏（『新撰姓氏録の研究』考証篇第二、吉川弘文館）が推定されたように、『姓氏録』左京皇別上の川辺朝臣条に「武内宿禰四世孫宗我宿禰の後也」とみえる宗我宿禰と同人で、『紀氏家牒《きしかちょう》』の「馬背宿禰〈亦曰二高麗一〉」「蘇我馬背宿禰男稲目宿禰」「韓子《からこ》宿禰男蘇我馬背宿禰、亦曰二高麗宿禰一」の馬背宿禰・蘇我馬背宿禰にあたる人物、すなわち稲目の父であろう。稲目の子の馬子の名は、祖父馬背宿禰にちなんで命名されたのではあるまいか。そうだとすると、田口臣・桜井臣・箭口《やぐち》臣・田中臣・小治田臣・岸田臣・久米臣・蘇我倉臣（石川朝臣）など、稲目の代より後に分立したものが圧倒的に多い蘇我氏傍系氏族のなかにあって、御炊氏は川辺臣らとともにもっとも早く枝分かれした傍系氏族ということになる。川辺臣は『紀』欽明天皇二十三年（五六二）条に初見するから、御炊臣もそのころまでに分立し、炊職に関与していたのではないだろうか。

　御炊臣が、食膳奉仕の伴造としていち早く分立した理由は、母胎の蘇我氏自身が服属儀礼として大王の食膳に奉仕する役割を有していたからであろう。稲目が宣化朝に大臣となり、蘇我本宗家が執政官の家としての性格を強めていったのと併行して、稲目の兄弟にあたる御炊氏の祖は、もともと蘇我氏が属性の一つとして有していた食膳奉仕の役割を専門に担当することになって分立し、その職務にちなんで御炊臣を称するようになったのではないか、と推測されるのである。

蘇我氏と葛城県　蘇我氏の食膳奉仕に関連して注目してよいのは、蘇我馬子が推古天皇に葛城《かつらぎの》県《あがた》の割譲を要求した所伝である。それは、『紀』推古天皇三十二年十月条に「大臣《おおおみ》（蘇我馬子のこと）、阿曇連名を闕《もら》せり。阿倍臣摩侶、二《ふたり》の臣《まえつきみ》を遣《まだ》して、天皇に奏《もう》さしめて曰《もう》さく、『葛城県は、元《もと》臣《やつかれ》が本居《うぶすな》なり。故《かれ》、其《そ》の県に因《よ》りて姓名《かばねな》を為《な》せり。是を以て、冀《ねが》わくは、常《ときわ》に其の県を得《たまわ》りて、臣が封県《よさせるあがた》とせんと欲《ねが》う』ともうす。是《ここ》に、天皇、詔《みことのり》して曰《のたま》わく、『……』とのたまいて、聴《ゆる》したまわず」と記されている。これは、蘇我氏の専横を強調するための捏造記事である疑いも存するが、それにしても馬子が葛城県の割譲を要求したことになっているのは、蘇我氏が葛城県とただならぬ関係にあったからにほかなるまい。先述のごとく、葛城県からは「御県に生り出ずる、甘菜・辛菜」が大王に貢進されたが、蘇我氏がその貢進に関与していた可能性は高いと思われる。

塚口氏（前掲論文）によると、葛城県の経営・管理は、はじめ葛城地方北部に蟠踞していた葦田宿禰系の葛城氏がおこなっていたが、まもなく蘇我氏にその権限を奪われ、稲目の時代には葛城県の経営・管理権は完全に蘇我氏の掌握するところとなり、県の祭祀に奉仕して「甘菜・辛菜」貢進の役割をになった県の巫女も蘇我氏からだされた。稲目の娘で欽明天皇の妃となった堅塩媛は、大王の御膳の調理と供進を主要な内容とする新嘗《にいなめ》の儀礼に奉仕した巫女であり、堅塩媛の名は、御贄《みにえ》の調理や神饌に不可欠な堅塩（黒塩）に由来する。堅塩媛が御膳供進の主役である巫女となっていることと、蘇我氏が葛城県の祭祀権を掌握したこととは不可分の関係にあるという。

蘇我氏が葛城県の経営・管理・祭祀権を掌握したとする塚口説に従うと、葛城県に産する食物を大王に献上する服属儀礼を通じて、蘇我氏は食膳に奉仕する役割を有していたことが一層明瞭となる。馬子が葛城県の割譲を推古天皇に迫った話は、このような事実を下敷にして作られたのであろう。割譲要求の使者となったのが食膳奉仕氏族の阿曇連と阿倍臣である点も、葛城県割譲要求が蘇我氏の食膳奉仕の役割と無関係でないことを伝えている。また、この話が推古天皇三十二年十月にかけて記されているのは、蘇我氏が十月の新嘗祭に葛城県の食物を大王に献上する慣例があったからではあるまいか。

蘇我堅塩媛は大王の新嘗の儀礼に奉仕する巫女であった、とする塚口氏の所説に関連して付言すると、『記』孝元天皇段に記された武内宿禰の九人の子供のなかに久米能摩伊刀比売《くめのまいとひめ》・怒野伊呂比売《ののいろひめ》という二人の女子がふくまれていることは、葛城・巨勢・蘇我氏出身の后妃の性格・役割や、武内後裔の食膳奉仕について考えるうえで重要であると思う。久米能摩伊刀比売と怒野伊呂比売は氏族の始祖にもなっておらず、独自の伝承も有していないにもかかわらず、武内宿禰の子としてとくに名前があげられているのは、それなりの理由があるからであろう。私は、この二人の女子は食物供献を祭儀の中心とする新嘗祭につかえる巫女的女性・神妻を象徴しており、武内後裔とその出身の后妃が食物を献じて大王への服属を誓う宮廷の新嘗祭に関与していたことを伝えているのではないかと思う。

田目連　黒塩を意味する堅塩媛の名は、その父の稲目が備前国に赴いて塩の産地である児島屯倉を設定して、塩を大王に貢上していたらしいことと無関係ではないかもしれない。堅塩媛所生の推古天皇に豊御食炊屋媛《とよみけかしきやひめ》という和風諡号《わふうしごう》が撰上されたのも、この女帝が新嘗儀礼において神饌の調理にかかわったからではないかと考えられるが、蘇我氏の血をひく女帝が、食物の調理に関連する諡号（おくりな）を有していることは興味深い。また、稲目の娘石寸名《いしきな》と用明天皇との間に生まれた田目《ため》皇子の名は、田目（多米）連にちなんで命名されたとみてよい。田目連は、『姓氏録』左京神別中に「多米《ため》連　多米宿禰と同祖。神魂命《かんむすびのみこと》の五世孫天日和志《あめのひわし》命の後なり。成務天皇の御世。炊職に仕え奉りて多米連を賜いき」とあるように、大化以前に供御《くご》の炊飯を担当した炊職の伴造である。田目皇子の存在は、蘇我氏と食膳奉仕氏族の田目連・炊職とのつながりを物語っている。

蘇我氏と阿倍・膳氏　蘇我氏が、食膳奉仕氏族の阿倍・膳・阿曇氏と親交のあったことはすでにふれたが、蘇我氏と阿倍氏のむすびつきについて、志田諄一氏（「蘇我臣」前掲書）に興味深い見解がある。すなわち、阿倍氏の職掌は、新嘗祭、服属儀礼という宮廷の食物供献儀礼にむすびついていた。食物供献に関与するという職掌から天皇近侍的な氏族の統率者となり、やがて軍事・渉外面にも活躍するという性格をもつようになった。新嘗・服属儀礼をつかさどる天皇近侍的諸氏の統率者という阿倍氏の立場から、同じころ擡頭して政権を掌握して官司制をおし進めた蘇我氏とむすびつくことになったと。阿倍氏についての志田氏の所説と、蘇我堅塩媛は新嘗の儀礼において御膳の調理と供進に奉仕した巫女であったとする前掲の塚口氏の見解とは、いずれも新嘗祭とのつながりを主張している点で共通性がみられる。思うに、蘇我・阿倍両氏は、御膳の調理・供進を主内容とする新嘗の儀礼を通じても親密の度を深めていったのであろう。

　蘇我氏と膳臣との交りは、聖徳太子の妃膳菩岐々《ほきき》美郎女《みのいらつめ》にみられる。周知のごとく、太子は蘇我氏とすこぶる関係の深い人物で、父用明天皇（蘇我堅塩媛の所生）・母泥部穴穂部《はしひとのあなほべ》皇女（蘇我小姉君《おあねのきみ》の所生）の両方から蘇我氏の血をうけている。その妻膳菩岐々美郎女は、太子の妃のなかでもっとも多くの子女（八人）を産み、太子と合葬されていることからみて、太子最愛の妃であったと思われる。また、「上《じょう》宮記《ぐうき》」によると、太子の同母弟来目《くめ》皇子（久米王）の妃も食 比里《かしわでのひろ》古女郎《このいらつめ》で、彼女は菩岐々美郎女の妹にあたる。蘇我氏と切っても切れない関係にある太子と来目皇子が、膳氏の女性とむすばれた一因は、外戚の蘇我氏が服属儀礼として食膳に奉仕する役割や御炊氏という傍系氏族をもち、同じく食膳に奉仕した膳氏と親交があったからであろう。推察するに、擡頭してきた蘇我氏はもともと服属儀礼としての食膳奉仕をおこなっていたがゆえに、いち早く御炊氏を分出して炊職を抑える一方、食膳奉仕の伴造である阿倍・膳氏を配下に組込んで、膳職にも支配権をのばしていったのではないだろうか。

田中臣　つぎに蘇我氏の傍系氏族に目を転じてみよう。川辺・石川・小治田・田中氏が、大膳職や大炊寮・造酒司に補任されていることはすでにのべたが、田中臣（「稲目宿禰の後なり」）の場合は、本拠地と推定される大和国高市郡田中に馬立伊勢部田中《またていせべたなか》神社（『日本三代実録』貞観九年正月二十五日条にみえる国史見在社《こくしげんざいしゃ》、橿原市田中町と和田町の境界に所在）が鎮座していることが注目される。伊勢部は磯部（石部）のことで、志摩国答志《とおし》郡を本貫として南伊勢から志摩にかけての漁民集団によって構成され、伊勢神宮に海産物を貢納した部民と推定されているが（井上辰雄『正税帳の研究』塙書房）、磯部のなかには阿倍氏系の阿閇《あへ》（敢）臣とむすびつく敢磯部《あへのいそべ》（敢石部）があり、阿倍氏との関連がたどられる。田中臣の本拠地に馬立伊勢部田中神社が鎮座しているのは、田中臣ないし本宗の蘇我氏が、阿倍氏を介して磯部の一部を支配し、その海産物を大王に供献していたことを物語っているのではないだろうか。

小治田臣・桜井臣　小治田臣（「稲目宿禰の後なり」）と桜井臣（「稲目宿禰の後なり」）は、『紀』安閑天皇元年条に設置記事のみえる小墾田屯倉・桜井屯倉と関連があろう。日野昭氏（『日本古代氏族伝承の研究』永田文昌堂）は、小治田臣・桜井臣は小墾田屯倉・桜井屯倉において屯倉の管掌者の小治田連・桜井田部連とは別に有力な地位を占めた氏ではなかったであろうか、と推測されている。蘇我氏が大和政権の屯倉経営を主導したことから考えて、その傍系氏族の小治田・桜井氏が小墾田屯倉・桜井屯倉に関与していたとしてもふしぎではない。また、推古天皇十一年（六〇三）、小墾田屯倉の近傍に小墾田宮（明日香村大字豊浦）がいとなまれ、この宮では田舞《たまい》の系統をひく小墾田舞《おはりだまい》が式楽となっていたという（林屋辰三郎『中世芸能史の研究』岩波書店）。思うに小治田臣は、服属儀礼として小墾田屯倉の稲穀の献上と小墾田舞の奏上をおこなっていたのではあるまいか（詳細は別稿に譲らざるをえないが、蘇我氏は歌舞音曲とかかわりが深い）。桜井臣も、桜井屯倉の食物を供献する儀礼を負っていたのであろう。

境部臣　境部臣は『姓氏録』にみえず、食膳奉仕の伝承ももたないものの、境部（坂合部）の性格を通して境部臣の食膳奉仕を推察することは可能である。加藤謙吉氏（同上著書）によると、境部は外交儀礼に従事する目的で新設された下級官人群（トモ）であり、入京する外国使節の邪霊を大和の海石榴《つばき》市衢《いちのちまた》・軽衢《かるのちまた》において祓除する境界祭祀の執行者としての宗教的機能と、外国使節の身辺にあって接待・饗応を担当する掌客者としての現実的機能をあわせもっており、推古天皇即位のころに蘇我氏の外交権掌握の一環として設置されたものであるという。

加藤氏の所説のなかで注目されるのは、境部が接待・饗応を担当したという点である。また、境部・坂合部を称する氏は、蘇我氏傍系の境部臣と『姓氏録』所載の六氏の合計七氏が存するが、そのうち坂合部・坂合部首・坂合部連は食膳奉仕氏族の阿倍氏の同族と称し、坂合部宿禰は食膳奉仕の役割を担った尾張氏の同族であることも看過できない。境部が饗応に関与し、阿倍氏や尾張氏の同族が断然多いことから推して、境部を氏の名に負う境部臣は、饗応や食膳奉仕とつながりの深い氏であったとみてよいであろう。蘇我氏の一族が境部臣となったのは、本来蘇我氏自身が、饗応をふくむ食膳奉仕の役目をもっていたからにほかなるまい。なお、境部臣の分立時期に関して、境部臣摩理勢《まりせ》が「大臣蝦夷の叔父」と『聖徳太子伝暦』や『公卿補任』に記されていることから、稲目の後裔であると考えられているが、黛弘道氏（「蘇我氏の本貫について」『呴沫集』4）はより古い時期に枝分かれしたのではないかと疑い、稲目の先代高麗《こま》の子孫と推定されている。そうだとすると、宣化朝に稲目が蘇我氏で初めて大臣となり、本宗家が執政官の家系としての性格を強めるのと併行して、稲目の兄弟たちは、蘇我氏固有の属性の一つである食膳奉仕（饗応も含む）の役割を担当する形で御炊氏や境部臣となって分立していった、と想定することもでき、境部設定時期も推古天皇即位のころよりさかのぼる可能性がある。

これまで蘇我氏とその傍系氏族の食膳奉仕について叙述してきたが、ここで『紀』崇峻天皇五年条の崇峻天皇暗殺の記事についてふれてみたい。それは、つぎのように記されている。

冬十月の癸酉の朔丙子に、（四日）山猪《いのしし》を献《たてまつ》ることあり。天皇、猪を指して詔《みことのり》して曰《のたま》わく、「何《いずれ》の時にか此《こ》の猪の首を断《き》るが如く、朕《わ》が嫌《ねた》しとおもう所の人を断らん」とのたまう……壬午《（十日）》に、蘇我馬子宿禰、天皇の詔したまう所を聞きて、己《おのれ》を嫌《そね》むらしきことを恐る。儻者《やからひと》を招《お》ぎ聚《あつ》めて、天皇を弑《しい》せまつらんと謀《はか》る。……十一月の癸卯の朔乙巳《（三日）》に、馬子宿禰、群臣《まえつきみたち》を詐《かす》めて曰《い》わく、「今日、東《あず》国《ま》の調《みつき》を進《たてまつ》る」という。乃《すなわ》ち東漢直駒《やまとのあやのあたいこま》をして、天皇を弑せまつらしむ。

崇峻天皇五年（六九二）に天皇が暗殺されたのは事実と認めうるが、献上された猪をさしていった天皇の言葉が暗殺の発端となったこと、それが十月に起きたということは、『紀』編者による創作の疑いが濃い。それにしても何ゆえに猪の献上と、猪を蘇我馬子にみたてる話をこしらえ、それを十月という月に配置したのであろうか。「記紀」の伝承にみられるごとく、猪は山の神の化身と信じられた聖獣であり、山の幸を代表するものであったから、蘇我氏の食膳奉仕の一つとして毎年十月の新嘗祭に猪を大王に献じる儀式がおこなわれ、その事実を下敷にしてこのような話を創作したのではあるまいか。

5　紀臣・波多臣と傍系氏族

紀臣　紀氏は、大化以前に水軍を率いて朝鮮征服・経略に目ざましい活躍をした海とかかわりの深い氏族であることは、岸俊男氏（「紀氏に関する一考察」『日本古代政治史研究』塙書房）の明らかにされたところである。ただし、紀氏の外交・外征に関する『紀』の描写は、不自然に力をいれすぎているふしのあることが指摘されているので（坂本太郎「纂記と日本書紀」『日本古代史の基礎的研究』上　文献篇、東京大学出版会)、いつまでも対外的な活躍にのみ目を奪われていては、紀氏の正当な姿を見失ってしまうことになりかねない。紀氏の別の側面を掘りおこしてみるべきであろう。

紀朝臣は、武内後裔のなかでもっとも多く食膳関係官司の長官・次官に就任していたが、そのことと、紀氏が海産物の宝庫である紀伊国に勢力を有していたこととは無関係ではあるまい。紀臣の本拠地は、紀ノ川流域にあったと推測されるが、紀ノ川の河口は、『紀』神功皇后摂政元年二月条にみえる「紀伊《きの》水門《みなと》」に比定され、紀氏の率いた水軍の根拠地であろう。この紀ノ川河口北岸の海に面する一帯は海《あ》部《ま》郡に属し、『紀』欽明天皇十七年十月条に設置記事のある海部屯倉の地である(吉田東伍『大日本地名辞書』第二巻、冨山房)。また、『延喜式』によると、海部郡賀太《かだ》郷の「賀多潜女《かだのかづきめ》」が採取した薄鰒四連、生鰒・生螺各六籠、都志毛・古毛各六籠、螺貝塩焼一〇顆は、大嘗祭(天皇即位の祭儀)に貢進される定めになっていた。

加太郷周辺では弥生時代から製塩がはじまり、古墳時代に最盛期をむかえ、平城宮跡出土木簡のなかで調などとして貢進された塩の荷札では若狭国のものについで紀伊国のものが多く、奈良時代においても紀伊は塩の特産地であった(狩野久「古代海上交通と紀伊の水軍」『古代の日本』5、角川書店)。塩といえば、平群臣真鳥が滅ぼされるときに各地の塩を呪詛した話が想起されるが、平群氏の本拠地の平群郡には平群坐紀氏神社(式内社)が鎮座し、その近くに所在する六世紀中葉の三里古墳は和歌山県の古墳に多くみられる石棚を架設した石室を有していることなどから、六世紀中葉に紀氏と平群氏との間に交流のあったことが推定できる。思うに、紀氏は紀の水門と海人を配下に置いて塩を中心とする海産物を供献し、同じく塩を供進していた平群氏ともつながりをもったのであろう。紀氏が大化以前から大王の食膳に奉仕していたこと、紀伊が有数の製塩地であったことが、天武朝末年から平安時代初期まで長期にわたって、紀朝臣から七人もの食膳関係官司の長官・次官を輩出した理由ではないだろうか。

坂本臣　紀臣の傍系氏族の坂本臣について、『紀』雄略天皇十四年四月条につぎのような話が記されている。天皇は、呉《くれ》国の使者の「共食者《あいたげひと》」に誰が適任かを群臣に諮問したところ、群臣はこぞって坂本臣の祖の根使主《ねのおみ》を推挙した。「共食者」に任命された根使主は、「押木珠縵《おしきのたまかずら》」という華麗な宝冠を着して呉国の使者を饗応したが、「押木珠縵」をみてみたいと思った天皇は、根使主に「押木珠縵」をつけさせて参内させた。天皇とともにそれをみていた皇后の訴えによって、根使主が皇后の兄大草香《おおくさか》皇子の「押木珠縵」を横領した旧悪が暴露されたので、和泉国の日根《ひね》に逃げて戦ったが官軍に殺された。天皇は根使主の子孫を二分し、一つを大草香部《おおくさかべ》として皇后に与え、一つを茅渟《ちぬ》県主に授けて「負嚢者《ふくろかつぎびと》」としたという。

坂本臣の祖の根使主が任命された「共食者」とは、賓客を饗応する相伴《しょうばん》人のことである。『延喜式』(治部式)に「蕃客入朝せば、……供食《あいたげびと》二人を差《さ》せ」と規定され、「供食二人」の職務について「饗する日に各使者に対して飲宴することを掌る《つかさどる》」と注している。群臣が異口同音に根使主を「共食者」に推薦したという所伝は、坂本臣が外交に関与していたことを物語ると同時に、食膳奉仕の儀礼をおこなっていたことを暗示している。

また、根使主の子孫のなかばを茅渟県主に与えて「負嚢者」としたということからも、坂本臣の食膳奉仕の役目をうかがうことができる。「負嚢者」とは、袋をかついで運搬の仕事に従事する者であるが、この場合は和泉国の茅渟県から大王のもとへ貢上される食物を運んだのであろう。坂本臣の本貫地の和泉国和泉郡坂本郷は、茅渟県主の本拠地と目される和泉郡上泉郷の南に隣接しているので、坂本臣が茅渟県に産する食物を大王のもとへ送りとどける役目を負っていたとしてもふしぎではない。坂本臣は、子弟や一族を「負嚢者」として茅渟県の支配者の茅渟県主のもとへ差出す義務を負い、茅渟県主が彼らを率いて上京したのであろう。雄略天皇十四年四月条の物語は、坂本臣の大王への屈伏と、服属のしるしに「負嚢者」を差出して大王の食膳に奉仕する儀礼の起源を語ったものとみてよいのではないだろうか。

波多臣　波多臣の始祖波多八代《はたのやしろ》宿禰は、武内宿禰の長子に位置づけられているにもかかわらず、武内後裔の上位氏族のなかで波多氏と紀氏だけは大臣をだした伝承をもたない。波多臣の本貫地は、大和国高市郡波多郷（高市郡高取町）に比定され（『奈良県の地名』平凡社）、大和盆地と紀伊国をむすぶ幹線道路であった紀路《きじ》にそっていた（和田萃「紀路と曽我川」『古代の地方史』3、朝倉書店）。

波多郷は、『紀』推古天皇二十年五月五日条に「薬猟《くすりがり》して、羽田《はた》に集《つど》いて、相連《あいつづ》きて朝《みかど》に参趣《もうおもむ》く。

其の装束《よそい》、菟田《うだ》の猟の如し」とあるように、狩猟の地であった。また、波多郷には漁師も居住していた。『日本霊異記《にほんりょういき》』（下巻・第三二）に、「呉原忌寸名妹丸《くれはらのいみきなにもまる》は、大和国高市郡波多里の人なり。幼きより網を作り、魚を捕《と》るを業とす。延暦二年（七八五）甲子の秋八月十九日の夜、紀伊国海部郡の内の伊波多《いわた》岐嶋《きじま》と淡路国との間の海に到りて、網を下《おろ》して魚を捕る」と記されているが、これは内陸の波多郷が紀伊の海と直結していたことを物語っている。ちなみに黛弘道氏（「海人族と神武東征物語」『律令国家成立史の研究』吉川弘文館）によると、高市郡波多郷・波多神社・波多甕井《みかい》神社（いずれも式内社）のハタは、「古代朝鮮語の『パタ』と同源で海を意味する語」で、海人族と関係があるという。現存の史料によるかぎり、波多氏が食膳に奉仕した所伝や食膳関係官司に補任された例はみられないものの、その本拠地が狩猟の地であり紀伊の海とつながっていること、波多郷の故地の高取町松山に伝膳庄という荘園のあった（『大乗院寺社雑事記』）ことなどから推測して、波多臣も儀礼的な食膳奉仕の役割を負っていた可能性は高いであろう。

林臣・波美臣　波多臣の傍系氏族の林臣からは、大炊助林朝臣真永がでている。波美《はみ》（播美）臣は、近江国伊香《いかご》郡の波弥《はみ》神社（式内社）付近を本拠とする氏族で、ハミは嚙んで飲みこむことを意味する語ハムと無縁ではないかもしれない。たとえば、播美《はみ》朝臣奥人《おきひと》は食《はみ》朝臣息人《おきひと》とも書かれている。ハミという氏の名を負い、水産物の宝庫琵琶湖の北岸に本拠地を有することから推して、波美臣も儀礼としての食膳奉仕の役目を負っていたのではないだろうか。

武内宿禰後裔氏族と歌舞音曲　武内宿禰後裔氏族の部民の分布が食膳奉仕とかかわりのあることなど論じのこしたことも多いが、これまで武内宿禰後裔氏族が、大王への服属儀礼として食膳奉仕の役目を負っていたことをのべてきたが、食膳奉仕と不可分の関係にある服属儀礼に歌舞音曲の奏上がある。武内後裔は、吉野の国栖《くず》や南九州の隼人が服属の儀礼として歌や舞を奏上したのと同じく、大王に歌舞音曲を奏上する義務を負っていたらしいふしがある。

たとえば、蘇我臣蝦夷が葛城の高宮に祖廟を建てて、その前で「八佾《やつら》の儛」（六四人の方形の群舞で、天子のみがこれをおこなうことができる）をしたという『紀』皇極天皇元年是歳《ことし》条の記事は、蘇我氏の専横を指弾するための捏造の疑いが濃いものの、根も葉もない作り話ではなく、蘇我氏が服属儀礼として大王に歌舞音曲を奏上していた事実を下敷にして創作された記事ではないかと考えられる。蘇我氏がいち早く仏教を受容した一因も、もともと歌舞音曲とかかわりが深かったがゆえに仏教音楽とその楽人・楽器に強い関心を抱いたことにあるかもしれない。『紀』欽明天皇二十三年八月条によると、朝鮮から凱旋した大伴連狭手彦《さでひこ》が「美女媛《おみなひめ》」二人を蘇我臣稲目に贈ったとあるが、この二人の「美女媛」は舞姫の類ではあるまいか。また、奈良時代の雅楽寮の頭《かみ》（長官）の補任をみても、諸王と元皇親以外は武内後裔の巨勢朝臣と紀朝臣のみで、他氏は任命されていない。一九八八年に長屋王邸跡推定地より出土して注目を集めた大量の木簡のうち、「雅楽寮移長屋王家令所平群朝臣広足　右人請因倭儛」と読める一点も、平群氏と歌舞とのかかわりを物語っているように思われる。武内後裔と歌舞音曲との関係は、大化前代における宮廷儀礼の整備について考えるうえで検討に値する問題ではないであろうか。

蘇我氏と内廷・外廷　大化以前に内廷と外廷が截然と分けられていたとは考えがたいものの、蘇我氏が外廷の中心的官司である大蔵を掌握し、これを足場にして権勢の座についたことは、これまでの研究によって明らかである。しかし、蘇我氏の権勢の基盤は外廷の大蔵にとどまらず、内廷の中心的官司である炊職や膳職にも存したと考える。蘇我氏は傍系氏族の御炊臣を通じて炊職を支配し、巨勢臣の傍系氏族の雀部臣を介して膳職をおさえたのみならず、同族である武内宿禰後裔氏族の儀礼的な食膳奉仕の役割を利用して、旧来の族制的な方法でもって炊職・膳職全体に大きな影響力を行使する一方、食膳奉仕の伴造である阿倍臣・膳臣をも配下に組込んで、官人制的な方法ももちいて炊職・膳職を掌握しようとしたのではあるまいか。蘇我氏の権勢の強大さは、外廷の中心官司の大蔵を掌握していたにとどまらず、大王の食事を調理してつねに大王に近侍し、宮廷の祭儀や后妃・後宮ともつながりの浅くなかった炊職・膳職という内廷の主要官司をも掌握していたことに一因があるのではないだろうか。さらに蘇我氏は、食膳奉仕の儀礼や歌舞音曲の奏上の儀式を通じて宮廷儀礼の整備を主導する役割もはたしたのではないかと考えられる。

最後に、蘇我氏は百済系の渡来人であるとする説について一言すると、蘇我氏をはじめ武内宿禰後裔氏族がわが国古来の服属儀礼である食膳奉仕の役割を負っていることから考えて、この説には従いがたい思いがする。

六　馬子と聖徳太子

遠山美都男

(一)　推古朝の政治と外交

1　馬子と推古・厩戸

馬子の登場　五六九年、大臣蘇我稲目の死をうけ、その長子である馬子《うまこ》が大臣位を継承した。『日本書紀』(以下『紀』と略す)は、馬子の大臣就任を五七二年の敏達天皇即位にともなうものとして記す。だが、これは、天皇の代替りごとに、大臣・大連をはじめとする臣下による天皇への臣従・奉仕関係の設定・確認がおこなわれたとする『紀』の論理なのであって(吉村武彦「仕奉と貢納」『日本の社会史』4　負担と贈与)、三年間の大臣空位を想定する必要はないとおもわれる。

稲目から馬子への蘇我氏の族長位の継承、すなわち大和政権を構成した有力族長層の「代表」としての最高執政位である大臣位の継承は、のちの馬子からその子蝦夷へのそれとは異なり、とくに紛争らしいものも起こらなかったようなので、稲目の生前から予定されていたものと考えられる。

馬子の執政内容　以来五七年間、敏達・用明・崇峻・推古各天皇の四代にわたり、六二六年（推古三十四）のその死にいたるまで、馬子は、大臣として大和政権の政策・制度を主導した。しかし、この間、馬子が具体的に一体いかなる政策・制度に関与したのか、つかみがたいものがある。この五〇年余の間には、飛鳥寺の造営に象徴される仏教の受容、各地への屯倉《みやけ》の設置、中国隋への使節派遣、冠位十二階・十七条憲法の制定、朝礼の整備等々、古代国家形成史上に画期をなす政策・制度が展開された（鈴木靖民「東アジア諸民族の国家形成と大和王権」『講座日本歴史』1　原始・古代1）。

だが、これらの政策・制度のすべてに、馬子が主体的にかかわったとは考えがたいであろう。馬子の政治的生涯を具体化するためには、これらの政策・制度に対する馬子のかかわりかたを、のこされた数少ない史料から推測することが必要であろう。

その前に、この五七年間、とくにその大半を占める推古朝において、馬子が、一体いかなる資格と権勢をもって大和政権の中枢に座を占めていたのか、具体的には、政権中枢を構成した馬子と推古天皇・厩戸皇子《うまやど》（聖徳太子）との関係について、これまでの諸説を検討しておきたい。

馬子と厩戸の対立説　推古朝において、大臣の馬子と厩戸皇子とは、一貫して対立関係にあったという理解が古くからある。馬子は、私地私民制を基礎にした豪族層の利害を「代表」しており、それに対し厩戸は、皇室を「代表」して、私地私民制を克服し、公地公民制の確立を基礎に皇権の強化をめざしていたために、両者はあらゆる局面で、否応なく対決せざるをえなかったというのである。天皇である推古は、天皇不執政との理解にもとづき、両者の対立のはるか後景に退くことになる。

この学説は、古代政治史の基調を〝大王《おおきみ》（天皇）と豪族（貴族）の対立・抗争〟という関係にもとめる認識を基礎にしており、推古朝の政治を、厩戸個人によって主導された、「大化改新」の先駆とみなす理解につながっている。

しかし、大王（天皇）と豪族（貴族）が、お互いの存立にかかわる、いかなる利益をめぐって対立・抗争していたというのであろうか。大王（王権）の存在意義は、まず第一に、豪族たちの結集核、すなわち支配階級の最高首長たることにあった、とみるべきであろう。

また、厩戸は、蘇我稲目の娘堅塩媛《きたしひめ》を母とする用明天皇と、同じく稲目の娘小姉君《おあねのきみ》を母にもつ穴穂部間人《あなほべのはしひと》皇女との間に生まれた、蘇我氏の血を色濃く引いた王族であった。馬子と厩戸の血縁関係を重視するならば、両者の決定的な対立ということも、基本的には考えにくいとおもわれる。

いずれにせよ、この学説は、馬子が「代表」する私地私民を基礎にした豪族専権と、厩戸がめざす公地公民にもとづく皇権確立とが、たがいに相容れない、単純な意味での対立関係にある、と考える前提そのものに問題があるといわねばならない。公地公民制を基礎に皇権が確立すれば、なぜ、豪族層の利益が一方的に抑圧されてしまうというのか、十分に吟味する必要があろう。

推古と厩戸の対立説　これは、上記の馬子・厩戸対立説の弱点を、〝王権継承上における蘇我系王族と非蘇我系王族の対立〟という視点から克服しようとした学説とみられる。

すなわち、蘇我系の推古天皇は、非蘇我系の敏達天皇との間に竹田皇子をもうけていた。そして推古は、竹田が早逝するまで、彼に王権を継承させたいという意志を一貫して抱いていたので、それを阻む存在である厩戸と、終始対立関係にあったというのである。推古の即位というわが国最初の女帝の登場も、竹田か、厩戸か、王権継承者を確定できない状況下において、何とかして厩戸の即位を阻止したいとする推古の個人的利害関係からでたものとして、その意義が矮小化されて理解されてしまうことになる。

たしかに、六、七世紀の王族の中には、蘇我氏の血の流入を意図的に排除しようとした、〝非蘇我系王族〟というべき一群が存在する（薗田香融「皇祖大兄御名入部について」『日本古代財政史の研究』）。だが、この〝蘇我系〟と〝非蘇我系〟の対立という図式は、当時の王権継承が、後世のある時期のように、父系直系の原理をもとにおこなわれていた、とみなしてはじめて成り立つものなのではないだろうか。

七世紀初頭前後は、兄弟継承よりもさらに幅広い、世代を単位にした王権継承がおこなわれていた、と推測される（大平聡「日本古代王権継承試論」『歴史評論』四二九）。すなわち、支配層の多くが王権継承の正当性を認めた世代に属する王族のなかで、当時の大王に期待された人格と資質、すなわち伴造・

部民制の統御能力（執政能力）を備えた者が大王に選出・推戴されてゆき、その世代の該当者をつくした後、次の世代に大王たるべき者をもとめていったのである（拙稿「古代王権の諸段階と在地首長制」『歴史学研究』別冊「世界史認識における国家（続）」）。

このように、必ずしも後世のように血統を優先した王権継承がなされていない段階において、同一の世代に属する王族どうしが、血統上の差異をめぐって鋭く対立することは、およそ考えがたいのではないだろうか。

現に推古は、敏達との間に生んだ三人の皇女を、いわゆる〝蘇我系〟〝非蘇我系〟双方の王族に嫁がせており、彼女が〝蘇我系〟〝非蘇我系〟双方をむすぶ接点の位置にあったことはみのがせない。馬子もまた、彼の娘のうち、刀自古郎女《とじこのいらつめ》を厩戸皇子に、そして法提郎媛《ほうてのいらつめ》をいわゆる〝非蘇我系〟の田村皇子（舒明天皇）にそれぞれ妃として納れているのであって、これは、蘇我氏の外戚政策の対象が、〝蘇我系〟から〝非蘇我系〟に転換したものと単純に解釈できるものではない。

馬子と厩戸の共同執政説　これは、『上宮聖徳法王帝説』にみえる「小治田宮に御宇す天皇の世、上宮厩戸豊聡耳命《じょうぐううまやどとよとみみのみこと》、嶋大臣《しまのおおおみ》と共に天下の政《まつりごと》を輔《たす》く」という文言を史料的根拠とする。推古朝の政治は、馬子と厩戸の一貫した協調関係によって、推進・維持されたというのである（古くは家永三郎「飛鳥朝に於ける摂政政治の本質」『社会経済史学』八―六。まとまったものとしては田村円澄『聖徳太子』中公新書、参照）。厩戸が父母双方から蘇我氏の血を濃密に継承した王族であったということも、この理解を補強することになる。

さらに、この理解を発展させたのは、石母田正氏の提起した権力集中の類型論である（『日本の古代国家』第一章）。石母田氏は、七世紀の東アジアの国際的緊張と、それをうけた国内の階級関係の激化に対応して形成される支配層の権力集中の類型として、国王たる義慈王《ぎじおう》ひとりに権力を集中させた百済型、権臣泉蓋蘇文《せんがいそぶん》が全権を掌握する高句麗型、そして真徳王《しんとくおう》・善徳王《ぜんとくおう》といった女帝を中心に王族代表の金春秋《きんしゅんじゅう》、貴族代表の金庾信《ゆしん》が国政に参与する新羅型、の三類型を抽出した。そして、推古女帝を中核に、王族代表の厩戸と、豪族代表の馬子が国政を主導するわが国七世紀初頭の体制は、新羅型に分類できるものである、と論じたのである。

その後、荒木敏夫氏は、石母田説は類型論に重きがおかれすぎたきらいがあるとして批判し、従来、「摂政」「皇太子」などの制度的呼称で理解されがちであった厩戸の地位は、まだ、かならずしも国家機構の中に明確な位置を占めない、有力王族の国政参加であった、としたのである（『日本古代の皇太子』）。ただ荒木氏は、それが王権発展のいかなる段階に対応するのか、明言していない。

これら学説は、〝大王対豪族〟〝蘇我系対非蘇我系〟といった単純な二元論的発想を克服している。しかしながら、このように解するだけでは、馬子と厩戸の協調関係といわれるものが、支配層の階級結集のなかで、一体いかなる正当性を認められて維持されていたのか、不明確であるといわざるをえない。とくに、馬子が、いかなる正当性のもとに豪族の「代表」たりえたのか、この点が明らかにされねばならないであろう。馬子と王権との関係が改めて問われねばならないのである。

王権と蘇我氏　ここで注目されるのが、律令制下の貴族の歴史的特質を論究しようとした長山泰孝氏の〟藤原氏の特殊性〟の指摘である（「古代貴族の終焉」『続日本紀研究』二一四）。長山氏は、律令制国家の成立を境に、多くの氏族が没落の途を歩みはじめるのに対して、藤原氏が、ひとり九世紀以降も繁栄し続けたのは、藤原氏が天皇の外戚としての地位を維持しつづけることによって、王権の補完的要素としての〟王権のミウチ〟の立場を確立したことによる、と論じたのである。長山氏が藤原氏について指摘したことは、王権継承の原理と実態のちがいをのぞけば、蘇我氏の場合にも該当するであろう。

すなわち、蘇我氏は、代々の大王に自氏出身の娘をキサキとして配することによって、有力族長層のなかで、ひとり優越した立場を確保することができたのである。〟王権のミウチ〟であったこと、これが蘇我氏の族長に豪族層の「代表」としての資格と正当性を付与した、と考えられる。〟王権あっての蘇我氏〟という指摘は、いくら強調しても強調のしすぎとはならないであろう。その意味で〟蘇我氏の王権覬覦《きゆ》〟は、荒唐無稽な想像にすぎない。

ただ、蘇我氏の場合、当時の王権継承の原理に規定されて、同一世代の王族に対し、それこそ漏れなく自氏の娘をキサキに配していかねばならない点で、後世の藤原氏の場合よりも、困難がともなったとおもわれる。同一世代の有力王族たちにめあわすことができる蘇我氏の女性の数には、おのずとかぎりがあったからである。蘇我氏の本宗家が、王権継承問題を契機に飛躍・発展しながらも、舒明即位前の紛争や、上宮王家滅亡事件など、王権継承にからむ紛争を引き起こし、最終的には、王権継承問題を本質とする乙巳《いっし》の変《へん》で、比較的短期間に滅び去っていったのは、このあたりに原因があったのではないだろうか（拙稿「『乙巳の変』の再構成」『学習院大学文学部研究年報』三五）。

蘇我系王族に対する分析視角　蘇我馬子の政治を考えるとき、かれが蘇我氏の族長であったことからいって、蘇我氏の個別利害にからむ政策・制度と、ときにはこうした個別利害をのみこんで突出せざるをえない支配階級全体の共通の利害にからむ政策・制度の、両面から考えていく必要があるだろう。

ここでは、豪族層の「代表」という馬子の政治的立場を補強していたと思われる〝蘇我系王族〟の存在に着目し、〝蘇我系王族〟の名前を検討する。一般に王族の名前は、その王族の養育にかかわった氏族、王族の生育した土地をあらわす、とされている。〝蘇我系王族〟の命名の由来を明らかにすれば、〝蘇我系王族〟と関係深い氏族や土地を知ることができるであろう。これらの氏族・土地は、馬子の政治内容と決して無関係ではないはずである。

以下、〝蘇我系王族〟の名前を手がかりにして、馬子の具体的な政治内容を推測することにしたい。便宜上、馬子の政治的生涯を前期・中期・後期にわけて考えることにする。

2　敏達・用明・崇峻朝の政治と外交（前期）

馬子の長い政治的生涯のうち、敏達・用明・崇峻朝のそれを前期として考察する。この時期の馬子の政治と外交の具体相を知るための素材は、〝蘇我系王族〟のうち聖徳太子の世代、すなわち用明天皇の子女たちである。彼らの誕生あるいは十代なかばごろに想定される成人・独立が、敏達〜崇峻朝のころと推測されるからである。

厩戸皇子　厩戸の名義については、皇子が宮中の厩《うまや》で生まれたことにちなむとする説話があまりにも有名だが、やはり諸他の王族の命名例と同様、地名・氏名に由来するとみるのが妥当だろう。奈良県金峰《きんぷ》山寺《せんじ》銅鐘銘（寛元二年〔一二四四〕）によれば、大和国葛上《かずらきかみ》郡《ぐん》に馬屋戸なる字のあったことが知られる。この字名がいつまでさかのぼって確認できるのか不明であるが、かつて五世紀代に隆盛を誇った大和西南部の大首長（いわゆる葛城臣《かずらきのおみ》）の勢力範囲、すなわち葛城地方の南部にこの皇子の基盤の一つが設定されていたことを推測してもよかろう。

来目皇子　大和国高市《たけち》郡《ぐん》久米郷（橿原市久米町）が、この皇子の成長にかかわる土地なのであろう。同郷は久米《くめ》御県《みあがた》神社の鎮座地であり、久米臣（朝臣）・久米直らの本拠でもあった。久米臣は蘇我氏同族であるが、久米直は大伴連の配下として大和政権の軍事力を構成した氏族であり、同氏がこの皇子の養育を担当したとすれば、五八七年、馬子が大連物部守屋《もりや》と全面対決したさい、大伴連嚙《くい》・毗羅夫《ひらふ》が馬子の陣営に属して戦ったこと、また、皇子が推古十年（六〇二）に「撃新羅将軍」に任命されたことの背景の一端がうかがえる。なお、皇子の率いた新羅征討軍には、かつて物部大連の配下であった物部若宮部《わかみやべ》とよばれる祭祀集団、兵器の造営に従事した忍海漢人《おしぬみのあやひと》とよばれる渡来集団が編成されていた。忍海漢人は葛城地方中部を本貫とするが、久米の地が葛城に隣接していることから、皇子とこの渡来集団との間に交渉が生じたのであろう。

殖栗皇子　まず、山背国久世《くせ》郡殖栗《えぐり》郷との関係が想定される。皇子の存立基盤が同郷内にもとめられたとすれば、それは、皇子の甥にあたる山背大兄王《やましろおおえのおう》の基盤が同じ山背のいずれかに定められたこと、推古十五年、同郡の栗隈《くりくま》郷に大溝《おおみぞ》が掘削されたこと、それぞれの前提をなしたものとおもわれる。また、大和国城上《しきのかみ》郡《ぐん》の殖栗神社の鎮座地も注意される。殖栗を称する氏族としては、物部氏系の殖栗物部と中臣氏系の（中臣）殖栗連・殖栗占《うら》連とが知られる。物部・中臣いずれも五八七年の争乱にさいし馬子に敵対した氏族である。

茨田皇子　皇子の名は河内国茨田《まんだ》郡茨田郷にちなむのであろう。同郷には茨田連（宿禰）・茨田勝《すぐり》の蟠踞が知られる。同郡は、物部大連の勢力圏であった河内国の渋川・若江両郡の北に隣接している。なお、仁徳朝に設置の伝承される茨田屯倉は、実際には推古朝のころに開発・設置されたものといわれている。皇子とこの屯倉との関係を想定してもよかろう。なお、この屯倉に春米部が設置されたとの所伝がある。皇子の姪、春米女王との存立基盤の共通性がうかがえようか。

第27図　当麻の地（後方は二上山）

田目皇子　皇子の名は「タメツモノ（食物）」の「タメ」に由来する。宮廷での炊飯を担当した多米連が皇子の養育にあたったのであろう。大王への食膳奉仕というこの氏の職掌との共通性から、この皇子と阿倍臣・膳《かしわで》臣とのかかわりも想定される。皇子は豊浦《とゆら》の別名をもつので、蘇我本宗家の勢力圏であった大和国高市郡の豊浦に住んだのであろう。

当麻皇子・酢香手姫皇女　この皇子の存立基盤は大和国葛下郡《かずらきしもぐん》当麻《たいま》郷《ごう》（北葛城郡当麻町大字当麻）にあったと考えられる。皇子の母が葛城直あるいは（葛木）当麻倉首《くらのおびと》の女子と伝えられていること、皇子の妹の酢香手姫《すかてひめ》が伊勢斎宮《さいぐう》として奉仕したのち、葛城に隠遁したとの所伝も、この推測を支持しよう。当麻の地は、当麻山口神社・当麻都比古神社の鎮座地であり、金剛山系をはさんで大和―河内を結ぶ道路、大坂越の大和側の起点に位置する。なお、皇女の名前は、清浄・神聖で物を浄化する呪力のあるとされたスゲ（菅）にちなむ蘇我の氏名に通じるものがあろう。

葛城への進出　五八七年、用明天皇の死後、馬子は次期大王位の決定をめぐり大連の物部守屋と対立を深めるにいたった。そして、ついに両者の軍事対決が不可避となったとき、馬子の陣営には多くの王族・豪族が結集したが、その中でも葛城臣烏那羅《かずらきのおみおなら》・大伴連囓《くい》・阿倍臣人・膳臣賀拕夫《かしわでのおみかたぶ》らの参軍は、馬子が厩戸・当麻・酢香手姫・来目・田目の諸皇子女の養育と存立の基盤をかれらやその一族に負わせたことによって生じた関係によるところが大きいと考えられる。他方、上記した諸皇子女よりやや年少とおもわれる殖栗・茨田両皇子の養育・存立の基盤は、馬子が死闘のすえに打倒した守屋とその与党であった中臣連の支配する集団や財産の一部をさいて充当したものであったことがうかがえる。さて、馬子が蘇我の血をひく皇子女の基盤を葛城地方にもとめたことは、彼が属する蘇我臣という氏族の「個別利害」と、やはり彼が属する支配層全体の「共同利害」とを、ふたつながらにみたすとの政治的効果が期待できたといえる。すなわち、蘇我臣は五世紀に繁栄した有力首長、葛城臣の一枝族出身であったと考えられるので、蘇我臣が大和政権を構成する豪族の「代表」＝大臣としての正当性を確保・主張するには、自己を葛城臣の真の後継者として位置づけるため、葛城地方の各要所を自己の勢力下におさめねばならなかったのである。さらに葛城の占有という政治的行為は、金剛山系を越えて大和と河内をむすぶ外交上重要なルート、横大路《よこのおおじ》—大坂越を確定・整備するという、蘇我臣の「個別利害」を超えた支配層全体の「共同利害」のためにも必要不可欠のものであった。

3　推古朝前半の政治と外交（中期）

ここでは、聖徳太子の子の世代について考察する。かれらがおよそ推古朝の前半に出生し、成人・独立を迎えたとおもわれることから、彼らの存立基盤を探ることは、馬子の政治と外交における中期の具体相を明らかにすることになろう。

春米女王　春米部《つきしねべ》の管掌をもって王権に仕えた春米連による養育をうけたのであろう。同氏は物部氏の同族とされている。春米部は屯倉に所属して非常時の搗米に従事するという軍事的要請をみたす部ともいわれるが（黛弘道「春米部と丸子部」『律令国家成立史の研究』）、神あるいは大王霊への食物供献とその儀礼にかかわった部とみなす余地もある。炊屋媛（推古）や田目皇子といった食物供献に関与したとおもわれる一族の存在が、この推測を助けよう。春米連の本貫としては、『日本霊異記《にほんりょういき》』によると、春米寺が存在したという摂津国嶋下郡《しまのしもぐん》が推定できる。

長谷王　大和国城上郡《しきのかみぐん》長谷郷（桜井市大字初瀬）にこの王の存立基盤が定められたのであろう。物部連と同祖関係をもつ長谷部造の養育をうけたことも考えられる。同郷は横大路《よこのおおじ》の東への延長線上に位置し、推古十九年に薬猟《くすりがり》がおこなわれた菟田野《うだの》（宇陀郡榛原町《うだぐんはいばら》付近）へいたる通過点であったことが注意されよう。

久波太女王　丹波国桑田郡桑田郷《くわたのごう》にちなむ命名とみてよかろう。同郷には桑田神社が存在した。桑田の地については、武烈天皇の死後、継体天皇が擁立される前に、次期大王として迎えられようとした仲哀天皇五世孫、倭彦《やまとひこ》王の居地であったとの所伝が注目される。同郷が王族の居地あるいは王族の権益の所在地でありえたことを上記所伝は裏書きしているとおもわれる。

波止利女王　服部《はとり》の地名ないしは服部連との関連が想定される。服部郷は大和国山辺郡《やまのべぐん》・摂津国嶋上郡《しまのかみぐん》に認められるが、法隆寺の南にも服部の地があった。女王の名がいずれの服部にちなむものであるのか、断定はむずかしい。山辺郡の服部郷であったとすれば、同郷が大和郡山市新庄町に比定されることから、龍田道に接続して大和を東西に走る道ぞいに位置することが注意される。また、服部連の職掌が、麻績連《おみ》とともに伊勢神宮の神衣祭《かんみそ》への奉仕にあったらしいことは注目されよう。女王の叔母にあたる酢香手姫《すかてひめ》皇女が「日神」＝伊勢大神に奉仕したというからである。

三枝王　この王名の由来については諸説あるが、三輪君《みわのきみ》本宗家の長の執行する三枝祭《さえぐさ》との関連で考えることもできる。山背大兄王の側近には三輪君文屋《ふんや》なる人物がいた。三枝祭は大神《おおみわ》神社の末社である伊謝川《いざかわ》（率川）社でおこなわれたというから、この王の存立基盤を率川坐大神御子《いざかわいますおおみわみこ》神社のあった大和国添上郡《そうのかみぐん》内にもとめることもできよう。

伊止志古王　『古事記』垂仁段によれば、伊登志別王《いとしわけのおおきみ》のために定められた服属集団として伊部の存在が知られる。それを管掌するのが伊部造なのであろうが、太子の子であるこの王と伊部造・伊部とのかかわりは不明である。

麻呂古王　麻呂古とはマロという男子の愛称であり、これ以外に実名のあったことはまちがいない。丸（椀）子連の管掌する丸子部は、麻呂古の愛称をもつ皇子たちの養育料負担集団であったとする説がある（黛弘道「舂米部と丸子部」前掲書）。

馬屋古女王　厩戸皇子の項で指摘した大和国葛上郡字馬屋戸の地が、この女王についてもその存立基盤にかかわるものとして留意される。

山背大兄王　王の存立基盤が令制下の山背国、あるいは令制以前のヤマシロの範囲内に設定されていたことを想定して大過ないだろう。推古朝の前半における黄文《きふみ》画師（『新撰姓氏録』山城国諸蕃に黄文連がみえる）・山背画師の確定（推古十二年）、山背国栗隈での大溝掘削（同十四年）などの事業、山背葛野《かどの》に拠点をもつ渡来集団の首長、秦造《はたのみやつこ》河勝《かわかつ》の王権への出仕は、この王の存在をとおして実現したと考えられるのではないだろうか。他方、この王については河内国石川郡山代郷との関係も無視できない。同郡は蘇我臣の枝族（蘇我倉臣＝石川朝臣）の進出地であり、大坂越（竹内峠）で大和から河内に入ってすぐの地点に位置する点で注目されるのである。

財王　この王については財部の地名が想起されるが、いずれの国郡の財部郷であるのか、特定はしがたい。財王とあって財部王ではないことからみて、むしろ「日神」祭祀に奉仕したとおもわれる日《ひ》祀《まつり》（奉）部《べ》との関係が考えられるのではないか。財日奉部造（連）・財日奉部の存在が知られるからである。他方、この王は越前国江沼郡と深いかかわりがあるとおもわれる。同郡は江沼《えぬ》財臣・財造の本貫地である。前者は蘇我臣との同祖関係を主張しており、建内宿禰《たけのうちのすくね》の子、若子宿禰《わくご》の裔とされている。また同郡には山背・額田《ぬかた》・三枝など、〝蘇我系王族〟にかかわりがあるとおもわれる郷名が存在する。欽明朝末年、高句麗使人が越の江沼に漂着したが、この王の存在から、馬子が江沼臣との関係を通じて高句麗との外交に強く関与したことが読みとれる。馬子の建立した飛鳥寺の伽藍配置が、高句麗のつよい影響下になったものであることが想起される。

日置王　大和国葛上郡日置郷（御所市《ごせし》大字櫛羅《くじら》）あるいは同郷を本貫にした日置造との関係を考えることができる。同郷は後の葛上郡の北部に位置する。これも、葛城占有策の一環であろう。

片岡女王　大和国葛下郡に片岡の地がある。法隆寺の西南方、河内にむかう竜田《たつた》道《みち》の入口に位置しているといえよう。推古十五年には、高市池・藤原池・菅原池とともに、肩岡池が造作されている。高市・藤原いずれも蘇我臣の勢力範囲内にあることが、これらの池溝開発を主導したのが馬子であったことを推測させる。片岡には法隆寺・法興寺とかかわりの深い片岡王寺（放光禅寺）があった。

星河女王　女王の名は大和国山辺郡星河郷《ほしかわのごう》に由来するものとみられる。同郷は天理市南六条町・二階堂上之庄町・荒蒔町に比定される。竜田道の大和への延長線上を東西に走る道の沿道に位置する点が注意される。同郷を本貫とした氏族に星川臣（朝臣）がいる。蘇我臣と同祖同族関係をもち、敏達朝に自立したものである。つぎの高椅王・佐富王とともに父は来目皇子である。

高椅王　大和国添上郡に高橋の地がある。いわゆる上《かみ》ツ道《みち》の沿道に位置している。高橋は、太子妃の一人、菩岐々美郎女《ほききみのいらつめ》を出した膳臣を構成する一枝族の居地として知られる。

佐富王・佐富女王　いずれも大和国山辺郡佐保の地にちなむものとおもわれる。天理市の南、上街道（長谷道）の通過点である。前項の高椅王の場合と同様、大和を南北に走る三本の古道のうち、上ツ道設定との関係が想定される。佐富女王は田目皇子の娘で、長谷王の妃となった。

横大路―大坂越の形成　推古朝前半期の馬子が、馬屋古女王・日置王・片岡女王の存立基盤の確定を通じて、葛城地方の占有に取り組んでいたことがわかる。山背大兄王の基盤を河内国石川郡内に認めるとすれば、この時期、馬子の力で大和―河内をむすぶ外交ルート、横大路―大坂越がほぼ完成に近づいていたことを想定してよいかもしれない。さらに、波止利女王・星河女王・高椅王・佐富王・佐富女王の成人・独立を通じて、竜田道に接続する東西道路や上ツ道の設定作業が推進されていたと考えられる（これら古道の設定年代がこの頃にもとめられることについては、岸俊男『日本古代宮都の研究』参照）。春米女王・長谷王の存立基盤の設定にみられるように、五八七年に滅ぼした物部大連のかつての配下を自己の勢力下に組み入れることも、前期から一貫して追求されている。淀川中流域を中心にした摂津や淀川上流地域の山背への進出は、その延長線上にある。前期の酢香手姫皇女につづき、波止利女王・財王の存在を介しての伊勢祭祀への関与、三枝王を通じての三輪山祭祀へのかかわりも、それぞれみのがせない。財王の存在こそは、馬子による高句麗外交独占・主導の一つの象徴であったといっていい。片岡女王の存在から、屯倉設定につながる大和国内の池溝開発が、馬子の強力な指導のもとにおこなわれたことを推定してよいかもしれない。

4　推古朝後半の政治と外交（後期）

馬子の政治・外交の後期は、推古朝後半をあてることができる。この時期に誕生・成人したとおもわれる聖徳太子の孫たち、および太子晩年の子女の存立基盤の解明をとおして、馬子の政治的生涯最末期の具体相を探りたい。

葛城王　王の名は、令制下の葛下・忍海・葛上三郡の総称、葛城に由来する。すでに欽明天皇の皇子に葛城を称する者があり、この王と同世代の中大兄皇子も葛城の別名をもつが、〝蘇我系王族〟である太子一族の場合、太子の孫の代にいたり、葛城を構成する郷名を超えた汎称を冠する者があらわれたことを重視しておきたい。つぎの多智奴女王とともに長谷王を父とする。

多智奴女王　大和国平群郡《へぐりぐん》に立野郷がある。聖徳太子一族が集住した斑鳩《いかるが》の南西にあり、河内へ向かう竜田道の沿道に位置している。

難波麻呂古王　王が冠する難波は、中国・朝鮮との外交あるいは西日本各地からの貢納・奉仕の集積という広義の外交をおこなう上で重要な港湾を中心とした地域の名であり、その範囲内にこの王の基盤がもとめられたことは、外交に対する馬子のなみならぬ関心を示しているとおもわれる。命名の直接の根拠は、推古朝前後に外交使節として活躍した吉士《きし》集団のうち、難波吉士（難波連）がこの王の養育を担当したことによろうが、前項の葛城王の場合と同様、太子の孫の世代にいたって、大和や河内東南部の地名ではなく、しかもある程度広汎な地域をさす難波の名を称する者があらわれた点に、一定の意味を見出すことができるであろう。以下、尾治王まで山背大兄王の子女である。

弓削王　河内国若江郡弓削郷《ゆげのごう》がこの王の存立基盤であったとみられる。若江郡は渋川郡とならんで物部大連のかつての勢力範囲であり、『荒陵寺御手印縁起《あらはかでらごしゅいんえんぎ》』によれば、弓削の地に守屋の「所領」があったという。同郷を本貫にした弓削連（宿禰）は物部連（石上朝臣）と同祖関係にあった。

佐々女王　伊賀国阿拝郡《あへぐん》に佐々神社のあったことが知られる。『古事記』開化段は、日子《ひこ》坐王《いますのおおきみ》の子志夫《しぶ》美宿禰王《みのすくねのおおきみ》が佐々君の祖であると記す。同氏は伊賀国の阿拝郡を本貫とする氏族であろうが、竜田道に接続する東西道を東に進み、都祁《つげ》山道をへれば伊賀にいたる。なお、同じく阿拝郡を本貫とする阿拝（閉）臣は、阿倍臣と同祖関係にある。

三嶋女王　摂津国嶋上郡・嶋下郡はかつて三嶋と呼ばれていた。淀川中流の右岸一帯であり、三嶋県が設置されていた。また同地は中臣連および阿倍臣の枝族（阿倍渠曾倍《こそべ》臣）の居地として知られている。

甲可王　近江国甲賀郡との関連も考えられないことはないが、河内国讃良郡《さららぐん》の甲可郷が注視される。現在の四条畷市《しじょうなわてし》付近に比定されており、淀川中流の左岸一帯という地理的環境が重要である。なお、敏達朝に仏像を馬子に献じた者として鹿深《かふか》（甲賀）臣（名前不詳）の存在が知られている。

尾治王　王の名は後の令制国尾張あるいはその前身オハリをさすというよりも、河内国安宿郡《あすかべぐん》尾張郷にちなむものとみた方が妥当か。竜田越による河内の入口部に位置する。なお、『紀』神武即位前紀によれば、葛城邑の旧名は高尾張邑といった。葛城の地を介し、この王と尾張連との関係も考えられないことはない（「五　蘇我氏の同族」参照）。

白髪部王　淀川中流の右岸一帯、摂津国嶋上郡白髪部郷《しらがべごう》による命名であろう。王の生母位奈部《いなべ》橘王《たちばなのおおきみ》の養育にかかわったとおもわれる為奈部首《いなべのおびと》の本貫地が、猪名県の所在地、摂津国河辺郡為奈郷にあったことも参考になる。この王と手嶋女王は太子晩年の所生である。

手嶋女王　摂津国豊島郡に豊島郷があり、同郷を本貫とした氏族に豊島連（多朝臣と同祖関係をもつ）がいる。

葛城占有の完成と難波への進出　葛城王・難波麻呂古王の名前から推測されるように、この時期、ついに馬子は葛城地方を完全に自己の勢力下におさめ、難波への進出もはたした。推古二十一年に完成したという「難波より京にいたる」大道すなわち大坂越―横大路は、支配層全体の「共同利害」をみたす、馬子による政治的達成であった。同三十二年にいたり、馬子は、葛城県は自己の「本居」なので「封県」としてゆずりうけたいと推古天皇に願いでている。これは、前期・中期をとおして進められた葛城占有の完了がもたらした、蘇我臣の「個別利害」にからむ政治的要求であったといえる。なお、このときに馬子の使いとして推古のもとに遣わされたのが阿倍臣摩侶であったことは暗示的である。馬子が、難波への進出を前提に、三嶋女王・白髪部王・手嶋女王らの存立基盤の設定をとおして、淀川中流の右岸地域に居地をもつ阿倍臣や中臣連といった氏族と政治的関係をとりむすんでいったと考えられるからである。佐々女王の基盤設定も、阿倍臣との政治的結合を促進したであろう。中臣連は、推古二十年の堅塩媛《きたしひめ》改葬のおりに中臣宮地《みやどころ》連烏麻呂《おまろ》が馬子に代わって誄《しのびごと》したり、同三十一年には馬子の一族境部臣雄摩侶《さかいべのおみおまろ》とともに中臣連国が新羅出兵の大将軍に任命されるなど、この時期、かつて敵対した馬子に急速に接近していったことがみてとれるのである。

以上、〝蘇我系王族〟の名前を手がかりに、馬子の政治・外交の各時期の具体相がいかに復元・再構成できるかについて、筆者の見通しをのべてみた。論じのこした点はあまりにも多いが、方法と視点のみは呈示できたとおもうので、擱筆したい。

(二) 飛鳥と斑鳩

志水正司

1 飛　鳥

飛鳥の境域　『万葉集』の山部赤人《やまべのあかひと》の歌（巻三―三二四・三二五）に、

……明日香《あすか》の　旧き京師《みやこ》は　山高み　河雄大《とおしろ》し　春の日は　山し見がほし　秋の夜は　河し清《さや》けし　朝雲に　鶴《たづ》は乱れ　夕霧に　河蝦《かわず》はさわぐ……

反　歌

明日香河　川淀《よど》さらず　立つ霧の……

この明日香＝飛鳥の境域については、国文学の犬養孝氏（「万葉飛鳥の故地」『明日香村史』中）の、また考古学の亀田博氏（「飛鳥地域の苑池」『橿原考古学研究所論集』八）などの、飛鳥川岸辺の狭い範囲に限定する見解があることを知りながら、ここでは大化前代の蘇我氏にかかわり考察するという都合から、飛鳥地方を〝飛鳥〟と呼び、漠然と広い地域を対象としたことを、はじめに断わっておく。

蘇我氏の移住　蘇我氏はもとは橿原市曾我町付近に居住していたと思われる。曾我町の宗我坐宗我都比古《そがにますそがつひこ》神社（式内社）から曾我川の堤防の道を南東にゆき小綱《しょうご》町の入鹿《いるか》神社まで歩いてみると、曾我川の東に広い低湿地があり、その地形から菅《すげ》が生い茂った往時がしのばれる。蘇我氏の名はここに由来するのであろうか。しかし関連の遺跡・遺物は失われてないという。

第28図　宗我坐宗我都比古神社付近の曾我川
（後方は畝傍山）

その蘇我氏が豊浦《とゆら》に移り住むようになったのは、豊浦宮にかかわる推古朝以前のことであったろう。ただし、そのころについては、『古語拾遺《こごしゅうい》』や『公卿補任《くぎょうぶにん》』の記述は後世の整合が考えられ、『日本書紀』の記事は間接的であり、多くを推察しなければならない。

まず、『公卿補任』は蘇我稲目について、

満智《まち》――韓子《からこ》――高麗《こま》――稲目《いなめ》

という系譜を示す。満智が「履中紀」に、韓子が「雄略紀」にみえており、年代のへだたりからも父子とはしがたい。

ついで、『古語拾遺』は、雄略朝のこととして、

蘇我麻智宿禰をして三蔵（斎蔵《いみくら》・内蔵《うちつくら》・大蔵《おおくら》）を検《けん》校《ぎょう》せしめ、秦《はた》氏をして其の物を出納せしめ、東《やまと》西《かわち》の文氏《ふみうじ》をして、其の簿《しるしのふみ》を勘録《かんろく》せしむ。……

今、秦・漢《あや》の二氏をして、内蔵・大蔵の主鎰《かぎのつかさ》・蔵部《くらひとべ》と為す縁《ことのもと》なり。

『古語拾遺』の著作が平安初期と下るため、年代や記述内容に適確さを欠いている。しかし、六世紀にはいると屯倉《みやけ》が数多く設けられ、蘇我氏がこれに関与したと認めうる記事が『日本書紀』に散見される。稲目・馬子《うまこ》の時代となるが、尾張連《おわりのむらじ》を遣わして尾張の屯倉の穀《もみ》を運ばせている（「宣化紀」）。また、吉備に白猪屯倉《しらいのみやけ》を置き、田令《たつかい》を任じ、その増益にあたり、田部《たべ》の名籍を白猪史《ふひと》に授けている（「欽明・敏達紀」）――この記事は、おそらく王辰爾《おうしんに》一族＝船史《ふなのふひと》・白猪史・津史の家伝によったものであり、信頼性があろう）。また、高市《たけち》郡（＝今来《いまき》郡）に韓人（＝百済人）の大身狭《むさ》屯倉、高麗人の小身狭屯倉を置く（「欽明紀」）などである。

各地での屯倉の設置は中央の財政を豊かなものとし、それに併行して中央の支配方式も変容形成されたことであろう。そこで起用され活動したのが、いわゆる帰化系氏族であった。飛鳥周辺はその居住者の多いところであった。坂上苅田麻呂《さかのうえのかりたまろ》らの上表に、「先祖の阿智使主《あちのおみ》は軽嶋豊明宮《かるしまのとよあきらのみや》に馭宇《あめのしたしら》しめしし天皇（応神天皇）の御世に一七県の人夫《たみ》を率いて帰化せり、詔して高市郡檜前《ひのくま》村を賜わりて居らしむ。凡《おおよ》そ高市郡内は、檜前忌寸《いみき》および一七県の人夫《たみ》地に満ちて居し、他姓の者は一〇にして一、二なり」（『続日本紀』宝亀三年四月条）という。やや誇張もあろう。また、継体朝のころに「大唐漢人の案部《くらつくりべ》（＝鞍部）村主《すぐり》司馬《しば》達止《たつと》……草堂を大和国高市郡坂田原に結び、本尊を安置して帰依《きえ》礼拝す」（『扶桑略《ふそうりゃっ》記《き》』欽明天皇十三年条）とあり、さらに「漢織《あやはとり》・呉織《くれ》の衣縫《きぬぬい》は、これ飛鳥衣縫部・伊勢衣縫の先《おや》なり」

（「雄略紀」）などともみえている。蘇我稲目が「大臣《おおおみ》」として執政にあたったのは、ちょうどそのころであり（「宣化・欽明紀」）、先進的文化を保持する氏族が多く居住する飛鳥、その飛鳥川の河曲の豊浦に本拠地を移したものと考えられる。『日本書紀』の仏教公伝説話には「小墾田《おはりだ》の家」「向原《むくはら》の家」への言及があるが、『日本書紀』の年次はそのままには信拠できない。しかし、欽明朝前後のことではあろう。

外戚蘇我氏　欽明朝に、大臣蘇我稲目は娘の堅塩媛《きたしひめ》、妹小《お》姉君《あねきみ》を妃としていれている。自らのためだけではなく、後代への配慮もあったのであろうか。結果は第29図のとおりである。

系図について簡単に説明を加えれば、稲目は

第29図　蘇我稲目関係系図

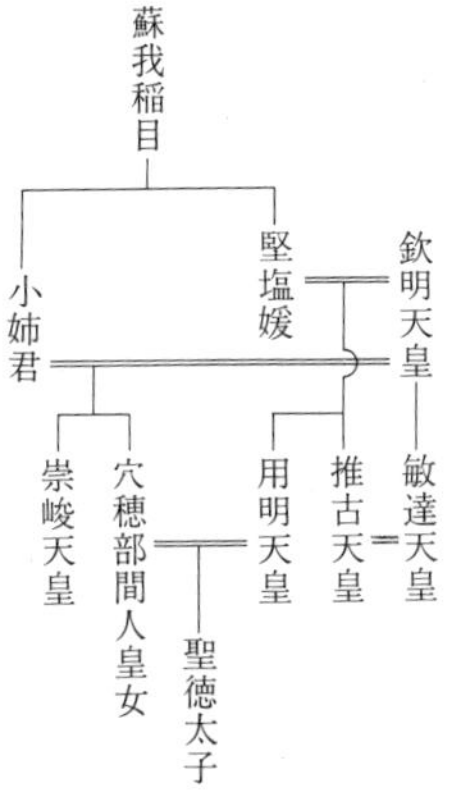

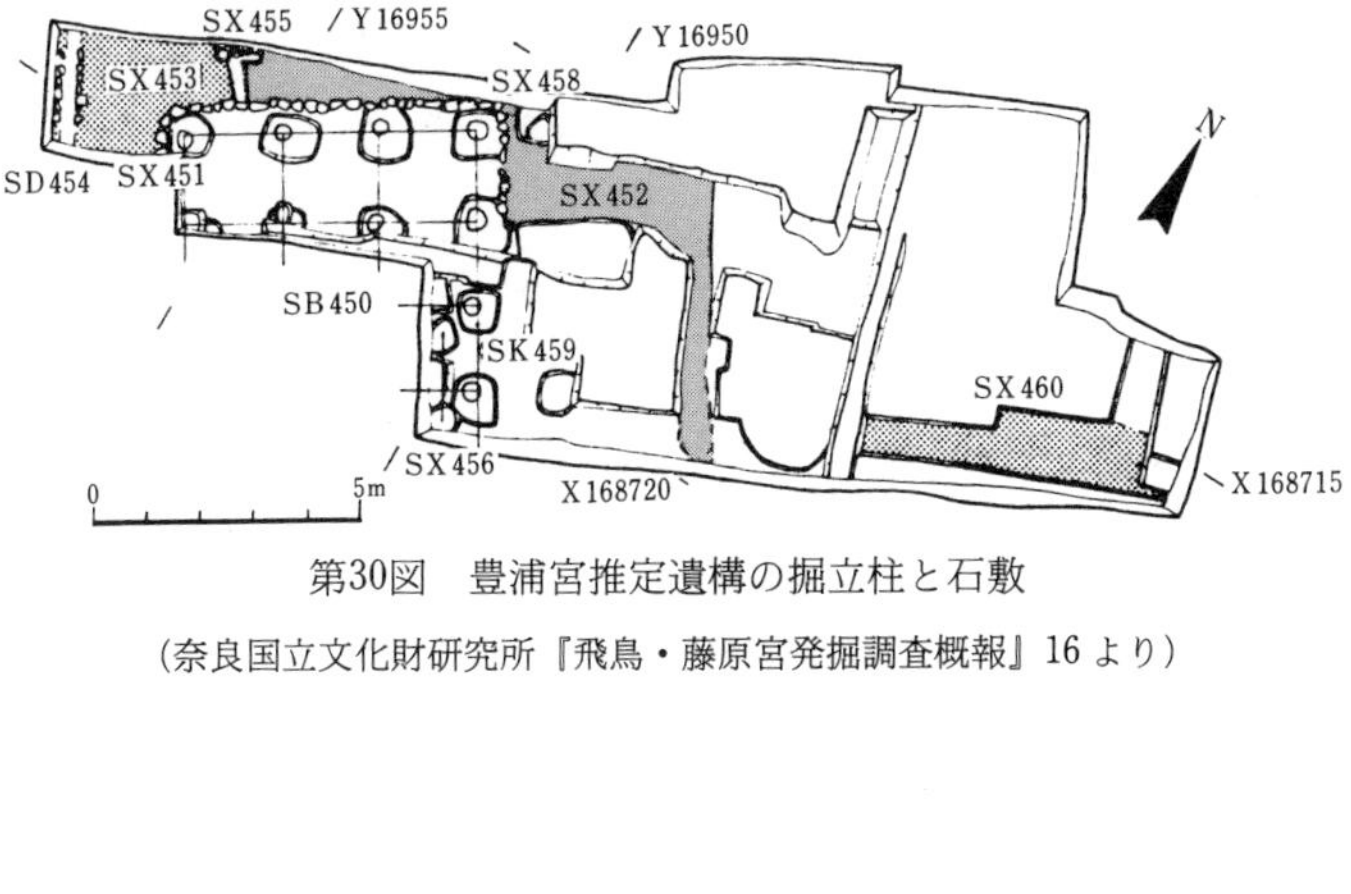

第30図　豊浦宮推定遺構の掘立柱と石敷

（奈良国立文化財研究所『飛鳥・藤原宮発掘調査概報』16より）

ふたりの娘を欽明天皇の後宮にいれて自己の権勢の支えとしたが、次代には敏達天皇の皇后に堅塩媛の女子豊御食炊屋《とよみけかしきや》姫(のちの推古天皇)がなり、男子が用明天皇となり、ついで小姉君の男子が崇峻天皇となった。この間、皇位継承をめぐり蘇我氏内で、堅塩媛系と小姉君系の相剋があり崇峻天皇は弑《しい》せられ、他方、物部氏と蘇我氏が対立して物部氏は討滅された。そして推古天皇が即位し、用明天皇と小姉君女子の穴穂部間人《あなほべはしひと》皇女との間に生まれた聖徳太子が皇太子として輔政することとなったのである。ようするに用明・崇峻・推古と三代の蘇我氏の血筋をひいた天皇が継続して、そこから蘇我氏隆盛の一要因がつくられたといえよう。

さて、推古天皇は豊浦宮で即位する。「船王後墓誌《ふなのおうごのぼし》」(六六八年)にも、推古朝が「等由羅宮《とゆらのみやに》治《あめの》天下《したしらしめしし》天皇《すめらみこと》之朝」と記されている。蘇我氏の向原の家があったところであり、天皇が小墾田宮《おはりだのみや》に遷ったのちは施入されて豊浦寺(向原寺《こうげんじ》)になったと伝えられている。

昭和六十年、豊浦寺初期の礎石建物基壇(講堂跡かという)を発掘調査したときに、その下層で掘立柱建物の柱痕とそれをめぐる石敷が検出された(『飛鳥・藤原宮発掘調査概報』16)。①六世紀末・七世紀初頭とみられること、②建物に石敷をめぐらすのは、飛鳥時代の宮殿遺跡に例が多いことなどから、豊浦宮の殿舎の一部と認めてよいであろう。まことに貴重な発見であり、蘇我氏の飛鳥での本拠地がここにもとめられたことになろう。

島庄遺跡 「推古紀」の蘇我馬子の卒伝に、

飛鳥河の傍に家《いえい》せり。すなわち庭の中に小池を開《は》り、よりて小嶋を池の中に興《つ》く。故に、時の人、
嶋大臣《しまのおおおみ》と曰《い》う。

とみえている。推古朝には島庄《しまのしょう》付近に馬子により蘇我氏の別業《べつぎょう》がいとなまれたのであろう。昭和六十二年の島庄遺跡の発掘調査によって、冬野川の水をひき、岸に荒磯を思わせる石組を設けた川と、小溝にはさまれた、北西の桁行《けたゆき》四間以上（端は未発掘）・梁行《はりゆき》二間の掘立柱建物《ほったてばしらたてもの》が検出された。その南東の曲溝をめぐらし、土馬を出土している長方形石組の小池は、潔斎のための池であったろうか。この遺跡は七世紀中葉以前のものと考えられて、蘇我氏の別業の一部であった公算が大きい（『橿原考古学研究所講演会資料　一九八七年度』による）。

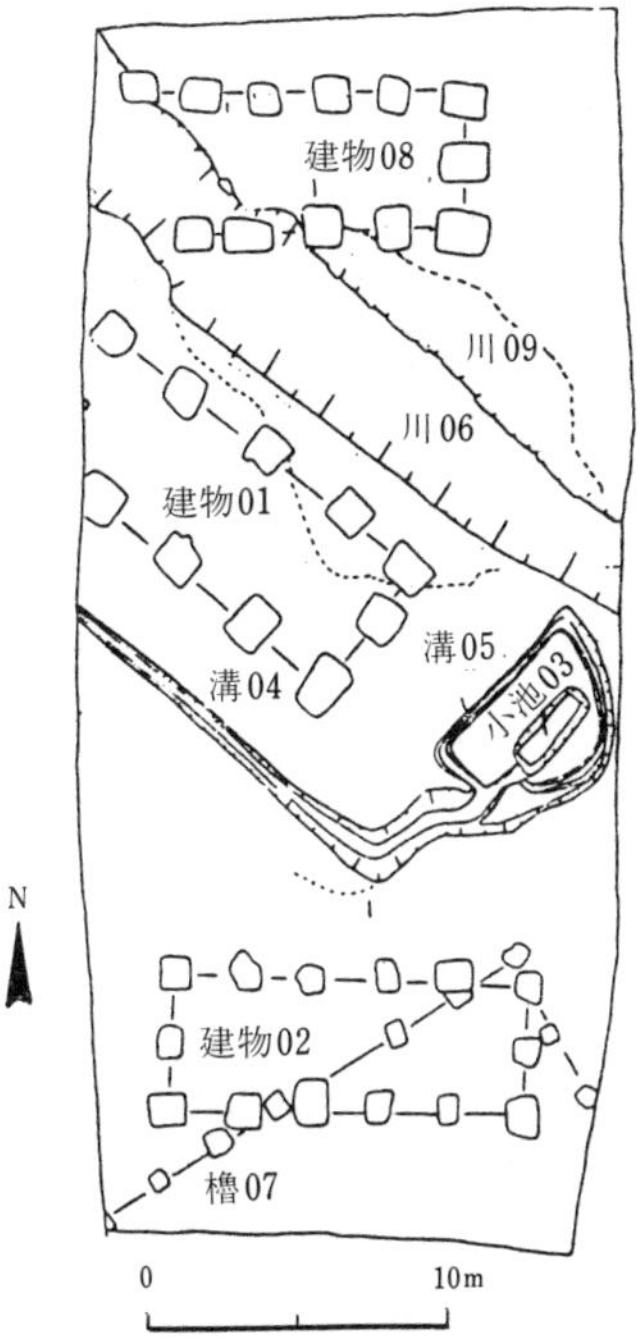

第31図　島庄遺跡実測図
（奈良県立橿原考古学研究所現地説明会資料より）

小墾田宮　推古天皇はのちに小墾田宮に遷っている。その小墾田＝小治田の地について、詳しくはまだ確定されていない。「持統紀」に「小墾田豊浦寺」とみえ、また「淳

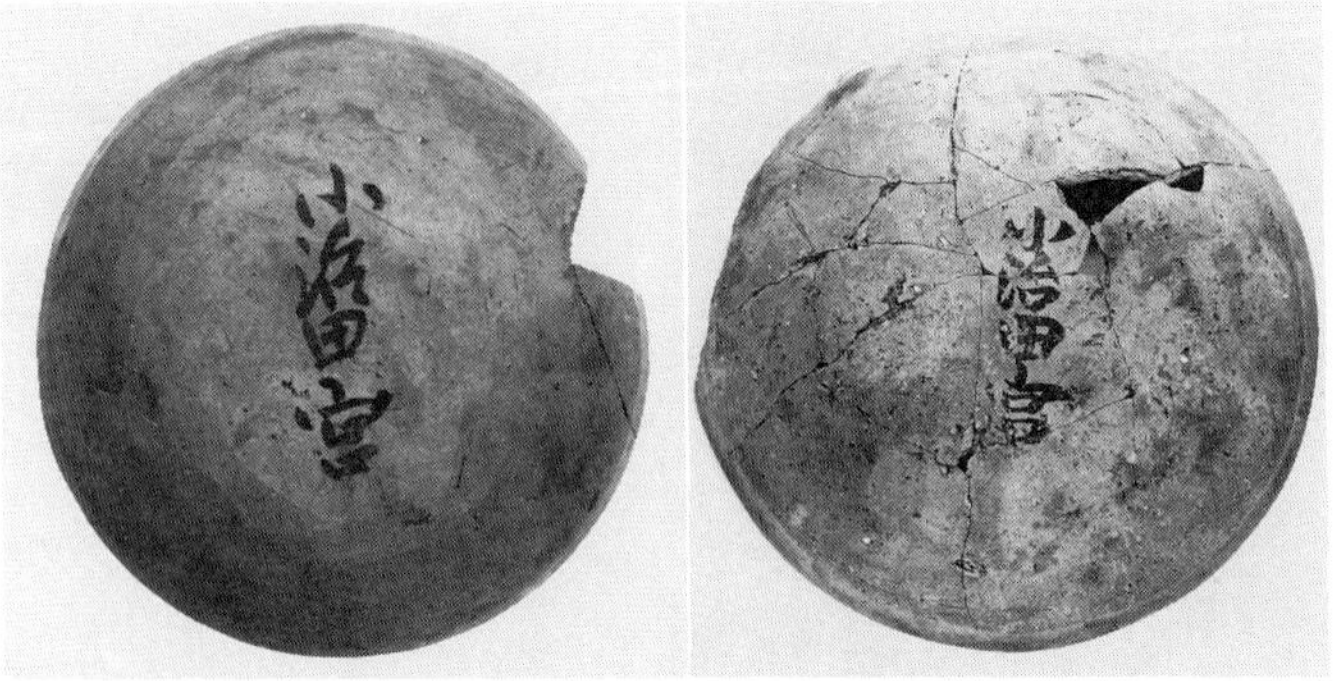

第32図　雷丘東方遺跡出土の墨書土器

仁紀」に「小治田岡本宮」とみえることから、豊浦・岡本をもふくむやや広い地名と考えられる。

豊浦の北方に、明治十一年に傍らで金銅製四環壺を出土している「古宮《ふるみや》」土壇があり、周辺が高めの平坦地となっており、小墾田宮跡伝承地とされてきたところである。昭和四十五年に土壇南方の発掘調査がおこなわれた。小墾田宮の時期、すなわち七世紀前半に注目すると、発掘区の北部に東西棟で桁行六間・梁行三間の掘立柱建物があり、その南部で河原石をはりつけた楕円形の小池、接続して屈曲する玉石溝、岸辺の石だたみなど庭園を思わせる遺構が検出された。遺物としては百済に類例のある単弁蓮華文の塼《せん》が出土している。七世紀の文化交流の一端をうかがわせよう（『奈良国立文化財研究所年報』一九七一年）。

他方、飛鳥川をへだてた雷丘《いかずちのおか》東方遺跡の発掘調査で、すでに飛鳥・奈良・平安の三時期にわたる掘立柱建物・塀・溝などの遺構と遺物が検出されていたのであるが、昭和六十二年には井戸底から「小治田宮」の墨書土器が発見された。年代的には下降して、出土状況や土器の成形・書風などから奈良時代後半期のものであろうが、小治田宮は雷丘辺を包含することが知られたのである（北村憲彦他「小治田宮墨書土器出土」『考古学ジャーナル』二八五）。

だが、「推古紀」「舒明紀」によって推定される小墾田宮の構造は、南門（宮門）を入ると庭（朝庭）があり東西に庁（朝堂）を設けていた。そして北に内門（閤《こう》門）をへだててその奥に大殿《おおとの》があったのであろう。それに相当する遺跡がいまだみつかっていない。豊浦・雷地域の発掘調査による小墾田宮の解明は緒についたところといえよう。

さて、この小墾田宮を訪れた外国使節に関する「推古紀」の記事をみるとき、まず、隋の使節裴世《はいせい》清《せい》らは額田部比羅夫《ぬかたべのひらぶ》らに迎えられ海石榴市《つばきいち》（桜井市金屋）に着いている。難波から河川舟運を利用して大和川・初瀬川をさかのぼり海石榴市で上陸し、山田道をとおり小墾田宮にいたっている。つぎに、新羅と任那《みまな》の使人は額田部比羅夫・膳大伴《かしわでのおおとも》らに迎えられ、大和川経由は同じであるが、寺川をさかのぼり米川にはいって阿《あ》斗河辺館《とのかわべのむつろみ》（橿原市新賀町市杵嶋社辺か）を宿舎とする。そこからは下《しも》ツ道《みち》を南下して軽衢《かるのちまた》で左折し、宮にいたっているようである。使節らの経路をたどってみるとき、小墾田宮は飛鳥の交通上の要衝にあったことが知られるのであろう。

蘇我氏の住い　「島の大臣」といわれた蘇我馬子の児蝦夷《えみし》は「豊浦の大臣」と呼ばれている。そのころには豊浦寺が造立されていたから、その南東の平坦地に若干の改築をへた蝦夷の居宅があったのであろう。のち「皇極紀」には、蘇我蝦夷・児入鹿《いるか》が家を甘檮岡《あまがしのおか》に雙べ起てて、大臣蝦夷の家を上の宮門《みかど》、入鹿の家を谷の宮門《はざま》と呼び、城柵をめぐらせ、それぞれの門の傍らに兵庫をおき、内外に兵士を配して警護させたとある。その家々が甘樫丘東麓のどの辺にあったものか、まだ明らかにしえない。

さらに、畝傍山《うねびやま》の東に家を建てて、池溝をめぐらし、兵庫を造ったという。その家地も定かでない。しかし、その付近は下《しも》ツ道《みち》が縦走し、また畝傍山の裾をめぐり高取川、そして曽我川に合流する小川が流れていて、蘇我氏の故郷曽我ともむすばれていたことは留意されるべきであろう。

飛鳥寺と蘇我氏　ひるがえって、飛鳥寺についてみよう。仏教公伝より時をへて、崇峻天皇の元年に飛鳥真神原《まかみのはら》に衣縫造祖樹葉《きぬぬいのみやつこのおやこのは》の家を壊して飛鳥寺＝法興寺の寺地が定められた。この地が選ばれたのは、狭義の飛鳥の中心をなす平坦地であり、先述のように付近に帰化人が多く居住し先進的な仏教文化への対応が容易であったためであり、彼らを掌握していた蘇我馬子が伽藍《がらん》造営を主導したのであった。五年に金堂と回廊が着工され、翌推古天皇元年には塔の心礎のなかに仏舎利を納めて心柱が建てられ、その塔は四年後に竣工したという。そして金堂に安置される本尊が完成したのは推古天皇十七年（六〇九）であった。

昭和三十一・三十二年の発掘調査によって、

(1)　塔を中心とし、その北東西の三方に三つの金堂が配され、中門から発する回廊がこれらを囲み、回廊外に講堂の建つ未知の伽藍配置が確認された。この一塔三金堂の形式は高句麗の清岩里《せいがんり》廃《はい》

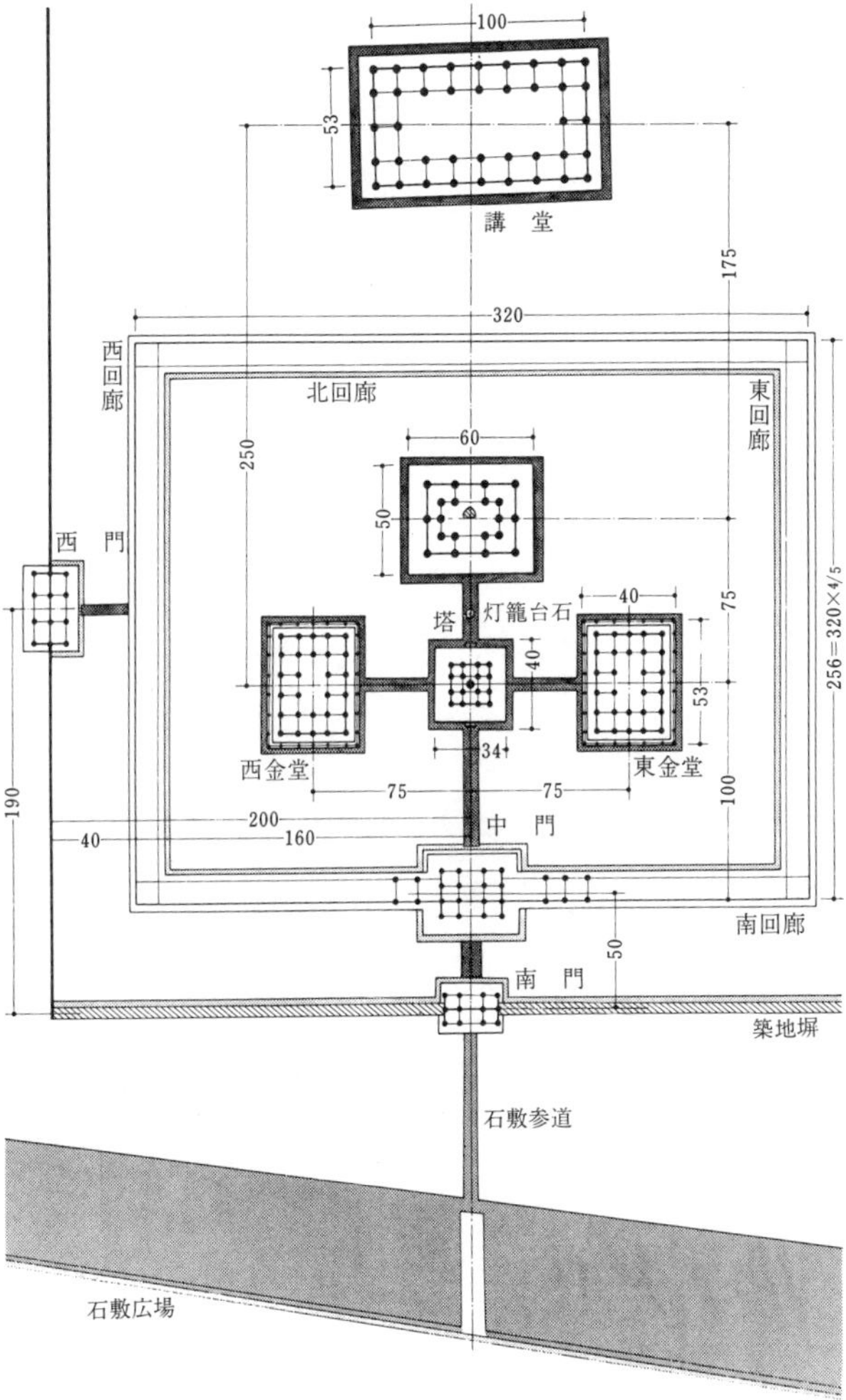

第33図　飛鳥寺伽藍復元図（飛鳥資料館図録第15冊『飛鳥寺』より）
図中の単位は高麗尺（1尺＝35.1 cm）で示す

寺《じ》・上五里廃寺に類例がみられる。

(2) 東西金堂は重成基壇であるが、その下成基壇上に小礎石が配されていた。その類例は高句麗の清岩里廃寺、百済の定林寺跡などに認められる。

(3) 創建期の単弁蓮花《たんべんれんげ》文軒《もん》丸瓦が、百済の諸寺院跡出土の瓦と近似すること。それは百済の瓦師が指導したという記録に符合しよう。

(4) 塔心礎は大きな花崗岩で、舎利《しゃり》をいれる龕《がん》をともなう方形の舎利孔を刻み、地下深くにあった。その上部は中世に掘削・攪拌されていたが、勾玉《まがたま》・管玉《くだたま》・小玉の玉類、金銀の環・延板・小粒など、そして銅の馬鈴《ばれい》、鉄の刀子《とうす》・挂甲《けいこう》などの埋納物が検出されて、同時代の古墳副葬品との深い関係を思わせた。

以上の四項目を通観するとき、百済・高句麗などから先進的な仏教文化を摂取していながら、なお伝統的な文化を混淆させていた時代様相が明確に認知されるのである。それはまた、飛鳥寺建立を主導した蘇我氏の文化的性格――その進歩と保守との交錯――を端的に示唆しているといえよう。

そののち幾月をへて、乙巳年六月三韓進調の日、蘇我入鹿が宮中で斬殺されたとき、中大兄《なかのおおえ》皇子らはただちに飛鳥寺に入り臨時の城とし、甘檮岡にいた蝦夷と飛鳥川をへだてて対峙したのである。また蘇我系の古人大兄《ふるひとおおえ》皇子が金堂と塔の間で剃髪出家した。このころを画期として、飛鳥は宮・寺の造営など大きな変容をむかえるのである。

2　斑鳩

皇太子　『日本書紀』によれば、推古天皇九年二月に皇太子は宮室《みや》を斑鳩に建て、十三年十月に居住したことがみえている。

崇峻天皇が暗殺されたあと、敏達天皇の皇后が即位した。推古天皇である。そして翌年四月に聖徳太子を皇太子としている。この皇太子について『日本書紀』では、「仍《よ》りて政《まつりごと》を録摂《ふさねと》らしめ、万機を以って悉《ことごとく》に委《ゆだ》ぬ」と記されているが、『上宮聖徳法王帝説』には「嶋大臣（蘇我馬子）とともに天下の政を輔《たす》く」とみえている。おそらく『日本書紀』の記述は、中大兄皇子が皇太子となり、皇太子摂政制を樹立したのちの概念を遡上させたものであろう。皇太子と大臣とが共同して執政にあたったとするのが、実情に近いと思われる（家永三郎氏説）。

執政のことは、雄略朝ごろから、大臣《おおおみ》・大連《おおむらじ》らによっておこなわれてきたのであるが、大連の大伴氏・物部氏があいついで失脚し、旧例をあらためて皇太子が大臣とともに執政することになったと概観されよう。

斑鳩宮　聖徳太子没後は、その子山背大兄王《やましろのおおえのおう》らが居住したが、皇極天皇二年（六四三）上宮王家滅亡のときに焼失した。法隆寺東院伽藍は、聖徳太子供養のため、天平年間にこの斑鳩宮跡地に造営されたといわれている。

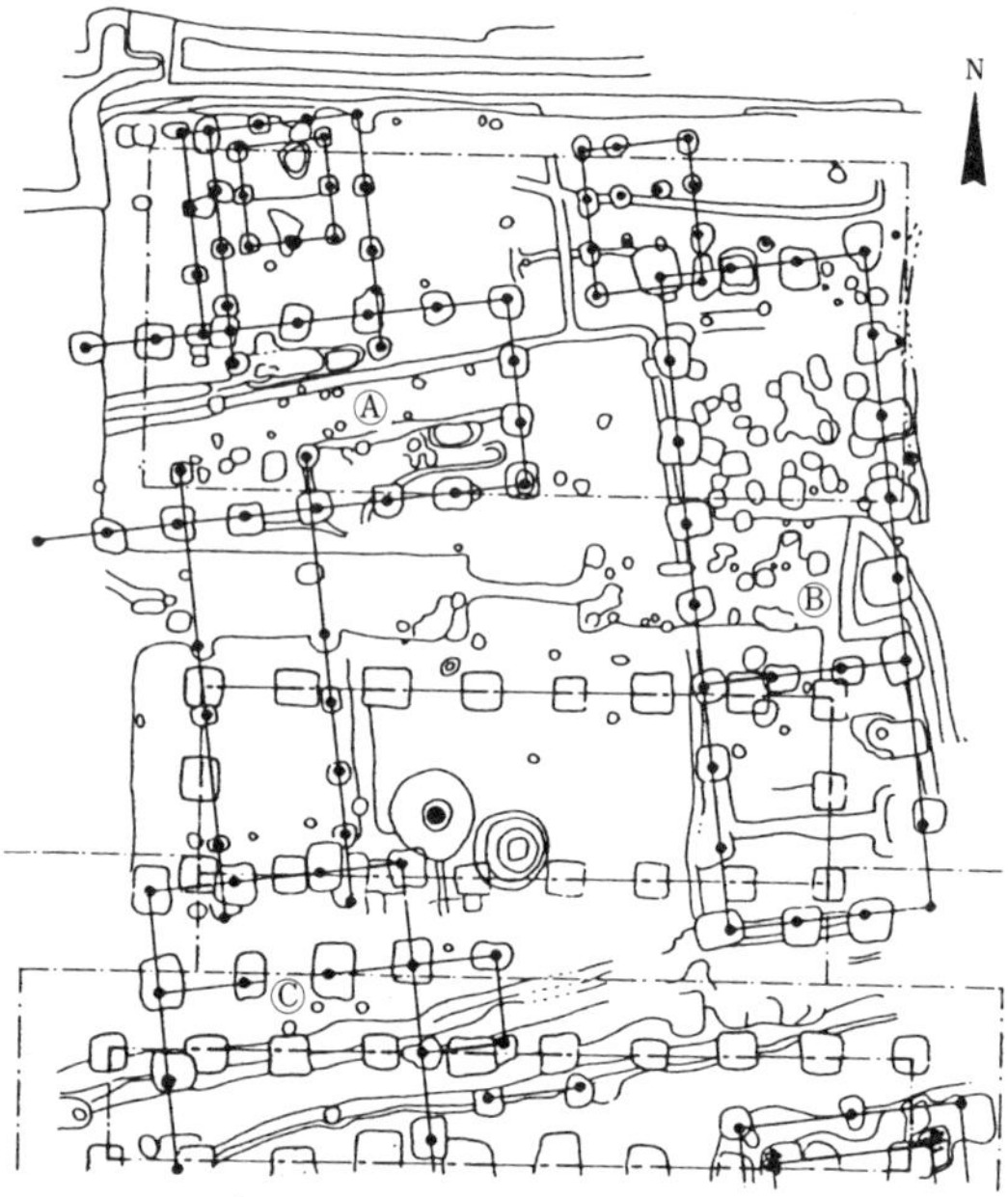

第34図　東院創建の遺構と下層の遺構図

（国立博物館『法隆寺東院に於ける発掘調査報告書』より）

昭和十四〜十五年、その東院《とういん》伽《が》藍《らん》の伝法堂・舎利殿《しゃりでん》および絵殿の解体修理にともなう地下遺構の発掘調査によって、掘立柱の痕跡からⒶ東西棟で梁行《はりゆき》三間・桁《けた》行《ゆき》六間（なお西方につづく）、Ⓑ南北棟で梁行三間・桁行八間、Ⓒ南北棟で梁行三間・桁行三間以上の建物、ⒶⒸをつなぐ渡廊下、および井戸などが検出された。①それらの建物は、方位が北で西に一二度ほど偏っており、②旧地表の小石敷の上には焼けた壁土・灰・瓦・土器片が認められた。これが斑鳩宮の遺構の一部であることは疑いがなかろう。

昭和六十一〜六十二年、橿原考古学研究所による緊急発掘で、その北方約一二〇メートルのところを調査して、Ⓐ東西棟梁行二間・桁行二間以上、Ⓑ東西棟梁行二間・桁行四間以上、Ⓒ南北棟梁行二間・桁行二間以上の三棟の遺構が検出された。①建物の方位が真北から西偏一五度であり、さきの遺構群とほぼ一致すること、②柱痕跡および柱の抜取穴から、灰・焼土などが出土して焼失を示していることは、斑鳩宮との深い関係を思わせる。しかしこれを同じ宮跡に包括すると広すぎるようにも考えられる。斑鳩宮の解明には今後の調査検討が期待されよう。

斑鳩宮跡については、さらに疑問が提示される。小形の忍冬文軒丸瓦《にんどうもんのきまるがわら》と軒平瓦が出土しているが、そのまま認めれば宮屋葺瓦の初例になろう。しかしその年代はやや遅れるものと認められる。太子の没後に宮の一部が仏殿風に改作されたときに葺かれたものであろうか。太子居住の宮室は没後、そのままで山背大兄王によって利用されたということは考えがたいであろう。

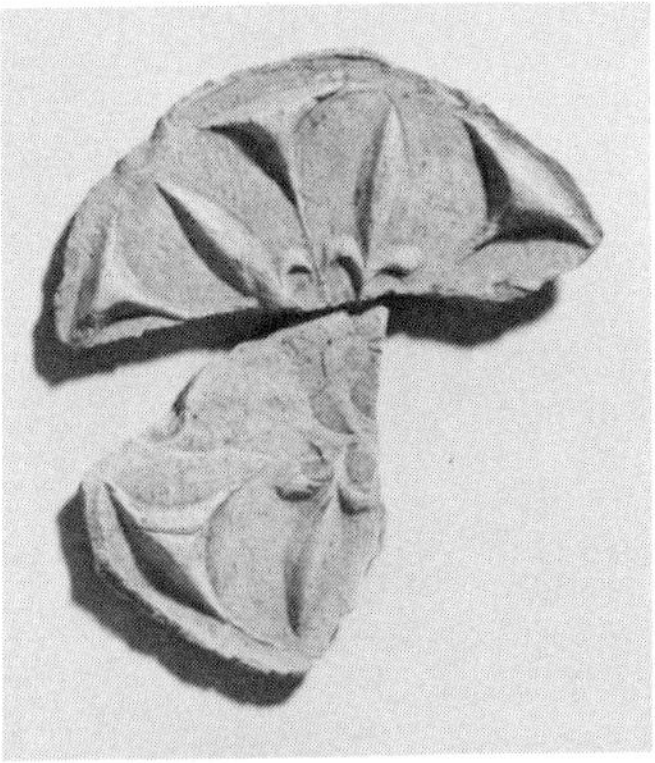

第35図　斑鳩宮の忍冬文軒丸瓦

斑鳩里の周辺㈠　視点をかえて、なぜ聖徳太子の宮が斑鳩の里にいとなまれたのであろうか。南を流れる大和川との関連に注目したい。推古天皇十六年紀によれば、隋使裴《はい》世清《せいせい》らは筑紫《つくし》より難波に着き、ここから飛鳥に入るのに、大和川・初瀬川と遡り海石榴市《つばきいち》で上陸している。河川舟運を利用した当時の国際交流を重視したいのである。

この隋使を迎えたのは額田部連比羅夫《ぬかたべのむらじひらぶ》であり、彼は推古天皇十八年に新羅使をも迎えている。額田部氏は五世紀以来、初瀬川と佐保川の合流点に本拠地（大和郡山市額田部町）をおき、付近の水運を掌握していた氏族であった。また、推古天皇の幼名が額田部皇女であり、同氏の女性を乳母として養育されたと考えられることも注意されよう。斑鳩宮地の選定には大和川の水運、そして額田部氏とのかかわりが推察されるのである。

ここで、太子のいまひとつの宮として飽波葦墻宮《あくなみあしがき》について言及しておく。この宮は『日本書紀』にはみえず、『大安寺伽藍縁起幷流記資財帳』の縁起部分に記されている。飽波宮跡を斑鳩町上宮《かみや》の成福寺辺とみる説もある。しかし、延久二年（一〇七〇）の『興福寺領大和国田畠坪付帳』などによる条里《じょうり》と諸郷の復元では夜摩郷に属し、不安定な低湿地であり疑問が多い。む

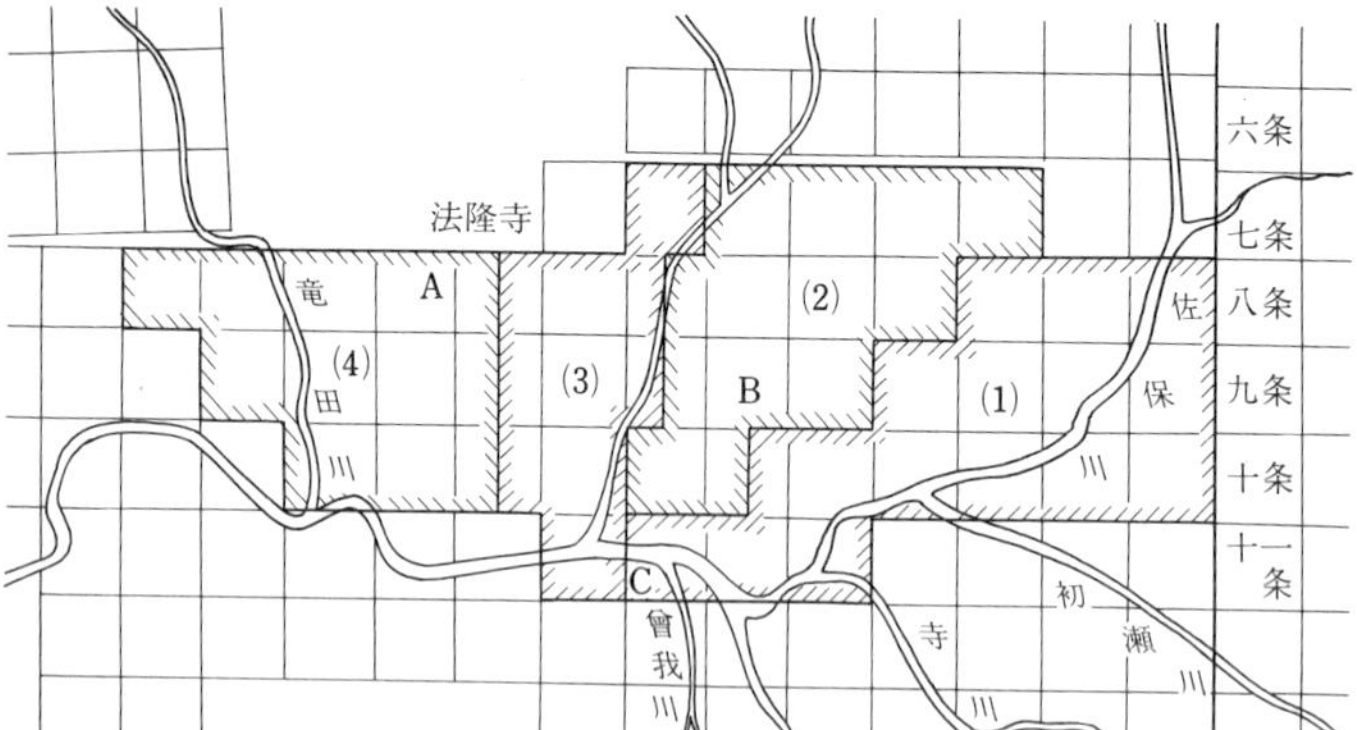

第36図　大和国平群郡諸郷復元図

(1)額田郷，(2)飽波郷，(3)夜麻郷，(4)坂門郷，A 藤ノ木古墳，B 安久波社，C 広瀬社

しろ、飽波郷のうちで微高地を求めるとき、安堵村東安堵の安久波神社辺がふさわしいかと思われる。葦の生い茂るような低湿地に囲まれて、大和川も額田部里も近い。

正倉院混入の法隆寺系統幡墨書《ばんぼくしょ》に「阿久奈弥評《あくなみのこおり》」がみえる。飽波宮の経営を支えるために特別な評がおかれたのであったが、大宝の郡郷編成では平群郡飽波郷となった（郡につながらない評）と考えられる。このようにみてくるとき、大和川の国際的文化導入の舟泊りとしていとなまれた飽波宮は斑鳩宮の分身であったといえよう。

斑鳩里の周辺㈡　ここで斑鳩宮地について推察をのべてみたい。斑鳩宮は矢田丘陵南麓にあり、その南は夜麻郷に接続しており、そこに山部氏が居住していた。山部は海部《あまべ》とともに山林・海浜を管掌した氏族である。山海はいわば入会地《いりあいち》で王権直轄支配がおよびやすく、それを管掌した山部・海部は王権直属の性格をもつ。この山部の里と丘陵の間の林野が選定賜与されて、斑鳩宮地の造成がおこなわれたのであろう。

やや年代の下る間接の史料であるが、法隆寺の命過幡（東京国立博物館・正倉院に収蔵）に、

○辛酉年（斉明天皇七年）三月朔六日、山部殿奴《やつこなる》在形見為レ願幡進二三宝内一（東京国立博物館）

○癸亥年（天智天皇二年）、山部五十戸《さと》婦為二命過一願造レ幡已（東京国立博物館）

○山部名嶋弖《しまて》古《こ》連公《きみ》過命時幡（東京国立博物館）

○山部連公奴加致《かち》児恵仙命過往□（正倉院）

などが認められる（狩野久「法隆寺幡の年代について」『伊珂留我』三）。これらは法隆寺と山部の里びととの深いかかわりを示すものであるが、その関係は斑鳩宮・寺期にもさかのぼらせてよいのではあるまいか。

なお、膳《かしわで》氏の斑鳩への居住は宮経営以後のことと考えるべきであろう。

斑鳩宮・寺の南西は坂門郷である。正倉院文書の年次不詳の勘籍《かんじゃく》歴名《れきめい》に、

大原史長嶋《おおはらのふひとながしま》年十九 大和国平群郡坂門郷戸主 少初位上大原史男君戸口

とあり、この地には大原史が居住していた。また、法隆寺に伝存している銅板造像記には、表に甲午年（持統天皇八年）鵤《いかるが》大寺徳聡法師・片岡王寺令弁法師・飛鳥寺弁聡法師ら三僧が、父母供養のため観音像を敬奉したことがのべられており、その裏面に、

族《ハ》大原博士、百済在《ニラバ》王　此土《ニテハ》王姓、

とみえ、三僧の出身氏族について語られている。銘文中の博士に注目するとき、末松保和氏の研究（『任那興亡史』）が参照される。六世紀には中国南朝と百済の文化交流の例にしたがい、百済と日本の間で五経博士以下、易・暦・医の諸博士、僧俗にわたる文化導入者の〝交代来朝〟が制度的に継続されており、それが五五〇年代には拡大・整備されたという。大原博士についてもここに由来がもとめられてよいであろう。このように大原氏の位置づけを認めるとき、年代はやや下降するが、終末期古墳に属する竜田御坊山三号墳から唐三彩の有蓋獣足円面硯《ゆうがいじゅうそくえんめんのすずり》・ガラス製管・琥珀製枕《こはくせいのまくら》が出土してい

ること、西里遺跡（斑鳩町庁舎地）から海獣葡萄鏡《かいじゅうぶどうきょう》片が出土したことは看過しがたい。大原氏は渡来のさいの文化を保持するとともに、文化指導者として、新たな文化の摂取にも積極的であったという側面が知られるのである。また、海獣葡萄鏡を出土した西里住居跡のあたりに大原氏の主な拠地がもとめられよう。その西里の北部に、円墳で大きな自然石を積んだ横穴式石室《よこあなしきせきしつ》・凝灰岩《ぎょうかいがん》の家形石棺《いえがたせっかん》といった構成から六世紀後半とみられる藤ノ木古墳がある。「額安寺伽藍幷条里図」では額田部氏の本拠地

第37図　藤ノ木古墳遠景

第38図　藤ノ木古墳の玄室と石棺

の北方に同氏先祖の墓が描かれており、これを参照するとき大原氏と藤ノ木古墳との関係が推察されようか。年代的にも無理がなく、石室内で発見された馬具（鞍《くら》・杏葉《ぎょうよう》など）の示す文化の国際的であることも理解が容易になろう。現在、慎重に進められつつある棺内遺物の調査成果に期待するところが大きい。

山背大兄王と蘇我氏　推古天皇三十年二月（法隆寺金堂釈迦三尊光背銘・天寿国曼荼羅繡帳銘による）、聖徳太子は斑鳩宮で薨去《こうきょ》した。そののちは山背大兄王が相続してこの宮に居住したが、皇極天皇二年蘇我入鹿による襲撃で斑鳩宮は焼失し、山背大兄王も斑鳩寺で自経して上宮王家は亡んだ。『日本書紀』の記述によれば、蘇我入鹿が巨勢徳太《こせのとこだ》・土師娑婆《はじのさば》を遣わし山背大兄王らを斑鳩に襲わせた。王は妃ならびに子弟らを率いて逃れ生駒山に隠れたが、この間に斑鳩宮は焼かれた。山中にとどまり飲食を欠くこと数日、王らが山より還り斑鳩寺（若草伽藍）にはいると、軍兵により寺は囲まれた。そこでついに山背大兄王と子弟・妃妾らはともに自経した。その間に「兵を起して戦えば必ず勝とう、しかし民を煩労することは本意でない」との語がくりかえしのべられている。この語はまた舒明天皇即位前紀にみえる境部摩理勢《さかいべのまりせ》への諭告に通じよう。これらの語が史実にもとづくものか、『日本書紀』の述作者によるものかの判断は保留したい。

さて、この襲撃事件の因由は舒明天皇・皇極天皇の即位にもとめられる。推古女帝崩御ののちの皇位継承には二人の候補者があった。山背大兄王と田村皇子である。そして天皇の遺勅をたてとした蘇我蝦夷の策謀により、田村皇子が擁立されて舒明天皇即位となった。舒明天皇は敏達天皇の孫というのみで、馬子の娘法提郎女《ほうてのいらつめ》を娶るほかに蘇我氏と血縁はない。それに対比して山背大兄王をみると、欽明天皇と蘇我稲目の娘堅塩媛《きたしひめ》との間に用明天皇があり、欽明天皇と稲目の娘小姉君《おあねきみ》との間に間人《はしひと》皇后があり、その用明天皇と間人皇后との間に生まれたのが聖徳太子であり、父の同母妹推古天皇の皇太子となった。そのような聖徳太子と蘇我馬子の娘刀自子郎女《とじこのいらつめ》との間に生まれたのが山背大兄王である。蘇我氏と血縁の深いところ、同氏の支持が当然のことと考えられたであろう。しかし王や境部摩理勢らの期待ははばまれて、舒明天皇の即位、その崩御後は敏達天皇の曾孫で、皇后であった皇極天皇の即位となった。さらに入鹿は古人大兄皇子の擁立まで画策したという。なぜ、山背大兄王はこれほどまで蘇我蝦夷・入鹿に敬遠拒否されたのであろうか。推古朝に聖徳太子は皇太子となり蘇我大臣とともに執政したのであったが、飛鳥より離れて斑鳩に宮をいとなみ、上宮王家独自の地位を築いた。その上宮王家をついだのが山背大兄王であり、皇極天皇二年紀分註にみえる「上宮の王等の威名、天下に振う」という情勢であった。蘇我蝦夷・入鹿はこれを危惧して山背大兄王を回避し、むしろ、蘇我氏とは血縁のない舒明天皇・皇極天皇を擁立することにより、その恩義をうるといった行為をとったものと考察されよう。そしてついには斑鳩宮襲撃事件までひきおこしたのであった。斑鳩宮地として一辺が二〇〇メートル余の方形境域が推察されているが（『法隆寺防災施設工事・発掘調査報告書』）、これは上宮王家の盛時を示すものであろうか。なお発掘調査による確認がまたれる。

蘇我氏は天皇を擁立しその大臣として政権を掌握したのであったが、そのあまりに依拠すべき天皇の権威が弱化の様相をみせてくる。かつて推古朝に葛城《かづらき》氏を仮冒して、〝本居《うぶすな》〟の葛城県《あがた》を請うたことがあったが、皇極朝にいたっては、葛城高宮《たかみや》に祖廟を造り〝八佾《やつら》の儛〟をし、今来《いまき》に雙《なら》ぶ墓を築き大小の〝陵《みささぎ》〟と称し、また甘樫丘に雙ぶ家を建て上《かみ》・谷《はざま》の〝宮《み》門《かど》〟と称するなど、自らの王者に比肩する地位を官民の間に認識させようとしたことが『日本書紀』に記されている。ここに蘇我氏の大王家への依存的性格と偽似性と、その限界をみてとることができよう。

ここでかえりみるに、なぜ舒明天皇・皇極天皇が蘇我氏に擁立されたのであろうか。押坂彦人大兄《おしさかひこひとおおえ》皇子に「太子」の表記があることをめぐり諸説がのべられているが、ここでは敏達天皇の殯宮《もがりのみや》が広瀬に設けられたこと、押坂彦人大兄皇子の墓が広瀬にあること（『延喜諸陵式』）に注目したい。敏達天皇の子が押坂彦人大兄皇子であり、その子が舒明天皇、孫が皇極天皇となる。広瀬には広瀬大忌神《おおいみのかみ》を祀る広瀬神社、川合大塚山古墳・城山古墳・中良《なから》塚《づか》古墳をふくむ川合古墳群がある。その広瀬は大和川の南側で斑鳩里の対岸にあたり、曾我川が大和川に合流する地点である。河川によって蘇我氏の本拠とかかわる。蘇我氏による擁立の因縁はここに推察されるであろう。なお、舒明朝に百済川（曾我川）の側《ほとり》に「大宮および大寺」が造作されたことも理解が容易になろうか。

七　蘇我本宗家の滅亡と大化改新

横田健一

1　なぜ中大兄皇子らは入鹿を殺したか

クーデター　皇極四年（六四五）六月十二日に皇極《こうぎょく》天皇の前で三韓が調《みつぎ》をたてまつる儀式をおこなうといつわって、蘇我入鹿を大極殿に呼びだし、中大兄皇子・中臣鎌子連《なかとみのかまこのむらじ》らは入鹿を殺した。これが蘇我本宗家の滅亡の発端である。この事件はクーデターとも暗殺ともいえよう。

クーデター、あるいは暗殺は、強大な権力者に正面から力づくで取り組んだのでは到底太刀打ちできないばあい、強者の油断した隙をねらって、弱者が単独あるいは少数の権力者を不意に襲って、暴力によって倒し権力を奪取することをいう。明智光秀が織田信長を本能寺に急襲して殺したのは、その例である。この場合は光秀は、豊臣秀吉の迅速な反撃のために三日天下に終わり、権力奪取に成功しなかった。

大化前代の権力闘争には、用明二年（五八七）に蘇我馬子が諸豪族の大軍を率いて、ライバルの物部氏の本宗家の守屋を河内の渋川に襲いこれを滅した事件や、皇極二年（六四三）に蘇我入鹿が山背大兄王《やましろおおえのおう》一族（上宮王家）を軍隊をもって襲い族滅したように、族滅の形をとることが少なくない。雄略天皇が即位前に、安康天皇を暗殺した眉輪王《まよわのおう》をかくまった葛城円大使主《かずらきのつぶらのおおおみ》と葛城氏の軍を族滅したことや、武烈天皇が即位前に平群真鳥大臣《へぐりのまとりのおおおみ》の一族を族滅したのも、その例である。

それでは、なぜ蘇我本宗家の氏上《うじのかみ》であり、権力者として最高の大臣の地位にある蝦夷をねらわないで、入鹿をねらったのか。皇極二年（六四三）十月六日に大臣蝦夷は病によって朝廷に出仕せず、私《ひそ》かに紫冠を子の入鹿に授けて大臣の位に擬《なぞ》らえたと『日本書紀』にしるされている。当時の冠位制は聖徳太子が定めた十二階制、すなわち大徳・小徳・大仁・小仁以下の儒教道徳の五常の名称をつけた冠位制である。紫冠などというものはない。

黛弘道氏が「冠位十二階考」でいわれたように、蘇我氏は馬子・蝦夷などはいずれも冠位をもらっていない。だが大臣は冠位十二階の上に超越した紫の冠をかぶったのではないかといわれている。十二階以上の地位を示す冠で大臣の地位・権力を示したといえよう。

入鹿は、病によって出仕せぬ父に代って、大臣の権能を代行する資格を、紫冠をかぶることによって与えられたのである。したがって、蘇我本宗家を倒すには、実力者である入鹿を倒すことが、クーデターの目標となるわけである。

蝦夷と入鹿　そもそも蝦夷は、舒明即位前紀にみられるように、推古天皇崩御の直後に開かれた重臣会議において、つぎの天皇を田村皇子（舒明天皇）にするか、山背大兄王（聖徳太子の皇子）にするか、諸大夫の議論が紛糾した時に、議長格である大臣として、決断するだけの気力も器量・手腕もない。どうも優柔不断の人物だったようである。よくいえば常識人だったらしい。それだけに皇極二年十一月に入鹿が斑鳩《いかるが》に軍を派遣して、山背大兄王一家を襲撃させ滅ぼしたときに、蝦夷はいかり罵《のの》しって「ああ入鹿、はなはだ愚癡《おろか》にして、専《もっぱ》ら暴悪を行う。なんじが身も命も、あやうからずや」といった（『日本書紀』）。

これでみると蝦夷は冒険を好まず、後継天皇に蘇我氏の血のはいることが薄い彦人《ひこひと》大兄皇子と糠手《ぬかで》姫《ひめ》の間に生まれた田村皇子を推して、推古天皇の遺詔を忠実に実行しようとした。入鹿は積極的に武力をもちいて対立するものを攻撃し、滅ぼそうとする強引な性格をもっていた。しかし蝦夷も、山背大兄王を擁立しようとした自分にとっては叔父にあたる境部臣摩理勢《さかいべのおみまりせ》（馬子の弟）が、馬子の墓を築く場所に蘇我一族があつまり働いているのに参加せず、退去したことを慍《いか》った。摩理勢は泊瀬《はつせ》王（山背大兄王の弟）を頼って斑鳩に行き、王とともに住んでいた。蝦夷は使をやり、摩理勢をさとしたがきかない。折悪しく泊瀬王がなくなった。蝦夷は摩理勢を討つ軍を派遣した。摩理勢は抵抗せず門の外にでてまち、軍に殺された。蝦夷は入鹿ほど過激・強引ではなかったが、蘇我氏一族の氏上《うじかみ》として一族の統制を心掛け、反するものは叔父であっても殺し、敵を作っていたのである。

蘇我氏全体という立場からいえば、自ら手足をもいだことになる。

なお蘇我一族の他の分家のもの、とくに蝦夷の弟の倉麿《くらまろ》（一名、雄正子）とその子供たち（第4・6図参照）も本宗家にしたがわず、とくに倉麿の子で大化改新にあたって最初の右大臣に任ぜられた山田石川麻呂臣は、『藤氏家伝』上巻「大織冠伝《たいしょくかんでん》」によると中臣鎌子連（鎌足）が入鹿（鞍作《くらつくり》）の隙を探ると、山田臣は鞍作と相忌むこと、すなわちイトコ同士が仲の悪いことを知った。それで鎌子は中大兄皇子に「山田臣の人となりを察する、剛毅果敢、威望また高し」と推薦し、山田臣の娘を中大兄の夫人として婚姻させるようにはかるのである。その山田臣の娘の長女は山田臣の弟の武蔵《むさし》（身狭《むさ》臣）のために横取りされ、妹（遠智娘《おちのいらつめ》）が中大兄の嬪《ひん》となった。このように倉麿の系統もかならずしも一族がうまく融和していたのでもなさそうである。

中大兄や中臣鎌子らが入鹿を倒すクーデターを計画した理由は、むろん蘇我本宗家が、馬子が物部本宗家を滅し崇峻天皇を暗殺し、蝦夷が境部臣摩理勢を殺し、入鹿が上宮王家山背大兄王一族を滅ぼしたあいつぐ暴力的な覇権掌握行為から、強い危機感をもったことによるであろう。しかし、それだけではなく、彼らが、大きな政治的な理想の実現・建設にとって、蘇我本宗家が障碍となるので、これをのぞこうとした面を考慮にいれなければならない。その政治的理想とは何か、入鹿らが、どのように邪魔になるのかを考えてみたい。

第39図　稲　淵　集　落

第40図　南淵請安の墓

南淵請安と周孔の教　皇極紀三年（六四四）条につぎの話がある。中臣鎌子（鎌足）は、蘇我入鹿が君臣長幼の秩序を重んぜず、社稷《しゃしょく》すなわち国家の権力を握ろうとくわだてていることに憤慨して、入鹿をのぞくために主となすべきすぐれた皇族をもとめていた。皇族のなかでは中大兄皇子（後の天智天皇）に心を寄せていたが、離れていて自分の深い志をうちあける機会がなかった。たまたま法興寺《ほうこうじ》（飛鳥寺《あすかでら》）の打毬（蹴鞠《けまり》）の会で、中大兄の靴が鞠を蹴ったときに脱げ落ちたのをひろい、皇子に献じてから親しくなり、ともに心をのべあうようになった。

二人は「周孔の教」を学ぶために黄色い巻物、すなわち書籍をもって南淵請安《みなぶちのしょうあん》のもとに通い、その往復でひそかに入鹿を暗殺する企図を語り合ったという。

飛鳥川の上流を南淵川という。南淵は現在の稲淵《いなぶち》という字の村にあたる。ここは馬子の墓説が有力な島庄石舞《いしぶ》台《たい》のすぐ西側から川にそって東南へ約一・五キロ余にひろがる谷間にある。その中ほどの北側に道路から高さが三〇メートルほどの丘陵があり、その上に南淵請安の墓がある。もとは、少し下流の朝風の地にあったものを大正十一年ごろに現在地に移したという。皇極紀元年条によると、夏から秋にかけて大旱があったとき、天皇が八月一日に南淵の河上《かわかみ》に行幸し、跪《ひざまず》いて四方を拝み天を仰いで祈ったところ大雨が降ったので、天下百姓は「至徳天皇《いきおいましますすめらみこと》」とほめたたえ万歳をとなえた話がある。その祈った場所は請安の墓から半キロほど上流の飛鳥川上坐《あすかかわかみにます》宇須《うす》多伎《たき》比売命神社《ひめのみことじんじゃ》の地がそれではないかといわれている。

請安の家はよくわからないが、現在の墓より少し下流の稲淵集落の入口に近いところとおもわれ、皇極天皇の飛鳥岡本宮を岡寺西方の宮址の地とすれば、歩いても三〇分くらいで行けたであろう。

南淵請安とは、どんな学者か。「周孔の教」とは、どのような教か。それを請安はどのようなときに学んだか。

第41図　飛鳥川上坐宇須多伎比売命神社

留学生の見たもの学んだもの　推古天皇の十六年（六〇八）遣隋使小野妹子は、帰国する隋使裴世清《はいせいせい》を送って隋に渡ったときに、八人の留学生《りゅうがくしょう》をつれて行った。そのなかに南淵請安や大化改新のさいに国博士《くにのはかせ》となった高向玄理《たかむこのげんり》や学問僧新漢人日文《いまきあやひとにちもん》（旻《みん》ともいう）らがいた。請安と玄理は舒明十二年（六四〇）に帰朝した。実に三二年の長きにわたって留学したのである。

渡航したとき、隋は文帝が建国した五八一年から二七年目、第二代煬帝《ようだい》の大業四年である。隋はその後、六一八年に唐の高祖李淵《りえん》によって亡ぼされる。請安の帰朝した六四〇年は、唐の第二代の太宗李《たいそうり》世民《せいみん》の貞観十四年十月で、太宗の「貞観《じょうがん》の治」として、名君賢相らの善政で有名な、唐の極盛期である。

つまり請安らの留学時代は隋末唐初の戦乱あいつぐ、

革命の混乱期とそれにつづく強力な建設・興隆期であった。彼ら留学生は混乱期にどこで勉学し、誰にどういう学問を教わったか、当時の隋唐の学界にはどんな学者がいたか。

隋も唐も首都は長安（今の西安）に置いていた。隋末に煬帝は江南の江都（楊州）を仮の都とした。おそらくわが留学生たちは長安で、諸外国の留学生のための四門学に入学したであろう。学問が進んでからは国子学の博士孔穎達《くえいたつ》や顔師古《がんしこ》（顔之推の孫）、虞世南《ぐせいなん》などの一流の訓詁学者《くんこがくしゃ》の五経をはじめとする中国古典の講義を聴くことができたであろう。しかし隋末には長安も江都も戦乱の巷《ちまた》となり、留学生たちも逃げまどい、食・住などの苦労もなめたかもしれない。

請安が講じた「周孔の教」とは、儒教の伝説的創始者周公旦《しゅうこうたん》と儒教の大成者孔子の教、すなわち儒教である。周公旦は周の建国者文王の次子で、長子である第二代の武王および第三代（武王の子）成王を輔佐し、善政をおこなったという。生まれつき傴僂《くる》病だったが、祭政一致の中国古代では、身体障害者は宗教的超能力所有者と信ぜられ、司祭者としてよく天帝や神意を知ることができるすぐれた政治家と考えられていた。

後世の儒家や政治家から、周代初期は道徳的に理想的な政治のおこなわれた時代と仰がれた。大化元年七月十二日に、改新の最初に宣せられた孝徳天皇の勅に「まさに上古聖王の跡にしたがいて、天下を治むべし」とある。その上古聖王とはおそらく周の文王・武王・成王、周公旦らをさすのではあるまいか。その勅の起草者は中大兄・鎌足らで、請安から教えられた周初の王たちが、暴政の殷を滅ぼしていた善政の理念が、大化改新政治の指導理念となったものであろう。

たとえば日本の古墳時代の天皇陵をはじめとする貴族・豪族の巨大古墳は多大の人力・財力を費して人民を辛苦せしめたであろう。大化二年三月甲申条の薄葬令《はくそうりょう》に「このごろ、我が民の貧しく絶《とも》しきこと、専《もつぱら》墓《たくめ》を営《つく》るに由《よ》れり」と指摘している。これを薄葬に変えることは人民を救う善政である。薄葬令の文章は先学によって『魏志』「武帝紀・文帝紀」によると指摘されている。しかし中大兄や鎌足らが『魏志』などの書物を読むことによって薄葬令を思想的に思いついたのではあるまい。

請安の教　南淵請安が隋末唐初に学んだころの一流学者に虞世南がいる。『唐書』「列伝」巻第二十二「虞世南伝」に唐高祖の崩時に、虞世南が上書諫言して厚葬を強く戒め、薄葬すべきことをのべた長文がのっている。当時、留学していた請安のみならず、改新の国博士《くにのはかせ》となった玄理や僧旻なども、当時、唐に留学していて、これを見聞していたであろう。大化薄葬令はこれら留学生の体験がもととなってだされたものであろう。中大兄や鎌足らも彼らからその話を直接聞いたにちがいない。

周公旦について請安が教えた経典には、まず『書経』(『尚書』)があげられよう。そのなかにある『周書』のなかの十二篇「古文尚書」の「金縢《きんとう》、大誥《こう》、康誥、酒誥、梓材《しざい》、召誥、多士、無逸、君奭《せき》、多方、立政」が周公の言行をしるしたものである。請安は殷から周への大革命を語り、殷の紂王《ちゅうおう》の暴政と周の文王・武王・周公の善政とを対比して語ったであろう。

同時にかれの留学時の隋から唐への大革命の体験・見聞を語り、隋の煬帝の暴虐・淫乱、諸地方に蜂起する反乱軍のなかでもっとも強力な唐の高祖李淵《りえん》、その軍の中心となった太宗李世民《りせいみん》の建設的善政を語ったであろう。とくにかれの帰朝時に花が開いて極盛期の太宗の「貞観の治」を周公旦の政治にかさねあわせて語り、中大兄や鎌足に感銘を与えたであろう。孔子について請安のもちいた教科書は、むろん『論語』であり、孔子のでた周末の衰退が何によってもたらされ、その末世の人民を救うための孔子の苦心・奔走を語ったであろう。

孔子は『論語』の「述而」篇で「甚しいかな吾の衰えたるや。久しいかな吾復《また》夢に周公を見ざること」と嘆じたのは有名である。また「泰伯」篇に「もし周公の才之美ありとも、驕且吝《きょうかつりん》ならしめば、其の余は観《み》るに足らざるのみ」という。孔子が周公を慕ったのは、その驕《おご》らず吝《りん》でない、おおらかな抱擁性、寛容さだった。周公は「君奭」篇に「不善な天が喪（滅亡）を殷に降した。殷がその命を失墜して、我が周がこれを受けた。始は永く帝位につけてくれるが、天は信ぜられなくて、遂にはその国を滅亡させる不祥に終らせるものだ」（訳は加藤常賢博士の「周公」『中国の思想家』上巻一〇頁による。以下同じ）。周公は天命による革命、国家の交替を信じていたが、天命は永久不変でないと考えていた。

また周公は同じ篇で「我もまた敢て天命の永くないのを心配して、天威と我民とを遠く思って、人を怨まない。が我が後嗣の子孫に於いては、大いに克《よ》く上（天）、下（民）に恭しないで、吾家にある先人の恩恵を亡失するであろう」といっている。「天」と「民」とを相対立するものとして考えていて、天のみが絶対なのではない。それはつぎの「皐陶謨《こうえうぼ》」篇に、もっとはっきり明示する。

天の明威は我民の明威によって、上下に達す。敬せよ有土者よ。

天の明威は他の儒家のいう天命のことでよくわかるが、これは民の明威あってこそ、天命が降って王朝の交替がなされると周公は断言している。この民の明威を今から三〇〇〇年以前に、明確に把握しているところが周公の洞察の透徹の凄さである。

中国古代の革命思想　中国古代儒教の革命思想は他の儒教の古典にも説かれている。『周易』は『隋書』「経籍志」において、古典の筆頭にあげられている。『唐書』「芸文志」においても同様である。『藤氏家伝』上巻「大織冠伝」に「かつて群公子が、みな旻法師の堂にあつまって『周易』の講義を聴いていた。鎌足がおくれてやってきた。すると鞍作すなわち入鹿が起立して、たがいに礼をしてともに坐った。講義が終わって散会しようとしたとき、旻法師か鎌足に目くばせしてひきとめていうには、わが堂に入るもので、宗我《そが》の太郎《たろう》（入鹿）にまさる身分の者はいない。ただあなたは精神知識ふしぎな姿で、この人にまさっている。どうか深く自愛されよ」といった。この逸話は後人の誇張があるかもしれない。ここで問題は『周易』（『易経』）がテキストとして大化改新直前に飛鳥の青年貴公子らに読まれていたことである。『周易』は伝説的に周文王や周公のまた一部は孔子の作と信ぜられていたことは『隋書』「経籍志」にもしるされている。『周易』は卦爻の象《かたち》、すなわち天地宇宙の基本的要素の組み合わせの変化を察して、未来の禍福吉凶を卜占しようとする。あらかじめ未来の運命を知ることができると、これを人為的によい方に変化させようとする。これは人間の努力によって運命を変革すること、革命につながる思想といえよう。

鎌足は中臣氏で天地の祭をつかさどり、人と神との間を相和する神職の家柄であるが、その前姓は卜部《うらべ》であった。亀の甲や鹿の肩の骨を火で灼いて、そのひび割れ方によって将来を卜占し、神威を知ることが神職としての大きな任務であった。中国の卜占の古典『周易』を学ぶことは必然であった。そしてその学習で革命思想を知ったとしても不思議はない。

旻法師の堂にあつまった群公子のなかで、鎌足こそ卜占の古典『周易』をもっとも強くうけいれたであろう。

3 中央集権的統一国家の必要性と大化前代体制改革の理念

隋唐革命と東アジア　隋唐革命は単に中国内部の大動乱であるのみでなく、東方諸国に大きな圧力を加えた。

およそ中国大陸が強力な大帝国によって統一されると、必然的にその周辺の諸民族に対する征服戦が強行される。漢の武帝が遼東から、さらに朝鮮半島に大軍を送り、楽浪《らくろう》・玄菟《げんと》・臨屯《りんとん》・真番《しんばん》四郡を置いたのはその例である。隋の煬帝は大業七年（六一一、推古十九）に第一次の高句麗征討の大軍を起こし失敗したが、大業九年（六一三）第二次の高句麗征討の軍を起こし、さらに翌年、第三次の遠征軍を派遣し、高句麗を降服させている。こうした隋の強圧は百済・新羅はもとより、日本にもただちに知らされ、多大の恐怖をこれらの国々にひき起こした。わが留学生たちも情報をよこしたであろう。

もっとも隋自身にも損害は少なくなく、この三度の遠征と、六〇五年から着手した楊子江と黄河を結ぶ大運河「通済渠《つうさいきょ》」建設工事、さらに六〇八年に着工した黄河から北京に近い涿《たく》県に達する永済渠、のべ一五〇〇キロ、幅六〇メートルにおよぶ大工事は多大の資材と人民の労働力を酷使・消耗した。これが高句麗遠征とあいまって、人民の多大の反感を買い反乱が相次いで頻発し、隋を滅亡に追いこんだ。とくに大規模なものは楊玄感の反乱で、とどめを刺したのは李淵・李世民のそれで、長安をおとしいれ唐を建国したのである。

なお唐の時代になってからも大化改新の少し前から唐が朝鮮半島へ派兵する動きがでている。六四二年に百済の義慈王《ぎじおう》が大兵をもって、新羅西部の四〇余城を攻め取り、高句麗も共謀する動きがあった。新羅の善徳《ぜんとく》女王は唐の太宗に救援軍の派遣をもとめている（『三国史記』羅紀善徳女王）。

唐は貞観十八年（六四四）に閻立徳らに船四〇〇艘を造らせ、甲士一〇万人を召集し、太宗は親しく、これをひきいて高句麗に遠征した。なお別に張亮の水軍が七万人あった（『旧唐書』『唐会要』）。

こうした唐の東方に対する重圧は、日本の政府首脳に、わが国家の体制を中央集権的に統一し、かりにいざ唐軍来襲というばあいを想定して、国防体制を固める必要を痛感させたであろう。

こうした形勢は後に高宗時代にいたり、唐は新羅と共同して、六六三年に百済を、六六八年に高句麗を滅亡させてしまうという事実によって、明確に証明されるのである。

「天無二日、国無二王」　これに対して大化改新直前のわが国の体制はどのような欠陥をもつものとして、中大兄や鎌足らの当局者に自覚され、どのように改革すべきものと考えられていたか。『藤氏家伝』には「俄《にわ》かにして崗本《おかもと》天皇（舒明）崩じ、皇后（皇極）位に即し、王室衰微し、政《まつりごと》君よりせず、大臣（鎌足）竊《ひそ》かにこれを慷慨《こうがい》す」とのべている。王室の衰微は皇極天皇元年にはいって、蘇我大臣蝦夷が、己が祖廟を葛城の高宮に立てて、八佾《やつら》の儛《まい》をおこなったこと、すなわち中国では六四人の方形の群舞をおこなうことは天子の特権である。『論語』の「八佾」篇において、孔子は卿大夫の季子がこれをおこなって天子の特権を犯す僭越なふるまいをしたことを責めている。これは周の王室の衰微を示すものとして、孔子が嘆いているのである。

こうした嘆きを鎌足が発したとすれば、それは南淵請安に孔子の教を学んで知ったことによるものであろう。

また蘇我氏の僭権として、『日本書紀』皇極二年条には蝦夷・入鹿が、ことごとく国をあげて人民を徴発し、あわせて一八〇の部曲《かきべ》をおこして、自分たちが将来はいるべき双《ふた》つの墓を今来《いまき》に造らせた。一つを大陵《おおみささぎ》といって、大臣蝦夷の墓、一つを小陵といって入鹿の墓とした。

また上宮王家《じょうぐうおうけ》の乳部《みぶ》の民をあつめて、その墓を今来（御所市古瀬・水沢と吉野郡大淀町今木の境）につくるところに使役した。そこで上宮大娘姫王すなわち山背大兄王の妃、春米女王《つきしねのひめみこ》は憤《いきどお》って「蘇我の臣、専ら国の政をほしいままにして、多く無礼な行をなす。天に二つの日なく、国に二の王なし。何によりてか、意《こころ》のままに、悉くに（上宮王家に）封《よさ》せる民を使うや」といった。これより上宮王家は蘇我氏と恨をむすんで、ついにともに亡されることになったとしるしている。

「天に二日無く、国に二王なし」との思想は、聖徳太子の十七条憲法の第十二条に「国司、国造、百姓に斂《おさめ》とらざれ。国にこの君非ず。民に両の主無し。率土《くにのうち》の兆民《おおみたから》は、王を以て主とす。所任《よさせ》る官司《つかさみこともち》は、皆これ王の臣なり。何《いか》にぞ敢えて公と百姓に賦斂《おさめと》らん」とあるのと類似した思想である。もっとも、この条は「国司」という言葉があり、国司は大化改新ではじめて制定される官司であり、この条は後人の偽作ではないかと疑われている。

十七条憲法の第三条には類似の思想がある。

詔を承りては必ず謹め。君をば天とす。臣をば地とす。天は覆《おお》い、地は載《の》す。四時順《したが》い行いて、万気通うこと得。地・天を覆わんとするときは、壊《やぶ》るることを致さん。是を以て、君言《の》たまうことをば、臣承《うけたまわ》る。上行うときは下靡く。故、詔を承りては必ず慎《つつし》め。謹まずは自《おの》ずからに敗《やぶ》れなん。

このような君臣の秩序、王権の太陽あるいは天のごとく唯一絶対の思想は、中央集権的統一国家の思想的基礎として儒家思想が強調するところであった。儒教の古典『礼記《らいき》』の「曾子問」に「天無㆓二日㆒、国無㆓二王㆒」がみえている。大化前代に『礼記』は読まれていたであろう。

改新の眼目　これが入鹿暗殺より一一日後の大化改新の冒頭にあたる六四五年六月十九日乙卯（孝

徳即位前紀）に、孝徳天皇・皇祖母尊（皇極）、皇太子（中大兄）が群臣を飛鳥寺の西の大槻《おおつき》の樹下にあつめて盟《ちか》わせた段につぎのようにある。

天神地祇に告して曰く「天は覆い地は載す。帝道は唯一なり。而《しか》るを末代澆薄《うすら》ぎて、君臣序を失う。皇天《あめ》、手を我に仮《か》りて、暴逆を誅《ころ》し殄《た》てり。今共に心の血を瀝《した》ず、而して今より以後、君は二つの政無く、臣は朝《みかど》に弐《ふたごころ》あることなし。若しこの盟《ちかい》に弐《そむ》かば、天災《わざわい》し、地妖《わざわい》し、鬼誅《ころ》し人伐《うた》ん。皎《いちしる》きこと日月の如し」とまうす。

また孝徳紀大化二年三月二十日に名代部《なしろべ》・子代部《こしろべ》、屯倉《みやけ》などを廃止した条には、つぎのようにしるす。これらの廃止こそは改新政策の重要な眼目の一つであるだけに注意を要する。

皇太子（中大兄）使を使して奏《まう》請さしめて曰わく、「昔在《むかし》の天皇等《たち》の世には天下を混《まろか》し斉《ひとし》めて治めたまう。天皇我が皇《きみ》、万民を牧《やしな》うべき運《みよ》に属《あた》りて、天も人も合応《こた》えて、厥《そ》の政《まつりごと》惟れ新なり。この故に慶《よろこ》び尊《とうと》びて、頂に戴きて伏奏す。現為明神御八嶋国天皇《あきつみかみとやしまぐにしらすすめらみこと》、臣に問いて曰《いわ》く『其れ群《もろもろ》の臣・連《むらじ》及び伴造・国造の所有《たもて》る、昔在《むかし》の天皇の日に置ける子代入部《こしろのいりべ》、皇子等《みこたち》の私に有《たも》てる御名入部《みなのいりべ》、皇祖大兄の御名入部、彦人大兄を謂う。及びその屯倉《みやけ》、猶古代《むかし》の如くにして、置かんや否《いな》や』とのたまう。臣、即ち恭《つつし》みて詔する所を承りて、奉答《こたえ》て曰《もう》さく、『天に双《ふた》つの日無し。国に二《ふたつ》の王《きみ》無し。この故に、天下を兼《か》ね併《あわせ》て、万民を使いたまうべきところは、唯《ただ》天皇ならくのみ。別《こと》に入部及び所封《よさせ》る民を以って仕丁《つかえのよぼろ》に簡《えら》び充《あ》てんこと、前の処分《ことわり》に従わん。自余以外《これよりほか》は、私に駆役《つか》わんことを恐る。故、入部五百二十四口・屯倉一百八十一所を献る』とまうす」とのたまう。この条は大化改新を「厥《そ》の政惟《これ》新なり」と、「惟新」の字をあてていることを「慶《よろこ》び尊び」といっていることが注意される。

つぎに「臣・連・伴造・国造の所有＝私有する子代部《こしろべ》や名代部《なしろべ》すなわち天皇や皇子の名をつけた部曲《かきべ》や屯倉《みやけ》＝土地とその収穫物をいれる倉庫の附属した私有財産を廃止し、皇太子自らがその所有する屯倉一八〇所と、皇祖大兄すなわち中大兄皇太子にとっては祖父にあたる忍坂彦人大兄《おしさかひこひとおおえ》皇子の所有していた忍坂部＝刑部《おさかべ》が、父舒明天皇を通じて、中大兄に伝領されたもの五二四口の仕丁《しちょう》をだす、入部を奉った。

仕丁は大化前代には三〇戸に一口を出したが、改新後は五〇戸に一口をだすように改めたことが、大化二年正月の詔に定められた。今三〇戸に一口の仕丁とすれば、五二四口の仕丁をだす戸数は一万五七二〇戸という厖大な戸数となる。律令制がしかれてからは、皇太子すなわち東宮の湯沐邑《ゆのむら》＝封戸は二〇〇〇戸と定められているが（『延喜式《えんぎしき》』）、大化前代の皇太子の地位の強さがわかる。

さきに蘇我蝦夷・入鹿父子の墓を造るのに上宮大兄家の乳部《みぶ》（入部と同じ）が私に使役され、上宮王家の怒りを招いたことをみた。これに対して皇太子は「万民を使いたまうべきところは、唯天皇ならくのみ」と断言し、大臣といえども万民を私に使役できないといっている。ここに万民、すなわち国家の公民の思想が成立してきている。豪族私有の私民、部曲は存在しえないのである。その根底に

「天に双つの日なし、国に二王なし」の思想が存在している。聖徳太子の十七条憲法にすでにこの思想があったか否か「国司、国造」の用語法からうたがわれているが、大化改新には、この思想をぬきにしては改新を語れない。そして中大兄皇子や鎌足には明確にその思想が存した。そしてこれは『礼記《らいき》』や『論語』（孔子の教）に存し、それは請安や旻によって教育されたところであろう。上宮王家のごとき皇族の乳部を私に使役する蘇我氏には、その思想はなく、したがって改新を断行するためには、蘇我氏は改新の邪魔物として滅亡せしめ、排除されなくてはならなかった。

私地私民所有制の改革　広大な土地を占拠し、多数の人民を私有し、駆使したのは、蘇我氏のみではなく、すべての豪族がそうであった。これらの諸豪族の私地私民所有制を改革することが、改新政府の最重要政策である。それは孝徳紀大化元年十一月十九日甲申の条に、つぎのようにしるす。

使者を諸国に遣して民の元数《おおかず》を録《しる》す。

すなわち公地公民制の前提となる戸籍作成の基礎条件をととのえた。そのつぎに有名な詔がくる。

仍《よ》りて、詔して曰《のたま》わく「古より以降、天皇の時毎《みよごと》に、代《しろ》の民を置き標《あらわ》して、名を後に垂る。其《そ》れ臣・連等、伴造・国造、各《おのおの》己が民を置きて、情《こころ》の恣《ほしきまま》に駆使《つか》う、又、国県の山海・林野・池田を割《さきと》りて、己が財《たから》として、争い戦うこと已《や》まず。或は数万頃《あまたよろずしろ》の田を兼《か》ね并《あわ》す。或は全《もっぱ》ら容針少《はりさすばかりの》地《ところ》も無し。調賦《みつぎ》進《たてまつ》る時に、その臣連・伴造等、先ず自ら収め斂《と》りて、然る後に分《わか》ち進《たてまつ》る。宮殿《おおみや》を修治《つくり》、園陵《みささぎ》を築造《つく》るに、各己《おの》が民を率て、事に随いて作れり、易《えき》に曰《い》えらく、『上を損《おと》して、下を益す。節《したが》うに制度《のり》を以《も》ってして、財を傷《やぶ》らざれ。民を害《そこな》わざれ』といえり。方《まき》に今、百姓猶乏し。而るを勢有る者は、水陸《たはたけ》を分け割《さ》きて、私の地とし、百姓に売《う》り与《あた》えて、年《としごと》に其の価を索《こ》う。今より地《ところ》を売ること得じ。妄《みだり》に主《あるじ》と作《な》りて、劣《つたな》く弱《よわ》きを兼《か》ね并《あわ》すこと勿《まな》」とのたまう。百姓、大きに悦《よろこ》ぶ、と。

右の詔の中で「或は数万頃の田を兼ね并す。或は全ら容針少地も無し」と大土地所有者の豪族と一般人民の貧富の差を指摘した条はとくに有名でその矛盾弊害を改め、私地私民制を公地公民制に断行しようとした改新政策は、日本近代の社会主義者たちに仰ぎ尊ばれたところである。

勢有る者が、水陸をわけて私の地とし、乏しい百姓に売り与えて、年にその価を索うたとは、大土地所有者が貧農に年ごとに地を賃租し貸し与えて小作させ、年貢（地子という）を取り立てることを意味している。

大豪族の所領規模　なお勢力のある豪族が数万頃の田を兼併したという頃《しろ》は代とも書き、五十代（頃）が一段にあたる。五八七年七月に蘇我馬子らを中心とする諸豪族の連合軍に攻められて亡んだ物部守屋の資財を代を以って表現した数字が『荒陵寺《あらはかでら》（四天王寺をさす）御手印縁起《ごしゅいんえんぎ》』（『続群書類従』二七および大日本仏教全書・寺誌叢書）また『聖徳太子平氏伝』所引『本願縁起』にみえている。『日本書紀』には「乱を平《しず》めて後に、摂津国にして四天王寺を造る。大連の奴《やっこ》の半《なかば》と宅《いえ》とを分けて、大寺の奴・田《た》荘《どころ》とす。田一万頃《よろずしろ》（代）を、以って、迹見首《とみのおびと》赤檮《いちい》（物部守屋を射殺した功労者）に賜《たま》う」とみえるのみで、守屋の資財の数字はみえない。

『荒陵寺御手印縁起』はその文章や用語法から、平安時代、それも中期ごろの成立の疑いがかけられている。また四天王寺の建立を聖徳太子の薨去後、その追福のために建立されたとの田村円澄氏の説もある。

しかし守屋の所領は大化前代にもちいられた代で表示されていて、その地名も守屋の渋川（八尾市）を中心とした河内・摂津の地名にあてることができ、おおむねその規模も妥当である。すなわちつぎのようである（原漢文）。

丁未歳（用明二年）を以って始めて、玉造の岸上に建つ。（四天王寺を）癸丑歳（推古元年）を以って、壊《こぼ》ちて荒陵《あらはか》の東に移す。大連の子孫、従類二七三人を永く奴婢と為す。没官所領田園一八万六八五〇代、永く寺財と定め畢《おわ》んぬ。河内国弓削《ゆげ》、鞍作《くらつくり》、祖父《おじ》（一本母に作る）間、衣摺《きずり》、蛇草《はぐさ》、足代《あじろ》、御立《みたち》、葦原《あしわら》等、八箇所地、都《す》べて集めて二〇万四六四〇代なり。摂津国於勢《おせ》、横《よこ》（一本模に作る）江《え》、鵄《とび》（一本鵈に作る）田《た》、熊凝《くまごり》等の散地なり。都《す》べて集めて五万八二五〇代。居宅三ヵ所并資財等、悉《ことごと》く寺分に計《はか》り納《おさ》む。

五〇代を一段とすると、①没官所領は三七三町七段、②八ヵ所の河内国の土地は四〇九町二段二八八歩、③摂津の四ヵ所の土地は一一六町五段となる。寺の財と記されたのは①と③で、その合計は四九〇町二段となる。②から①をのぞいた三五町五段二八八歩は、寺にはいらなかったことになる。迹見首赤檮の与えられた一万頃（代）もすなわち二〇町歩は、ここからだされたのであろうか。

この数字から考えると、少なくとも物部本宗家守屋の所有地は、②と③の合計五二五町七段、それを二七三人の奴婢をもって耕作させていたことがわかる。そして『日本書紀』がいうように、守屋の資財の半分を四天王寺に施入したのであるならば、『荒陵寺御手印縁起』がしるす寺の財とした①と③を倍にしなければならないことになるが、②の河内の八ヵ所、③の摂津の四ヵ所の土地を「都べて集めて」とあるから、守屋の土地、物部本宗家の田荘が五二五町余というのは、ほぼ妥当な数字といってよいのではあるまいか。

したがって物部氏と対抗した蘇我本宗家の所領田荘も、あるいは物部本宗家をうわまわるかもしれないが、非常なへだたりがあるわけではなかろう。

なお孝謙天皇の天平勝宝元年（七四九）七月十三日に諸寺の墾田地の限を定めているが、四天王寺は法隆寺や弘福寺《ぐふくじ》と同じ五〇〇町であるのも前記の四〇九町余からみて妥当な数字である。これに対して蘇我氏の氏寺というべき元興寺《がんごうじ》（飛鳥寺・法興寺）は、推古天皇など皇室の援助も大きいから、蘇我氏のみの力で造られたといえないが、二〇〇〇戸という制限である。『元興寺伽藍縁起幷流記資財帳』は天平十九年（七四七）の作成にかかるもので、蘇我本宗家滅亡後一〇〇年余のものである。これに、寺田は通分水田四五三町七段三四三歩、定田四三八町三四三歩、未定五町三反とあり、奴婢は合賎口一七一三人としるされている。

蘇我本宗家や物部本宗家の大化前代の勢力と考えるには、その所有する部民である蘇我部や物部などの部民の数や分布を考えねばならないが、ここにはふれない。

4 蘇我本宗家の支配体制と戦力

本宗家の戦力 蘇我蝦夷・入鹿父子らは他の貴族・豪族の敵意、嫉視を感じていたのであろうか、その家や身辺の警戒をしていた。皇極紀三年十一月条にはつぎの記事がある。

蘇我大臣蝦夷・児入鹿臣、家を甘檮岡《うまかしのおか》に雙《なら》べ起《た》つ。大臣の家を呼びて、上の宮門《みかど》と曰《い》う。入鹿が家をば、谷《はざま》の宮門と曰う。男女《おのこめのこ》を呼びて王子《みこ》と曰《い》う。

この記事などは、彼らが皇室を僭称している態度として、中大兄皇子・鎌足らを憤らせた原因の一つであろう。つづいてつぎの記事がある。

家の外に城柵《きかき》を作り、門の傍に兵庫《つわものぐら》を作る。門毎に、水盛る舟一つ、木鉤《きかぎ》数十を置きて、火の災に備う。恒《つね》に力人《ちからひと》をして兵《つわもの》を持ちて家を守らしむ。大臣、長直《ながのあたい》をして、大丹《おおに》穂山《ほのやま》に桙削《ほこぬき》寺を造らしむ。更《また》家を畝傍《うねび》山の東に起つ。池を穿《ほ》りて城とせり。庫《つわものぐら》を起てて箭《や》を儲《つ》む。恒に五十の兵士を将《い》て、身に繞《めぐ》らして出入す。健人《ちからひと》を名づけて、東方《あずま》の儐従者《しとべ》と曰《い》う。氏氏の人等、入りて其の門に侍《はべ》り。名づけて祖子孺者《おやこのわらわ》と曰う。漢直《あやあたい》等、全《もっぱ》ら二つの門に侍り。

この文章をみると、甘檮岡の蘇我本宗家の家は城のような構えで、柵をめぐらし、門には戦火に備えて木鉤すなわち鳶口のようなものを数十本おき、門の傍らに武器庫を作って矢をたくわえ、畝傍山の東方の家は池をほって、後世の城の濠にあたる防禦施設としていた。大丹穂山は今の明日香村の東南部の奥地にある式内社栢森神社《かやのもりじんじゃ》のある場所の少し東南部の高地だが、そこに造られた桙削《ほこぬき》寺も、寺ではあっても、いざというときに城としえるものらしい。寺の桙削というのも武器である桙《ほこ》を製造する意味である。

つねに出入に五〇人の兵士を護衛にめぐらし、その称呼が東方儐従者というが、東国人は勇猛をもって知られ、「額には箭《や》を立つとも背《そびら》には立てじ」（『続日本紀』神護景雲三十年詔）といわれ、また「東男は出でむかし、かえりみせずて、いさみたる猛き軍《いく》卒さと」（『万葉集』二〇、四三三一）といわれていた。東人のなかでも、私は蝦夷をもちいたかもしれないと、大臣蝦夷の名前から想像する。むろん蝦夷の俘囚は佐伯部といわれ、大伴氏に属する佐伯連氏がこれを率いたのが、古代の通例である。しかし雄略紀二十三年条に、吉備臣尾代が五〇〇人の蝦夷をひきいている例もあるように、佐伯氏以外でも蝦夷を部下としえたであろう。大臣蝦夷が何故エミシを名としたか、むろんその勇猛さにあやかってつけたかと思われる。

夷《えみし》を一人《ひとり》　百《もも》な人　人は云えども　抵抗《たむかい》もせず（神武紀歌謡）

とあるように、蝦夷は一人で一〇〇人にあたる強さといわれたのである。

桙削寺を造る命を受けた長直は、斉明紀五年七月条に引く「伊吉連博徳《いきのむらじはかとこ》の書」にみえる遣唐使の一員、東漢長直阿利麻《やまとのあやのながのあたいありま》の同族であろう。

蝦夷・入鹿の家の二つの門に侍ったという漢直《あやのあたい》らも同族である。入鹿が暗殺されたのちに、入鹿鞍作臣の屍を大臣蝦夷に賜わしめると、ここに漢直等が、眷属《やから》を総《す》べ聚《あつ》め、甲を擐《き》、兵《つわもの》をもちて、大臣を助けて軍陣を処《お》き設けんとした。中大兄は将軍巨勢徳陀臣《とこだのおみ》を使わして、天地ひらけて以来の君臣の秩序を賊党に説かせ、赴くところを知らしめた。ここに高向臣国押《くにおし》が、漢直らに謂《か》たって「吾らは君太郎（入鹿）によって戮《ころ》されるであろう。大臣（蝦夷）も今日明日に、たちどころに誅《こ》ろされるのは決《き》まっている。しからば誰のために空しく戦って、ことごとく刑《つみ》されるのか」といって剣を解き弓を投げ捨てて去った。

高向臣国押は、大化改新の国博士となった高向漢人玄理の一族で、やはり渡来系の氏族である。東漢直と高向漢人は同族ではないかもしれない。高向臣は孝元紀に蘇我石川宿禰を祖としているように書かれているので、蘇我本宗家と同族で、古来の日本人のようにみえるが、玄理が漢人とされているので、渡来系かと疑われる。そもそも蘇我本宗家が百済系の渡来人という説が、かなり多くの学者によって唱えられている。ここには考説しないが、蘇我本宗家が東漢直、または漢直といわれる渡来系氏族を非常に多く使用し、またその武力爪牙としたことは疑いない。

本宗家と東漢氏　蘇我馬子が、崇峻天皇を東漢直駒《あたいこま》に暗殺させたことは、今さらいうまでもない。蘇我氏は『古語拾遺』にみえるように履中朝に三韓の貢をいれるため斎蔵の傍らに内蔵を建て、阿知《あちの》使主《おみ》（東漢直祖《やまとのあや》）と百済博士王仁（西文部祖《かわちのあや》）にその出納をさせ、その後諸国の貢調がみち溢れるので、大蔵を立て、蘇我麻智宿禰《すくね》に三蔵を検校させた。秦氏がその物の出納をし、東西文氏にその簿を録さしめたとあり、蘇我氏は書算ができる渡来人を部下にもちいた。これらは伝説ではあっても大要はそのとおりであったであろう。

『続日本紀』宝亀三年（七七二）四月条に坂上大忌寸苅田麻呂らが上言して、「檜前忌寸《ひのくまいみき》を以て大和国高市郡司に任ずる元由は、先祖の阿知使主が応神天皇の御世に一七県の人夫をひきいて帰化したので、詔して、高市郡檜前村《ひのくまむら》に居らしめた、およそ高市郡内は、檜前忌寸および一七県の人夫が地に満ちて居り、他姓の者は一〇にして一二なり」といっている。高市郡は今日の明日香村で、飛鳥京時代から藤原京時代の帝都の地であって、その人口の八、九割を占めるのは、宮廷の書記官の大部分を占めたことになる。むろん他姓の者は一〇にして一、二には誇張もあるかもしれないが、蘇我本宗家が大臣として、これら東漢直を手足のごとく使用しえたことは、その勢力がほかの貴豪族を十分に圧しえたことを物語る。

天平十二年（七四〇）九月に藤原広嗣が九州で叛乱を起こし兵をあげたとき、十月に聖武天皇は東国へ行幸した。その護衛に藤原仲麻呂と紀麻呂が前・後騎兵大将軍に任ぜられたが、兵力は騎兵、東西史《ふひ》部《とべ》、秦忌寸《はたのいみき》ら惣じて四〇〇人としるされていて、東漢直をふくむ渡来人が主であることが注目される。

また天平宝字八年（七六四）九月に藤原仲麻呂が叛乱を起こしたさいに、内裏《だいり》に宿衛して賊と戦ったのが渡来系氏族であった。『続日本紀』天平神護元年（七六六）二月二日条に「この日、賊とあい戦い及び内裏に宿衛する檜前忌寸二三六人、北門を守衛する秦忌寸三一人に、爵人ごとに一級を賜わ」っている。

渡来系以外の氏族が、宿守衛していないことが不思議なくらいであるが、飛鳥時代に都のある地方の大部分の人口を占めた五・六世紀以来、こうした首都・内裏の警備が、八世紀にはいってもこれらの氏族の任務とされていたのであろう。早くから朝廷の蔵をあずかり、その出納や記帳を指揮した蘇我氏が、東漢直氏を爪牙としたのも当然である。しかしつぎの天武天皇の詔は注意される。天武紀六年六月に、東漢直らに詔して曰わく「汝等の党族《やから》、本より七つの不可《あしきこと》を犯せり。是を以て小墾田《おはりだ》の御代（推古天皇）より、近江の朝《みかど》（天智天皇）に至るまでに、常に汝等を謀《はか》るを以って事《わざ》とす。今、朕《わ》が世に当りて、汝等の不《あ》可しき状《かたち》を責《せ》めて、犯《おかし》の随《まま》に罪すべし。然れども頓《ひたぶる》に漢直《あやのあたい》の氏を絶《た》さまく欲せず。故《かれ》、大きなる恩《めぐみ》を降《くだ》して原《ゆる》したまう。今より以後、若し犯す者有らば、必ず赦さざる例《かぎり》に入れん」とのたまう。

東漢直氏のものは、宮廷の中下級官僚として、多数を占め、文官としても武官としても、他氏族を圧していた。それだけに多数をたのみ、政務の裏に通じているだけに特権をもって汚職なども犯したことが少なくなかったにちがいない。蘇我本宗家は、この東漢直を腹心爪牙としただけに、権力をふるい利益を得ることが多大であったろう。それがかえって他の貴豪族から憎まれることになったにちがいない。

5　大化改新と法治主義および人材登用

成文法の必要性　大化前代に知られた成文法は聖徳太子の十七条憲法があるにすぎない。前節に蘇我本宗家が歴代大臣として東漢直を使役した官司制は公正な成文法にもとづくことが少なく、情実に偏するおそれがあったであろうと推測した。

官司機構が複雑となり、巨大化すれば、公正な政治運営のために、成文法はどうしても必要となる。また官吏も世襲で同じ官職を勤めれば沈滞し、陳腐化する。やはり賢才人材の登用をはからねば、人心は萎微する。

推古三十一年（六二三）七月に唐へ派遣されていた学問僧、恵斉《えさい》・恵光《えこう》および医《くすし》恵日《えにち》・福因《ふくいん》らが帰朝した。彼らは奏聞《そうもん》して「唐国に留《とど》まる学者、皆学《まな》びて業を成しつ。喚《め》すべし。またその大唐国は、法《のり》式備《そなわ》り定《さだま》れる珍《たから》の国なり。常に達《かよ》うべし」といっている。

この「法式備り定れる」という点が、わが留学生たちのもっとも強く印象づけられた点であった。

推古三十一年は唐高祖の武徳六年にあたる。翌七年（六二四）に、唐は最初の律令である、律一二巻、令三一巻を完成し頒布した。だから帰朝した恵日らは、この武徳律令の完成した姿はみていないが、おそらくその編纂進行の過程や、ある程度の内容は知っていたにちがいない。舒明四年（貞観六、六三二）に帰朝した僧旻《みん》、霊雲《りょううん》、勝鳥養《すぐりのとりかい》らはむろん完成した武徳令を知っていたにちがいない。

『藤氏家伝』上巻「大織冠伝」には、鎌足が法律に通じていたことをつぎのようにしるす。

此より先、帝、大臣（鎌足）をして礼儀を選述し、律令を刊定せしめ、天人の性に通じ、朝廷の訓《おしえ》を作らしむ。大臣、時の賢人と旧章を損益し、略《ほぼ》条例を為す。一に敬愛の道を崇《たか》め、同じく奸邪の路を止《とど》む。理は折獄を慎み、徳は好生に洽《あまね》し。周の三典、漢の九篇に至りても、以って加うることなし。

周の三典とは『礼記』『周礼』『儀礼』である。周時代の官職制度をしるした『周礼』や天子諸侯の日常行動・政治・祭祀儀礼・軍事から道徳までの規範を定めた『礼記』、また士から庶人にいたるまでの祭祀・行動・道徳・習慣を規定した『儀礼』はわが律令時代の大学でも教科書として尊重されたが、中国古代の礼は人事百般の行為・風習をふくむ社会制度全般をさすことがわかる。

漢の九篇とは『九章律』ともいい、漢初に高祖が三章の法を定めたが、のち蕭何《しょうが》が時宜に適するものを取って九章を作った。それは戦国時代の李悝《りわい》の法経六法、すなわち盗法・賊法・囚法・捕法・雑法・具法に戸律・興律・廏律の三篇を加えたものである。いうなれば、周の三典は後代の令の起源、漢の九篇は律の起源先行をなすといえよう。

むろん「大織冠伝」の記事は、筆者の藤原仲麻呂が祖先の鎌足を美化し、ほめすぎである。仲麻呂が藤原氏の安泰をはかり、自己の地位を強化するために作った誇張の文章である。

近江令の制定　しかし「近江令」の制定を疑う学者（たとえば青木和夫氏）もいるが、実際に成立していたのではないか。『類聚三代格』にのせる「弘仁格」の序に、藤原冬嗣（七七五〜八二六）が「天智天皇元年、令廿二巻を制す。世人所謂《いわゆる》近江朝庭之令也」としるしたように「世人所謂」の語には、近江令の存在は平安初期の社会の常識となっていたと思われる。

天智紀十年正月条に、大友皇子を太政大臣としたという太政大臣初見記事は、太政官制の職員令（官員令）の先駆的な令のあったことを示す。蘇我赤兄臣《あかえのおみ》を左大臣、中臣金連《かねのむらじ》を右大臣に、蘇我果安《はたやす》臣《のおみ》・巨《こ》勢人臣《せのひとのおみ》・紀大人臣《きのうしのおみ》を御史《ぎょし》大夫《たいふ》としている。御史大夫はのちの大宝令制では大納《だいな》言《ごん》となる。これは近江令独自の官制とすべきである。この月に大錦下《だいきんげ》を授けられた沙宅紹明《さたくしょうみょう》は法官大輔と注がある。法官は後の令制では式部省となる。『日本書紀』朱鳥元年（六八六）九月条に、天武天皇の殯宮《もがりのみや》儀礼に誄《しのびごと》をたてまつった官司の名に、太政官・法官・理官（令制の治部省）、兵政官（兵部省）、刑官（刑部省）、民官（民部省）などがみえ、これらも近江令において定められたものではないかとされている。

鎌足は天智十年正月に先立つ一年二ヵ月前の六六九年十月に死んでいるので、その制定に参加したか否かが疑われよう。しかし二二巻もあるような法の制定は、長期間それも一〇年以上を要するであろう。天智二年（六六三）に百済から亡命してきた人びとの参加も考えられるが、斉明七年（六六一）に帰朝した遣唐使伊《い》吉連博徳《きのむらじはかとこ》らのもたらした唐の最新知識のある人びとが法典編纂に参加したことも考えられる。

唐は前記の武徳律令以後、太宗の「貞観律令」が貞観十一年（六三七）に、高宗の永徽二年（六五一）に「永徽律令」が頒行されている。

改新詔の真偽　大化改新の政策をのべた数次にわたる詔勅は、その真偽を疑う学者が少なくない。とくに重要な大化二年正月の詔に「凡《おおよ》そ郡は四十里を以って大郡とし」以下郡の「大領」「少領」などの職名は、平城京址・藤原京址・飛鳥京址などから出土する木簡によって、「郡」は大宝元年以後の木簡にみられ、それ以前は「評」であり、「大領」「少領」は「評督」「助督」であることが明らかとなった。

問題は後代に使用した語がふくまれる詔の全部を偽作とするか、それとも詔中で後代になって廃された官職の文字を、『日本書紀』の編者が、編纂当時（養老四年ころ）の官職名に書きかえた、部分的改竄か否かである。

このことは『日本書紀』や「大織冠伝」に鎌足が死の前日に「藤原朝臣」の姓を賜った記事がある。朝臣は天武十三年（六八五）制定八色《やくさ》の姓の第二位にあたり、それ以前にはありえない。後人が「藤原連」と古記録に記されているのに異和感を覚えて訂正したのであろう。「大織冠伝」に内大臣に任じたとあるのも、本来鎌足は「内臣」であった。「内大臣」は奈良時代後期まではない。これも後人が部分的に作為改竄したものであろう。

大化改新の詔勅に記された諸政策は大化元年八月に東国国司に下した詔のようにきわめて成文法的

で「男女之法」「奴婢法」「良人法」など法の語がみえる。二年正月詔にも「戸籍」「計帳」「班田収授之法」のような語がみえる。これらも「大宝令」制定以後に偽作されたようにいわれている。班田収授法こそ改新政策中、最重要政策である。これこそが、私地私有制を改めた土地公有制、公地公民制の中心である。しかしその実施はおそらく長年月を要したであろう。

その実施の基礎は戸籍と計帳である。全国で、おそらく五〇〇万人以上と推定（沢田吾一『奈良朝時代民政経済の数的研究』）される人口を調査し、台帳を作るのは一朝一夕のことではない。天智九年（六七〇）に完成した「庚午年籍《こうごねんじゃく》」こそは大化改新で、戸籍を作ることを定め、宣言してのち、実に四分の一世紀後にようやく完成したものであろう。唐の律令を学ぶ意気込みではじめた律令制定も、「近江令」「飛鳥浄御原令」をへて、大宝元年（七〇一）、改新後、五五年目に完成したといえよう。

これは明治維新をみてもわかる。内閣官制が明治十八年（一八八五）、憲法が同二十二年（一八八九）、帝国議会が同二十三年（一八九〇）である。明治六年（一八七三）にフランスから法案制定のために招かれて来朝したボアソナード博士が、一六年かかって作った民法典草案が、ちょうど二十二、三年ごろに「民法出でて忠孝亡ぶ」と民法典論争において、大反対をうけて廃案とされ、悄然とフランスへ帰国し、新しい民法が作られたのは、さらに数年後である。

改新の中心人物の鎌足は法律の性格をもった政策を実施しようとし、また成文法を制定しようとし、途中で亡くなったが、その志はその子不比等《ふひと》によってつがれ、不比等こそは「大宝律令」その改訂版

「養老律令」編纂の中心人物であった。

鎌足の賢才登用思想　つぎに鎌足の賢才登用思想を考えてみよう。『藤氏家伝』「大織冠伝」に「幼年より学を好み、博く書伝に渉《わた》り、毎《つね》に太公の『六韜《りくとう》』を読む」とある。『六韜』は周の文王の兵学の師太公望呂尚《たいこうぼうろしょう》の著した兵学書といわれているが、文章と内容は先秦の書ではなく、魏晋以後、六朝時代の偽作書であろう。『隋書』「経籍志」にのっているから、隋以前の著作である。前半の「文韜」「武韜」は兵学というよりは政治学・政略の書であり、後半の竜・虎・豹・犬の各韜は戦術を説く。文章はきわめて明快で読みやすく、秦漢の古雅な文章とは異なる。政治学の書としては、君は上古の聖賢を学び、ひろく賢才を求め、登用すべきことを熱心に説く。賢才登用は中国の魏晋六朝の風潮である。

魏の文帝曹丕《そうひ》は、九品中正制度を制定し、人材の抜擢・登用をはかったが、豪族の勢力が強く、六朝時代には公正に実行されなかった。しかし賢才をもとめる風があった。

後魏の孝文帝（四七一〜九九）が有司に対して、南朝では家格の高下と官職の間に密接な関係があって整然たる秩序の保たれていることを讃美した所、李仲・李彪・韓顕宗等の漢人臣僚はみな反対して、賢才主義こそ取るべきで門望などは重視すべきではないと主張した。其処で帝は、特別の才能ある者は自然人にも知られて登用されるし、朕もそうした逸材があれば家格によらずして任用する積りである。然しさもない多くの人間に就いて言えば、家柄が高く、家風が厳正な程徳行が純篤なものである。従って朕は矢張り門望を重視する考えである」と言った……。（浜口重国

『秦漢隋唐史の研究』下、八六三頁）

六朝時代はこのように門閥主義をまぬがれなかったが、隋代に入ると、開皇十五年（五九五）九品中正制度を廃し、それに代り進士科の試験制度を定め、詩賦・策論の試験を課した。これは科挙《かきょ》制度が形式を整備したはじめである。家柄の上下にこだわらず実才実施の士を試験し、合格者に国家の官たるべき資格を与えようとした（浜口重国、前掲書、八七一頁）。五九五年は十七条憲法ので る九年前である。十七条憲法の第七条に「其れ賢哲官に任《よさ》すときは頌《ほ》むる音《こえ》則ち起る。世に生れながら知るひと少し。剋《よ》く念《おも》いて聖と作《な》る。事に大きなり少《いさきけ》き無く、人を得て必ず治らむ。時に急《と》き緩《おそ》き無し。賢に遇いて自ずから寛《ゆるやか》なり。此に因《よ》りて国家永久にして、社稷《くに》危《あやう》からず。故、古の聖王、官の為に人を求めて、人の為に官を求めず」。

憲法第十四条にも賢人尊重思想がある。賢才の養成には学校が必要である。『懐風藻』は近江朝を讃美する思想が濃いが、その序文に天智朝に庠序《しょうじょ》（学校）を建て茂《しげれ》る才を徴《め》したとしるす。大化前代の門閥偏重、豪族権門が幅をきかせた時代に代わって、大化改新、律令制度においては人材登用、賢才尊重の風潮がはじまった。こうした理想を貫こうとすれば、門閥・豪族の代表である蘇我本宗家を打倒せざるをえなかったのである。

八　壬申の乱と蘇我氏

倉本一宏

1　大化改新後の蘇我氏

マエツキミ氏としての蘇我氏　六世紀前半の欽明朝、王権の分裂、朝鮮半島経営の危機という内外の「非常時」に対処するため、大臣（オオマエツキミ）のもとで大和王権の国政を審議し、大王に侍奉する官人層として、マエツキミ（卿・大夫・臣）と呼ばれる職位が成立し、畿内有力豪族の代表がこれに任じられた。欽明朝から崇峻朝までは、だいたい一〇あまりの氏族からそれぞれ一人ずつの代表がでて、合議体を構成していた。これは大臣をだしていた蘇我氏でも同様であって、大臣以外には一人もマエツキミとしての活動をうかがわせる官人はみえず、また蘇我氏の同族も欽明朝に河辺氏が一人みえるのみであり、それはまさに氏族合議体の名にふさわしい構成であった。

ところが、推古朝を境にマエツキミ会議の構成は一変した。蘇我氏からは大臣馬子のほかに蝦夷と倉麻呂が参加し、しかも蘇我氏から枝分かれした河辺・境部・田中・波多・近江・高向《たかむこ》・小墾田《おはりだ》・桜井という氏族がそれぞれの代表を送り込むことによって、蘇我系官人はマエツキミ会議を構成する二七氏三七人のうち、九氏一二人を占めるにいたった。大王家との姻戚関係による強いミウチ的結合を完成させた蘇我氏は、推古（母は稲目娘の堅塩媛《きたしひめ》）、厩戸《うまやど》（父は堅塩媛所生の用明、母は稲目娘小姉君《おあねのきみ》所生の穴穂部間人皇女《あなほべはしひとのひめみこ》、妃は馬子娘の刀自古郎女《とじこのいらつめ》）、馬子の三者を権力の中核とし、マエツキミ会議に同族の官人を大量に送り込み、本宗家は大臣として会議を領導することによって、緊迫する東アジア情勢に対処すべき権力集中をはたしたのである。

そしてこの構成は、乙巳《いっし》の変以後にも変わるところはなかった。変後の孝徳朝にみえる二一氏三三人のマエツキミのうち、蘇我系官人は七氏九人を占めているのである。蘇我氏は馬子の世代以来いくつもの家や枝氏に分裂し、蘇我蝦夷と境部摩理勢《まりせ》の抗争にみられるようにそれぞれが独立性を有していたのであるが、本宗家の蝦夷・入鹿がそれらを糾合して一つの政治権力にまとめようとしたところに蘇我氏の内部矛盾があったのであり、乙巳の変も蘇我氏内部からみた場合、本宗家対他家の権力抗争として捉えることができるのである。クーデターで倒されたのは本宗家嫡子の入鹿ただ一人であり、それに殉じたのも本宗家の蝦夷のみであった一方、他の家や枝氏はいずれも改新政府に重用された。後述するように石川麻呂はクーデターの中心勢力に参画して改新政府の右大臣に任じられ、大化二年（六四六）に東国八道に派遣された国司も、八人の長官のうちの二人は蘇我系官人であった。

これらのうち、とくに蝦夷の弟、倉麻呂の子（つまり入鹿の従兄弟）である石川麻呂・日向《ひむか》・連子《むらじこ》・赤兄《あかえ》・果安《はたやす》の兄弟は、いずれも七世紀後半の宮廷史を陰に陽に彩ったのであるが、以後の記述は、これらの兄弟を軸として律令制成立期の政治史を描いていく。

蘇我氏と大王家の姻戚関係　大化前代の蘇我氏は、大王家と重層的な姻戚関係をむすぶことによって大王家の母系氏族となった。乙巳の変の後も蘇我氏全体としては官人としての地位を低下させたわけではなかったことはさきにのべたとおりであるが、大王家と姻戚関係をむすんで大王のミウチとなるという政略もまた、変後の蘇我氏にうけつがれた。蘇我氏はその娘をつぎつぎと諸皇子に入れ、大王家とのミウチ関係を再構築したのである（第42図参照）。

まず、入鹿討滅のクーデターを計画した中臣鎌足は、蘇我倉山田石川麻呂の長女を中大兄皇子の「妃」に入れて、石川麻呂をクーデター勢力にひきいれようとしたが、婚姻の日にその娘は「族」（石川麻呂の弟の日向か）に偷《ぬす》まれてしまった。この事件はたんなる情痴事件として捉えられるものではなく、おのおのの家に分裂していた蘇我氏内部の抗争をここに読みとるべきであろうが、けっきょく次女の遠智娘《おちのいらつめ》が皇子の妃となり、大田皇女・鸕野皇女《うののひめみこ》・建皇子《たけるのみこ》の三人を生んだ。

また、おそらく変の後であろうと思われるが、石川麻呂の娘乳娘《ちのいらつめ》が孝徳の「妃」にはいった。こうして孝徳の後宮は、中大兄の同母妹の間人皇女《はしひとのひめみこ》が「皇后」に、左大臣阿倍内麻呂の娘と右大臣石川麻呂の娘が「妃」にならびたつという、まさに権力の均衡のうえに成立した。

第42図　蘇我氏と大王家の姻戚関係

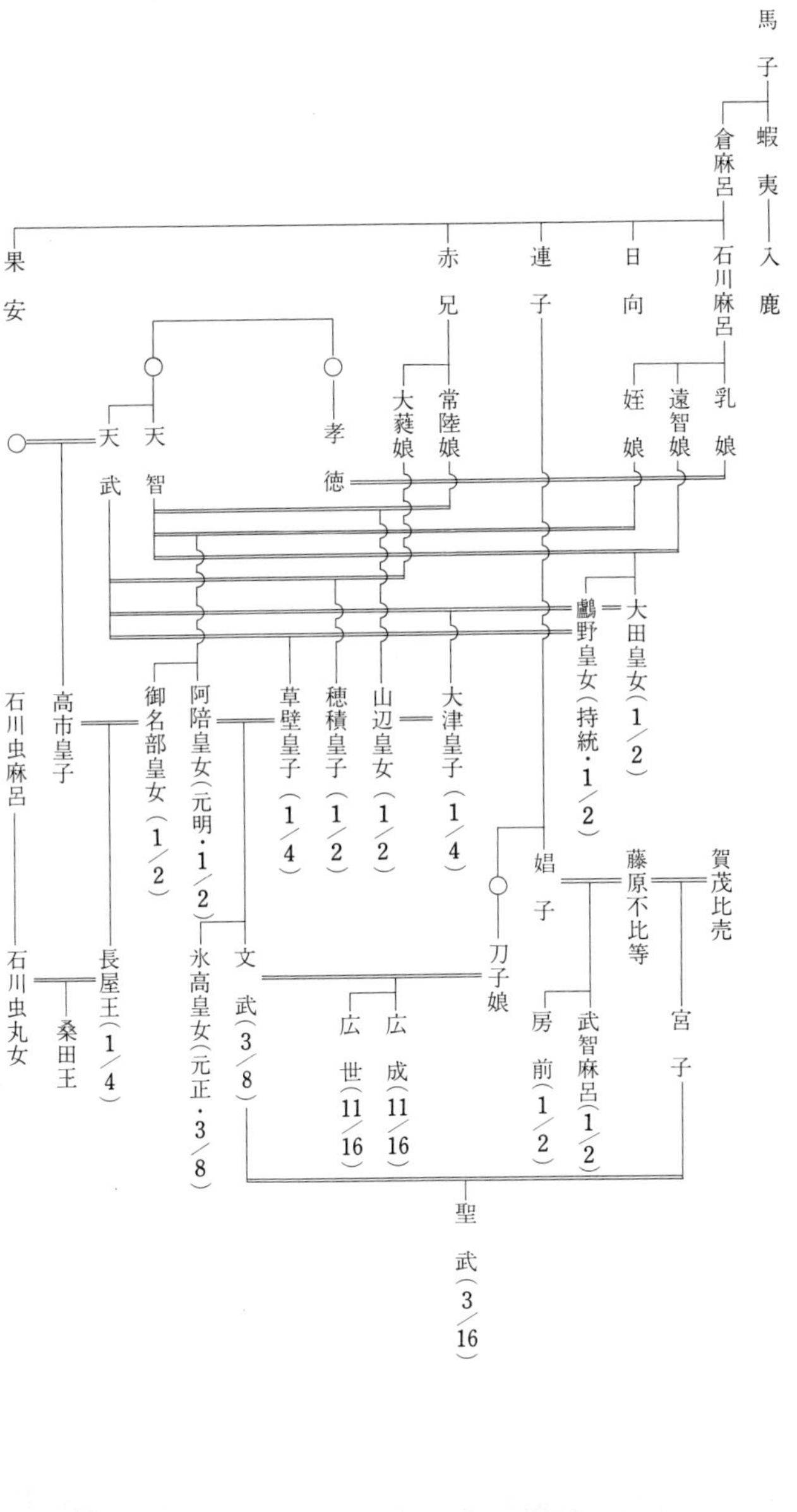

註　（　）内は大化以降の蘇我氏濃度

つぎに、中大兄皇子には、さきの遠智娘のほかに、妹の姪娘《めいのいらつめ》がはいり、御名部皇女《みなべのひめみこ》・阿陪皇女《あべのひめみこ》を生んだ。また、赤兄の娘の常陸娘《ひたちのいらつめ》も皇子の「嬪《みめ》」となり、山辺皇女《やまのべのひめみこ》を生んだ。天智の後宮は、古人大兄皇子《ふるひとのおおえのみこ》の娘の倭姫王《やまとのひめおおきみ》が「皇后」に、石川麻呂の娘である遠智娘と姪娘、赤兄の娘の常陸娘、阿倍内麻呂の娘の橘娘が「嬪」という構成であり、ほかに身分の低い官人の娘である宮人数人がいた。さらに、大海人皇子《おおあまのみこ》の「妃」として、赤兄の娘の大蕤娘《おおぬのいらつめ》がはいり、穂積皇子・紀皇女・田形皇女を生んだ。

乙巳の変で蘇我氏本宗家を倒して成立した改新政府の中枢が、なぜこのように多くの蘇我氏の女性を后妃として組み込んだのであろうか。薗田香融氏の研究によれば、大化前代においては、蘇我氏を外戚とする皇族に対抗して、押坂彦人大兄皇子《おしさかひこひとのおおえのみこ》を祖とする非蘇我系の純皇室系が形成されたが（「皇祖大兄御名入部について―大化前代における皇室私有民の存在形態―」『日本古代財政史の研究』）、孝徳・斉明は彦人皇子の曾孫であり、天智・天武は彦人皇子の子である舒明と斉明の間の子であった。このように非蘇我系の王族である彼らが、蘇我氏本宗家を倒したのちに蘇我氏から何人もの后妃をいれているところに、蘇我氏の、伝統に根ざす特異性があるのである。吉田孝氏によれば、天皇は一般の人びとがもたない特異な霊異をもつ存在として畿内豪族層によって承認されていたが、天皇として豪族層から承認されるためには、母方の親族の地位も大きく影響していた（大系日本の歴史3『古代国家の歩み』）。とすれば、改新政府の王族が新政を推進するにたるだけの存在であることを支配者層に承認されるために、母方の親族として蘇我氏を選んだことになるのである。

その背景としては、つぎの二つの事情があった。第一に、さきにのべたように、七世紀後半当時において蘇我氏は、上級官人を数多くだしうる、第一級の氏族であった。とくに、石川麻呂が改新政府中枢の一角を担い、蘇我氏内部が複数の家に分裂していたということは、いくつもの家からきそって后妃がはいる原因となったものと思われる。第二に、蘇我氏は大化前代における唯一の大臣家であったという伝統を有していた。『日本書紀』に「大臣」をだしたと記されている葛城《かずらき》・平群《へぐり》・巨勢《こせ》・蘇我氏のうち、確実な史実性をもっているのが蘇我氏だけであることはすでに指摘されているが（加藤謙吉『蘇我氏と大和王権』）、改新政府の王族はこのような伝統を有した蘇我氏の血を自らの子孫にいれることによって、支配者層全体から尊貴性を承認され、また王権と旧氏族との融和をも可能としたのであろう。

石川麻呂の滅亡　複数の家に分裂して互いに抗争をつづけていた蘇我氏の五兄弟のうち、最初に破滅を迎えたのは、長兄の右大臣《みぎのおおまえつきみ》倉山田石川麻呂であった。そして、彼の家を滅亡へと導いたのは、以前に石川麻呂長女の入内《じゅだい》を阻害した異母弟の日向であった。

大化五年（六四九）三月に左大臣阿倍内麻呂が薨じると、七日後、日向は中大兄皇子に、石川麻呂が皇子を害しようとしている旨を讒言《ざんげん》した。これを信じた中大兄は孝徳に報告し、孝徳は二度にわたってマエツキミを石川麻呂のもとに遣してことの虚実を問わせた。石川麻呂は使者に対して、直接「天皇」に陳《もう》したいと答えたところ、孝徳の兵をうけることになった。長子の興志《こし》は士卒をあつめて防ぐことを主張したが、石川麻呂は山田寺にはいって一族多数とともに自経した。のちにその無実を知った中大兄は、哀《かな》み歎いて日向を「筑紫《つくし》大宰帥《だざいのそち》」に拜した。以上が『日本書紀』による事件の概要である。

私は、この事件の特色をつぎの三点に集約させて考えている。第一に、この事件は改新政府の権力分裂の一環として、起こるべくして起こった。改新政府を構成していたのは、非蘇我系王族、中大兄のブレインをふくむ側近、左右大臣《おおまえつきみ》を頂点とするマエツキミ層、という三つの勢力であった（もちろん、それぞれ内部的には分裂と抗争を重ねていたのであるが）。『日本書紀』には、事件の前年四月に新しい冠位制が実施されて「古き冠」が廃されたが、左右大臣は大化前代以来の紫冠を着しつづけたという記事がみえるが、これは王権と左右大臣との対立を象徴しているように思われる。この記事の翌年三月に左大臣が薨じ、右大臣が葬られ、そして四月には巨勢徳陀古《こせのとこだこ》と大伴長徳《おおとものながとこ》に新冠位制による大紫位が授けられて、二人は左右大臣に任じられたのである。中大兄は、『日本書紀』に記されているように、密告を信用して外戚の石川麻呂を死なせてしまい、のちになって彼の無実を知って悲しむというような短絡的な人間であったとは思われず、石川麻呂の「謀反」も、王権の新政に容易に服そうとしない左右大臣を、左大臣が薨じたのを機会に一気に粛清しようとした、権力抗争のあらわれとみるべきであろう。また、日向によって密告された石川麻呂の罪状が中大兄を害することであったにもかかわらず、石川麻呂が孝徳に身の潔白を陳述したいという態度をみせていることは、王権内部における権力の分裂を示しているとみることができ、この事件を主導した人物を暗示している。

第二に、石川麻呂を讒言し、将となって山田寺を囲んだのが日向であったということは、蘇我氏内部における分裂と抗争を明確に示している。すでに大化元年の古人大兄皇子の「謀反」の首謀者の筆頭に蘇我田口川堀《そがのたぐちのかわほり》があげられているように、改新の直後から蘇我氏の内部抗争ははじまっていたが、ここにいたって兄弟の直接対決にまで高まったといえよう。

第三に、氏族内部の抗争が、王権への「謀反」や、その密告という形をとっておこなわれるというところに、日本古代氏族の権力基盤の脆弱さを読みとることができる。日向が対立する石川麻呂を倒すには、その「謀反」を捏造して朝廷が派遣した追討軍に征伐してもらわねばならず、その結果、自分は石川麻呂のかわりに身の保全と栄達を王権側から約束されたのである。日向が拝された筑紫大宰帥は、世人に「隠《しの》び流《ながし》か」と噂されたような職ではなく、七世紀には多く王族が拝されているように破格の昇進であったと思われるが、彼のその後の動向は伝わっておらず、歴史の闇に葬り去られたことからわかるように、けっきょく彼を利用した者の方が一枚上手であった。

有間皇子の「謀反」と赤兄　石川麻呂亡き後、蘇我氏で官人として重用されたのは、倉麻呂四男の赤兄であった。彼がはじめて史料に姿をあらわすのは『日本書紀』斉明四年（六五八）十一月壬午条であるが、そのときには斉明の紀温湯《きのゆ》行幸の「留守官」とある。「天皇」「皇太子」がともに留守にしている政府の責任者に任命されたのであるから、よほどの重臣であったとみえる。『日本書紀』或本に有《あり》間《ま》が「判事」と謀議したとあるから、赤兄を判事（もちろん、令制の判事とは異なる）と伝える原史料も存在したのであろう。『公卿補任』によれば、この年三十六歳であった。

さて、十一月三日、赤兄は孝徳の唯一の皇子（母は阿倍内麻呂の娘の小足媛《おたらしひめ》）である有間皇子に斉明の失政三つを挙げて語った。喜んだ有間は「自分も兵を用いる歳になった」などと語ってしまう。五日、有間は赤兄の家に赴いて謀議をめぐらせるが、その夜半、赤兄は有間の宅を囲ませ、九日には有間たちを紀温湯に送った。中大兄の訊問に有間は、「天と赤兄が知っているのであろう、自分はまったく知らぬ」と答えた。十一日、有間は藤白坂《ふじしろのさか》において絞殺された（以上『日本書紀』による）。

事件後の赤兄については、天智八年（六六九）正月に「筑紫率《つくしのかみ》」に拝されるまで史料に登場しないが、彼の娘の常陸娘が中大兄の妃となったのが事件からそう長年月をへた時期とは思えない点から（常陸娘と中大兄との間に生まれた山辺皇女は大津皇子の妃となっているが、大津は六六三年の生まれである。山辺と大津が同世代とすると、常陸娘が中大兄の妃となったのは六六〇年代前半ということになる）、彼が事件の「功績」も手伝ってますます重要な存在となったであろうことが察せられる。ただし、赤兄が大臣に任じられたのは天智十年であり、その間に兄の連子が斉明朝末年に大臣に任じられていることから、事件の真相を伏せるためもあってか、赤兄にもしばらくの雌伏の期間があった。

この事件においても、さきの石川麻呂の「謀反」と同様、王権に密着することによって自己の保身と栄達をはかろうとする古代貴族の姿をみることができる。大化前代と乙巳の変の後において支配者層の顔ぶれが変わらなかったと理解している考えもあるようであるが、前代においてもっとも勢力の強かった蘇我氏にあってすら、国家権力の中枢を占めつづけるためには、これらの不断の「忠誠」を必要としたのである。赤兄の行動の背後に中大兄の指示があったのか、赤兄が中大兄に取り入るために有間を挑発したのか、赤兄が途中で有間を裏切ったのか、事件の真相はうかがい知る術もないが、有間皇子の死が中大兄にとってきわめて好都合であり、またこの事件を主導することが蘇我氏、とくに赤兄家にとって必要な行動であったことだけはまちがいない。

大臣連子　赤兄がしばしの雌伏のときをすごしていたころ、蘇我氏の中心に立ったのは、赤兄の兄で倉麻呂三男の連子《むらじこ》であった。『扶桑略記《ふそうりゃっき》』の記述を信じれば、連子は天智元年に五十二歳であったことになる。『日本書紀』天智三年五月是月条は、「大紫蘇我連大臣薨《みう》せぬ」としか語っておらず、連子が大臣に任じられた時期については沈黙している。『続日本紀』に載せられた連子の子孫の薨伝によると、石川宮麻呂のものには「近江朝の大臣大紫連子の第五子なり」と、石川石足《いわたり》のものには「淡海朝大臣大紫連子が孫」と、石川年足のものには「後岡本朝《のちのおかもとのちょう》の大臣大紫蘇我臣牟羅志《むらじ》の曾孫」とある。また『扶桑略記』には天智元年に右大臣に任じられたと、『公卿補任』には「(天智) 元年大臣と為すこと故《もと》の如し。初任の年いまだ詳《つまび》らかならず。……一書に云く、三月任ぜられ、即ち薨ず」とみえる。古くから彼の任命時期にはさまざまな伝えが存在したようであるが、白雉二年 (六五一) 七月に右大臣大伴長徳、斉明四年正月に左大臣巨勢徳太が、それぞれ薨じて大臣が空席であることから、連子は斉明四、五年ごろに「大臣」に任じられたのであろう。なお、連子が薨じてから天智十年までは大臣は任命されていない。

ところで、諸史料はいずれも連子の任じられた地位を「大臣」とのみ記して、「左」や「右」を付していない。一般には改新政府の左右大臣は大化前代の大臣（オオオミ）を、唐の尚書省の左右僕射《ぼくや》にならって左右にわけたものであると解されている。しかしここで連子が任じられた地位が諸史料の伝えるように「大臣」であったとするならば、大化前代に蘇我氏のみが任じられていた大臣（オオマエツキミ）を、蘇我氏の官人である連子一人が、朝廷の中心を占めるにあたって復活したものとすべきであろう。とすれば、改新政府の「左右大臣」の性格にも一考の余地がある。当時唐の左右僕射がすでに正宰相ではなくなっていたことと考えあわせれば、大化以降も前代以来の大臣（オオマエツキミ）を存続させ、それに二人を任じたときには便宜的に「左右」を冠し、一人のときには「大臣」のままであったと解することができよう。ともあれ連子は父祖の占めつづけた地位にのぼったことになる。

さて、連子はせっかく大臣に任じられたのも束の間、天智三年に薨じてしまうが、皮肉なことに、そのことが結果的には彼の家に後世までの存続と繁栄をもたらしたのである。つまり、乙巳の変で本宗家が滅亡して、蘇我氏の勢力は倉麻呂の五人の子に移行して残存したが、石川麻呂家は「謀反」によって壊滅し、日向は石川麻呂「謀反」の後には消息を絶ち、赤兄と果安の二人は後述するように近江朝の重臣として壬申の乱の戦犯となってしまい、家は断絶してしまう。このような状況のなかで、連子が何の過失もなく天智朝初年に薨じ、連子の子息が乱の時点ではいまだに若年であったということは、彼の家をすっかり無傷で天武・持統朝まで存続させ、壬申の乱における安麻呂の「功績」とあいまって、連子の子孫を律令貴族をだす母胎としての新生石川氏として再生させる要因となったのである。

2　壬申の乱と蘇我氏

近江朝廷における蘇我氏　天智十年正月、すでに鎌足を失った晩年の天智は、つぎのようなメンバーによって構成される新しい政府首脳部を発足させた。まず、この年二十四歳の大友皇子（伊賀采女宅子娘《いがのうねめやかこのいらつめ》所生）を「太政大臣」に拝し、大錦上《だいきんじょう》（令制の正四位あたりに相応）で四十九歳の蘇我赤兄を「左大臣」、同じく大錦上で鎌足の従兄弟の中臣金《かね》を「右大臣」にならべ、大錦下（従四位あたり）の蘇我果安・巨勢人《ひと》・紀大人《うし》の三人を「御史大夫《ぎょしだいふ》」とした。

この体制は、大友皇子を皇位継承者と定めた天智が、大友の地位を擁護させるために特定の氏族の官人を大友の周囲に結集させたものであるが、いいかえれば、天智が大友の権力基盤として期待しえた氏族（厳密には家）が、わずか四つの氏族の五人の官人にすぎなかったという点に注目しなければならない。大伴・阿倍氏を筆頭とする旧豪族の多くや、ほとんどの皇親、それに後述するように蘇我氏のなかでも中心となる連子家などは、この体制から疎外されていたのである。天智三年の連子の死以来大臣をおかず、自身と鎌足の二人による専制支配をつづけてきた結果が、自己の子孫に皇位を継承させるにあたってもその基盤としてたのみにすることができる藩屏がこれだけにすぎないという事態を生じさせたのである。壬申の乱において、近江朝廷側が大友皇子という「玉《ぎょく》」を握っているにもかかわらず、やすやすと破れてしまった遠因として、マエツキミ層がすでにこの時点で近江朝廷から離反していたということがあげられよう。しかも、蘇我果安は乱の最中に将軍の山部王を殺して自分も自殺し、紀大人は一族も処罰されず、自分も贈位を賜わっていることからうかがえるように近江側から離脱したらしいなど、この体制の結束力も非常に脆弱であった。

このような特異な体制に、蘇我氏のなかで当時のこっていた三つの家のうちの二家の官人が組み入れられている点は、注目に値しよう。赤兄は、天智八年正月に「筑紫率」に拝され、同年十月の鎌足家への行幸に供奉して恩詔を奉宣し、天智十年正月に賀正の事を奏していることから、娘を天智・大海人にいれているというミウチ的結合や有間皇子「謀反」のさいの「功績」とあいまって、天智朝末年における第一の重臣であった。果安はこのときにはじめて史料に姿をあらわし、以前の活動は不明であるが、倉麻呂の末子であったものと思われる。彼は、彼個人に対する信任や期待によってこの体制に組み込まれたというよりも、蘇我氏の一員として登用されたという感が強く、ここに蘇我氏全体を大友の支持勢力としようとした天智の意図を読みとることができる。

いずれにせよ、晩年の天智がもっともたよりにしたのが、数々の「謀反」事件で自己の手足となって謀略に加担した蘇我氏であったということ、それにもかかわらず蘇我氏のすべてを権力に組み込めずに、連子家の安麻呂によって掌中の大海人を逃がしてしまうことなどは、天智の苦悩と焦躁、そして近江朝廷の命運を象徴している。

安麻呂の行動　天智十年十月、いよいよ重態におちいった天智は、蘇我安麻呂を遣して、大海人を「大殿」に召した。このあたりの事情は、『日本書紀』天武即位前紀に記されている。安麻呂はもともと大海人と好《よし》みを通じており、ひそかに大海人に「有意《こころしら》いて言《のたま》え」と告げた。大海人は天智の「隠謀《かくせるはかりごと》」を疑って用心し、天智から後事を託されたが、それを固く辞譲して「皇后」倭姫王の即位と大友の立太子を懇請し、自身は出家して吉野へはいった。

　ここで天智の側に天武紀の語るような陰謀が存在したかどうかは、『日本書紀』自体が近江朝廷を倒した天武の立場から記されているため、明らかではないが、少なくとも天智が大海人の即位を望んでいなかったことはたしかであったろう。私はむしろ、大海人が天智にむかって、倭姫王の即位と大友の立太子を請うている点に注目したい。自分は即位しなくてもよいが、つぎの大王は大友であってはこまる、大友は現在はまだ「東宮」の地位にすらついているわけではないといった大海人側の主張と、大友がかならずしもマエツキミ層の支持を得ているわけではないといった地位の不安定さが読みとれるようである。

　天智としては、大海人が即位を辞退したことにひとまず安堵したであろうが、大海人を吉野へ逃がしてしまったことは、大きな失策であった。古来から聖地として意識され、とりわけ往年の古人大兄の「謀反」を想起させる吉野に大海人が生存しているということは、反大友派マエツキミ層の期待と天智の不安とを増幅することになるのである。大友の権力の藩屛として天智によって選ばれた近江朝廷の重臣たちのうち、蘇我赤兄・中臣金・蘇我果安の三人が大海人を宇治まで送って行ったことが、近江朝廷の権力基盤のもろさ、マエツキミ層の分裂、なかでも天智からは期待されながらも氏族内部はばらばらで大海人にも心が動いていた蘇我氏（二人とも大海人を見送っている）の動揺を示している。

ここで視点を安麻呂に絞ると、彼は天智の取り込みに応ぜずに、もともと大海人とむすびついていたのであり、それはマエツキミ層の分裂と蘇我氏の内部抗争とを象徴していた。彼の天智朝における地位は明らかではないが、『続日本紀』の石川石足《いわたり》の薨伝に「淡海朝《おうみちょう》大臣大紫連子が孫、少納言小花下安麻呂が子なり」とみえる。「少納言」という官職名は、明らかにのちの令制の修飾をうけているが、令制の少納言が奏宣、鈴印伝符、飛駅の函鈴、官印をあつかう職であったことを勘案するならば、このときの安麻呂の地位は奏宣などにあたるマエツキミであったことがうかがえる。また、「小花下」という冠位は大化五年から天智三年まで施行されていたもので、令制の従五位くらいに相応するものである。彼が後世の史料に天智朝冠位を冠せられて登場していること、壬申の乱後の活動が諸史料にみえないことは、彼が乱の後いくばくもない時期、もしくは乱の最中に卒したことを示している。

以上の安麻呂の生涯は、二つの意味で重要な影響をのちにおよぼした。一つには、彼の言動が大海人の命運を左右したのであり、蘇我氏のほかの家が近江朝重臣として没落したにもかかわらず、連子家のみが壬申年功臣氏族として天武朝以降も上級氏族として存続しえた要因となったこと。いま一つには、安麻呂が早世したことにより、その嫡子で天智六年生まれの石足が天武朝を少年期ですごしたことである。天武朝では諸臣の冠位が低く抑えられており、天武朝に壮年期の官人をだした氏族は、律令制成立後に蔭位《おんい》の面で著しく不利となった。一方、天武朝以前に高位の官人がおり、その子の世代が天武朝を幼少期ですごした氏族（たとえば藤原氏）は、諸臣が高位にのぼりはじめた持統朝に出身し、自身も高位にのぼり、そのつぎの世代にも有利な蔭階をおよぼした。石足が持統元年に出身年齢である二十一歳を迎えたということは、連子―安麻呂―石足―年足《としたり》―名足《なたり》とつづく石川氏嫡流にとっては非常に幸運であった。

近江朝重臣の処分と蘇我氏　天武元年（六七二）六月二十四日に勃発した壬申の乱は、翌七月二十三日に大友皇子が自ら縊したことによって、事実上終結した。二十四日、大海人方の将軍らは「左右大臣、及び諸の罪人等」を探索して捕え、二十六日に近江朝重臣と大友皇子の首を不破《ふわ》の大海人の軍営に献った。

八月二十五日、大海人は高市皇子《たけちのみこ》に命じて、近江朝廷の群臣の「犯状」を宣せしめ、その結果、重罪の者八人が死罪を宣告され、右大臣中臣金が斬られた。この日、左大臣蘇我赤兄と御史大夫巨勢比等《ひと》の二人とそれぞれの子孫、および斬罪に処せられた中臣金の子と、乱の最中に内訌を起こして自殺してしまった御史大夫蘇我果安の子とが、配流の処分をうけ、それ以外はことごとく赦された。

古代史上最大の内乱の処分がこのように限定された範囲の、しかも軽微なものであったことは驚嘆に値するが、その理由としては、第一には近江朝廷に対するマエツキミ層の支持が弱く、大津宮に結集した官人が少なかったこと、第二には大海人側としても乱後に律令制建設という国家命題を実行していくにさいしては、当時唯一の政府であった近江朝廷の実務官人を自己の掌中に結集させる必要があったこと、そして第三には律令制建設（それは各氏族の私的な利益を削減するものであった）に対して近江朝廷を構成していた有力氏族の支持をとりつけ、彼らをそれに従事させるためには、彼らに対して寛大な処置を施しておく必要があったことがあげられよう。

死罪に処せられた八人のうち、近江朝廷の最高首脳は一人しかふくまれていないが、ではのこる七人はいかなる者であったのだろうか。『日本書紀』壬申紀には、近江方の将軍が二三名みえるが、そのうち、戦中に斬られたものが八名、自殺したものが一名、投降して大海人方の将軍に拝されたものが二名、捕えられたものが六名、逃亡して行方の明記されていないものが六名である。この行方不明六名のうち、大野果安《おおののはたやす》は天武朝の「糺職大夫《ただすつかさのまえつきみ》」に、佐伯男《おとこ》は八世紀に大倭守《やまとのかみ》に、それぞれ任じられていることから、罪を赦されて天武朝で重用されたことがわかる。のこる韋那磐鍬《いなのいわすき》・樟磐手《くすのいわて》・田辺小隅《たなべのおすみ》・廬井鯨《いおいのくじら》の四人は、おそらく死罪に処せられたものと思われるが、そうすると八月に死罪を宣せられた八人は、中臣金をのぞくと、いずれも将軍であったと推定しうる。壬申の乱の最中に大海人が

「其れ近江朝は、左右大臣、及び智謀の群臣《まえつきみたち》、共に議を定む」と語っていることからみて、左右大臣と御史大夫を中心とするマエツキミ層が近江朝廷の最高戦争指導者であったことはまちがいないが、壬申の乱の戦後処理は、最高戦争指導者を比較的軽微な処罰に、マエツキミ層以下の実務官人を不問に、実戦遂行指導者を断罪に、それぞれ処するという、きわめて政治的な決着で幕を閉じたのである。

さて、蘇我氏に視点を移すと、天智朝末年にのこっていた三家のうち、赤兄家と果安家は、その政治生命を絶たれた。一方、連子家のみは、蘇我氏諸家のなかで唯一生きのこり、安麻呂の功績によって、天武朝以降も上級官人を出しうる母胎として存続したのである。

壬申の乱の意義　ここで、壬申の乱が律令国家形成にはたした役割について簡単にのべておきたい。乙巳の変によって蘇我氏本宗家を倒した中大兄であったが、その理想とするところの、公地公民制による中央集権的人身支配、畿内豪族層の律令官人化は、壬申の乱の直前にいたっても、はなはだ不完全なものであった。

そのような状況のなかで勃発した壬申の乱こそは、乙巳の変以来二七年間におよぶ「改新」の成果が、実は国内の有事に対してなんら有効に機能するものではなかったことを、支配者層の眼前にはっきりと露呈したのである。

壬申の乱の勝敗の行方を直接的に決定したのは、大海人、大友双方の農民兵の徴発方法の差異であり、より根本的にはマエツキミ層の分裂であった。すなわち、近江朝廷側の策動を察知した大海人は、六月二十二日に美濃の在地首長である村国男依《むらくにのおより》・和珥部君手《わにべのきみて》・身毛広《むげのひろ》を美濃国に派遣し、湯沐令《ゆのうながし》の多品治《おおのほんじ》と共同して現地の兵三〇〇〇人を徴発し、二十六日には不破の道をふさぐことに成功した。また、自身も二十四日に吉野を発し、道中で「邑《むら》の中に唱《よば》いて」、直接徴発をおこなった。一方、近江朝廷では、二十六日になって大海人が東国に入ったことを知り、マエツキミたちを各地に発遣し、大宰・国宰を介して、つまり「律令制的な」方法で兵を徴発しようとして、いずれも失敗し、戦力と戦術の両面に決定的な差異を生むことになり、乱の帰趨は決したのである。

また、乱の勃発以前から、マエツキミ層は朝廷の実質的な中心である大友に完全に服属していたわけではなく、大伴馬来田《まぐた》・吹負《ふけい》や蘇我安麻呂のように大海人に次期王位継承者としての期待をよせていたものも多かったであろうし、大友の藩屏たるべき左右大臣・御史大夫五人のうちの三人が吉野へはいる大海人を宇治まで見送ったことに象徴されるように、積極的に近江朝廷に加担しようとしたマエツキミ層は案外少なかったものと思われる。

一般的には、近江朝廷を支持していたのは旧来の大豪族で、大海人の支持母体は中小豪族と地方豪族出身のトネリであると説かれているが、先述の近江方将軍二三人のうち、マエツキミ層出身者は三人のみ、しかも最後まで近江方についていたのは穂積百足《ももたり》ただ一人であるのに対し、大海人方功臣には、一三氏二一人のマエツキミ氏をふくむ。おそらくほとんどのマエツキミ氏は専制的な天智十年体制に反発して大海人方に参戦したか、中立的立場で乱を傍観していたのであろう。

このような歴史的条件によって乱に勝利した天武政権の支配者層は、唐・新羅との戦争状態（軍国）の継続という国際関係のなか、国内における人民支配の不完全さと支配者層の分裂とを身をもって自覚させられ、主としてつぎの二種の歴史的課題を背負わされた。

第一に、被支配者層との関係では、各氏族の私有地・私有民をすべて国家に収公し、王族や各氏族の官人が個々に人民とむすびつくことを阻止しなければならず、また、いったん反乱が起これば、すみやかに地方に使節を発遣し、反乱者の追討と王権側への農民兵の徴発を可能にする体制をつくらねばならなかった。

第二に、支配者層内部の問題としては、王権が絶対的な権威として自己を確立し（天皇制）、王位継承資格者を制度的に一人に限定して（皇太子制）、官人がおのおの期待する王族を担ぐような事態を防止しなければならず、また、各官人を官僚として再編成して国家がそれぞれを個別的に把握しなければならなかった。

ようするに、一元的な王権の確立、一元的な律令官人制の完成、そして一元的な地方支配の徹底ということであり、壬申の乱のような反乱が起こるのを未然に防止し、たとえ起こったとしても近江朝廷のとった方法でそれを鎮圧できるような国家体制をめざしたものといえよう。

これらの国家命題を強力に解決しようとしたのが天武朝であったが、それがある程度まで達成された背景として、支配者層全体が抱いていた危機感と、それにともなう天武の周囲への結集が存在した。

強力な軍事国家を建設して緊張がつづく国際関係に対処するためには、個々の官人や氏族の利益の追求よりも、支配者層全体の利害への妥協が優先したのであろう。また、各氏族の側にとっても、大化前代以来の私的所有と独自の政治力を維持することはすでに困難となっており、律令制成立後に与えられる貴族としての特権への期待を代償として、王権の下に結集せざるをえなかったのであった。

そして、壬申の乱を生きぬいた蘇我安麻呂の弟と子供たちにとっても、新しい律令氏族石川氏としての歩みがまっていたのである。

3　壬申の乱後の蘇我氏

天武朝における蘇我氏　壬申の乱ののちに成立した天武朝において、蘇我氏連子家の官人たちはどのような活動をみせたのであろうか。通説では、壬申の乱によって旧来の大豪族、とくに蘇我氏は没落し、天武が専制的な権力を発動したとされているが、私はかならずしもそうは思わない。天武は十二分にマエツキミ層をふくめた支配者層全体の利害を考慮し、支配者層もまた、律令国家の早急な建設という国家命題の前に天武を核として結集し、皇親の領導の下、律令国家の建設に従事することに妥協したものと考えている。

まず、蘇我氏の官人で、天武朝に活動していたと思われるものを推定してみよう。連子の長子は安麻呂であったが、これは前述のように壬申の乱の最中か乱の直後に卒している。安麻呂の長子は石足であるが、彼は天智六年の生まれであるから、天武朝を幼少ですごし、持統朝から官人としての歩みをはじめた。一方、『続日本紀』の石川宮麻呂の薨伝によると、宮麻呂は「近江朝の大臣大紫連子の第五男なり」とあり、また宮麻呂よりも年少で石足よりも年長、つまり宮麻呂の弟に子《こ》老《おゆ》と難波麻呂がいたので、安麻呂の弟は少なくとも六人いたことになる。また、宮麻呂よりも年長と思われる官人として虫名がいるので、これは安麻呂と宮麻呂の間の三人のうちの一人ということになる（第43図参照）。これらのうちで天武朝にすでに官人としての歩みをはじめていた可能性があるのは、虫名・宮麻呂・子老の三人であろう。

第43図　石川氏系図

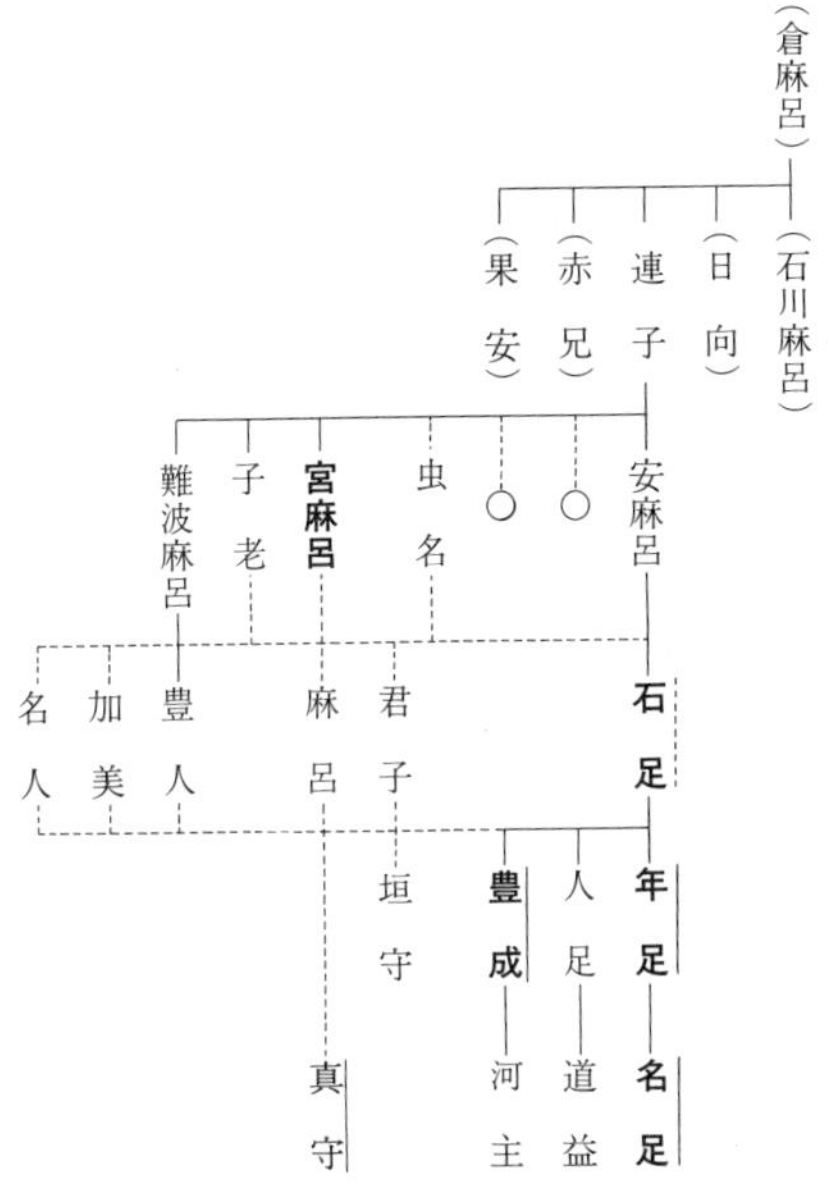

註　太字は三位以上に上ったもの、傍線は議政官。

まず虫名は、『日本書紀』天武十四年九月戊午条に「……直広肆《じきこうし》石川朝臣虫名を東山使者《やまのみちのつかい》とす。……各判官《まつりごとひと》一人・史《ふびと》一人。国司・郡司及び百姓《おおみたから》の消息を巡察《み》しめたまう」とみえる。「直広肆」という冠位は、令制の従五位下に相応するが、天武朝は諸臣の冠位がだいたいこのあたりに固定されており、これもマエツキミ層のものとして妥当なところであろう。ここでは北陸道をのぞく六道にマエツキミが派遣され、地方情勢を巡察させたのであるが、虫名はその一人として東山道に発遣されたのである。ほかの五人の氏をみると、都《つ》努《の》・佐味《さみ》・巨勢・路《みち》・佐伯という顔ぶれであり、蘇我氏（この時点では石川氏）がこれらと同格の上級氏族としての格を保っていたことがわかる。

つぎに宮麻呂は、斉明元年生まれであるので、天武元年には十八歳であり、天武朝の中ごろからは官人として出仕しえたものと思われる。ただし、『続日本紀』大宝三年（七〇三）条までは、彼の活動は史料にみえない。

最後に子老は、『続日本紀』文武二年（六九八）七月癸未条に「直広肆石川朝臣子老を美濃守と為す」とみえるので、年齢的にみて天武朝から活動をはじめていた可能性もある。

以上の三人は天武朝で官人として活動しえたものと思われるが、史料には天武十四年になって虫名が登場するのみである。もちろん、『日本書紀』という史料の限界も考えにいれなければならないが、私には、壬申の乱後のこの一〇年あまりの空白が、古代氏族としての蘇我氏の終焉と、律令貴族としての石川氏の再生を暗示しているように思われる。

すなわち、蘇我氏は赤兄家と果安家が壬申の乱の後に処罰をうけて壊滅するなど、全体としては近江朝廷方にあったと支配者層には認識されていたはずであり、安麻呂が天智朝末年に大海人を救ったという功績があったとしても、壬申の乱が終息したばかりの時期に安麻呂の子弟を高く登用することは、天武としても憚《はばか》られたものと思われる。その意味では、乙巳の変の反中大兄方、壬申の乱の反大海人方を想起させる「蘇我」という氏族名を捨て、まったく汚れていない「石川」（稲目、あるいは馬子以来、蘇我氏と関係の深かった河内国石川郡の地名による）という名を冠して、改新政府の右大臣石川麻呂の忠誠と天智朝末年における安麻呂の功績を最大限に生かした新生律令氏族として再出発を遂げることは、蘇我氏にとっても、天武にとっても、必要なことであったのであろう。彼らが改姓した時期については佐伯有清氏は、賜氏姓や氏上の選定がおこなわれ、律令の編纂や『帝紀《ていぎ》』および上古の諸事の記定がなされた天武十年九月から同十二年十月ごろまでの間と推定されている（『新撰姓氏録の研究』考証篇第一）。

こうして石川臣として再生した蘇我氏は、天武十三年十一月、阿倍・巨勢・紀・物部・平群・中臣（藤原）など二四氏のマエツキミ氏をふくむ五二氏の一つとして、八色《やくさ》の姓《かばね》の第二（官人としての実質上は第一）である朝臣姓を賜わり、石川朝臣として律令国家の建設に従事することになった。石川氏の官人が天武十四年にいたるまでみえないのも、その裏には、石川氏に改姓し、朝臣姓を賜わって名実ともに上級律令氏族として生まれ変わるまでの雌伏の時間が必要だったことを示している。

以上、天武朝における蘇我氏の官人の状況をのべてきたが、壬申の乱以降の蘇我氏を考えるさいに忘れてはならないのは、蘇我氏の血を引く女性と天武の皇子との婚姻関係である（第43図参照）。天武の皇子のうち、天武朝に成人していたのは、誕生順に高市《たけち》・草壁・大津・忍壁《おさかべ》・磯城《しき》の五人であるが、このうちで皇位継承権を有していたのは、「皇太子」草壁、天武十二年以来「朝政」に参画していた大津、壬申の乱で全軍を統帥した最年長の高市の三人であった。高市は筑紫の地方豪族である胸形徳善《むなかたのとくぜん》の娘を母としていたが、草壁と大津の母は、蘇我石川麻呂娘の遠智娘《おちのいらつめ》と天智との間に生まれた鸕野皇女《うののひめみこ》と大田皇女であり、「蘇我氏濃度」はもともと四分の一であった。そしてこの三人の妃となったのが、いずれも蘇我氏の血を引く皇女だったのである。

まず高市には、天智と石川麻呂娘の姪娘との間に生まれた御名部皇女《みなべのひめみこ》（斉明四年生、高市より四歳年下、「蘇我氏濃度」は二分の一）がはいり、長屋王（「蘇我氏濃度」四分の一）を天武十三年に生んだ。つぎに草壁には、御名部の同母妹の阿陪皇女（斉明七年生、草壁より一歳年上、後の元明、「蘇我氏濃度」二分の一）がはいり、氷高皇女《ひだかのひめみこ》（後の元正、「蘇我氏濃度」八分の三）を天武九年に、珂瑠皇子《かるのみこ》（後の文武、「蘇我氏濃度」八分の三）を天武十二年に、それぞれ生んでいる。また大津には天智と赤兄娘の常陸娘との間に生まれた山辺皇女（年齢不詳、「蘇我氏濃度」二分の一）がはいっている。

支配者層における父系出自の原理がいまだ確立していなかった当時にあっては、母親の出身の家がその子の地位に与える影響は大きかった。乙巳の変ののちに孝徳・天智・天武が蘇我氏と幾重もの姻威関係をもったことはさきにのべたが、蘇我氏の二家が処罰された壬申の乱ののちにいたっても、天武が自らの皇后（「蘇我氏濃度」二分の一）のみならず、後継者となるべき三人の皇子にも蘇我氏の血の濃い皇女を娶せていることは、天武が、きたるべき律令国家の権力中枢部分を、王権と蘇我氏との結合体によって占めさせようと意図していたことを示すものであろう。そしてこれほどまでに蘇我氏（の女性の血）が重視された要因としては、石川麻呂以来の官人としての実績よりも、大化前代における唯一の大臣家であったという尊貴性を、まず考えるべきであろう。天武もまた、自己の子孫の正統性の根源の一つとして蘇我氏を選んだのである。

そしてもう一つ、画期的な婚姻が成立した。藤原不比等《ふひと》がその正妻として、連子の娘である娼子《しょうし》を迎えたのである。娼子は天武九年に武智麻呂《むちまろ》を、同十年に房前《ふささき》を、それぞれ生んでいるから、二人の結婚は天武七、八年のことと思われる。ちなみに不比等は天武七年には二十歳であった。この婚姻は三つの点において大きな意義をもつ。第一に、実質上は鎌足を始祖とする新興氏族の唯一の官人で、壬申の乱では同族の中臣氏が処罰され、自身も田辺大隅《おおすみ》の家に難を避けていたほどの雌伏のときをすごしていた不比等が、蘇我氏の女性、しかも大臣の娘を娶ることによって、大臣家である蘇我氏の尊貴性を自己の子孫のなかに取り入れることができた。これによって藤原氏は、氏として成立したばかりであるにもかかわらず、蘇我氏の高い地位をうけつぐ氏であることを支配者層に示すことができたのである。なお、天武朝における不比等の地位を過小に評価する考えもあるが、官人としての実績がまったくなく、壬申の乱で同族が処刑されたことを考慮にいれるならば、蘇我連子の娘を娶ることができたということは、すでに若年時から不比等が次代のホープとみなされていたことを示している。

第二に、不比等は蘇我氏の尊貴性を自己のなかに取り入れたのみならず、蘇我氏が六世紀以来おこなってきた天皇家との姻戚関係の構築によるミウチ化という政略も同時に取り入れ、それは七世紀末以降、藤原氏の基本的政略としてうけつがれることとなった。第三に、八世紀の天皇が藤原氏と幾重もの姻戚関係をもったことは周知のことであるが、不比等の子である武智麻呂と房前が蘇我氏の血を濃くもっていた（ともに「蘇我氏濃度」二分の一）ということは、八世紀の藤原氏と天皇家は、蘇我氏をとおしてもミウチ関係にあったことになる（たとえば武智麻呂・房前と持統とは再従姉弟《またいとこ》にあたる）。これによって、八世紀前半の律令国家の中枢部分は、あたかも天智・天武兄弟と蘇我氏と藤原不比等の三者の血によって構成されていたかの観を呈することになったのである。

持統朝における石川氏　年齢的に持統朝に活躍しえた石川氏の官人は、安麻呂の弟の虫名・宮麻呂・子老・難波麻呂、それに安麻呂長子の石足の五人である。

まず虫名は、『日本書紀』持統三年（六八九）九月己丑条に「直広参《じきこうさん》石上朝臣麻呂・直広肆《じきこうし》石川朝臣虫名等を筑紫に遣して、位記を給送せしむ。且《ま》た新城《にいき》を監《み》しめたまう」とみえ、同年六月に班賜された浄御原令制にもとづく位記のうち、筑紫大宰管内の官人の分を給送し、「新城」（大宰近辺の水城《みずき》・大《おお》野城《のじょう》などか）を監察している。このとき虫名とともに筑紫に遣された石上麻呂は、天武の殯宮《もがりのみや》に「法《のりの》官《つかさ》（令制の式部省）の事」を誄《しのびごと》していること、令制でも位記は式部省があつかったことから、このときにも法官の官人（最上層部には皇親がいたと思われるから、その下の「法官大夫《のりのつかさのまえつきみ》（卿）」か）であったものと思われる。とすれば、石川虫名も、同じく法官の官人であった可能性もあるのではあるまいか（ちなみに、令制の式部省の次官である大輔・少輔の相当位は、彼ら二人の冠位と同じ正五位下と従五位下である）。

つぎに宮麻呂は、持統元年に三十三歳に達しており、同様に子老と難波麻呂も、年齢的には持統朝に成人していたことは確実であるが、それぞれ『続日本紀』の大宝三年・文武二年・和銅四年条まで史料にみえず、持統朝での活躍の様相は不明である。

さらに、安麻呂の長子である石足は、天智六年の生まれであり、持統元年に二十一歳となり、官人としての歩みをはじめたものと思われる。石川氏も第二世代が登場したのである。

さて、『日本書紀』持統五年八月辛亥条によると、一八の氏族に対して「其の祖等《おやども》の墓記《おくつきのふみ》」を上進させているが、石川氏もその一氏として提出を命じられている。石川氏の「墓記」が実際に提出され、『日本書紀』の記事に定着したかどうかは定かではないが、蘇我氏の祖先として記紀にみえる、その名も石川氏と同じ建内宿禰《たけのうちのすくね》の子、蘇賀石河宿禰《そがのいしかわのすくね》の伝承は、このころまでに成立していたのであろう。

4　律令制成立以後の石川氏

奈良時代における石川氏　従前は、律令制以前と以後とでも支配者層の構成に変化はなく、旧豪族（「貴族勢力」）がそれぞれの代表を一人ずつ議政官《ぎじょうかん》として太政官に送り込み、その合議によって「貴族勢力」の利害の下に国策を決定していたという学説が有力であったが、私はこの考えには従いがたい。旧マエツキミ氏のほとんどは、律令制の成立を境として確実に没落への道を歩みはじめていたのであるし、一方議政官組織は旧氏族の代表によって構成されていたわけでもなければ、太政官の議定が「貴族勢力」なるものの利害にそった形で運営されていたとも思えないからである。そしてなにより、天皇家と重層的な姻戚関係をむすび、鎌足・不比等の高位によって有利に蔭位制を活用した藤原氏の性格を、従来の考えでは説明しきれない。

さて、このような旧マエツキミ氏の没落と藤原氏の台頭という政治状況のなかで、旧マエツキミ氏の雄であり、なおかつ天皇家や藤原氏と深い姻戚関係にある石川氏はいかなる命運をたどったのであろうか。

まず、『続日本紀』文武元年八月癸未条に「藤原朝臣宮子娘《みやこのいらつめ》を以って夫人《ぶにん》と為す。紀朝臣竈門娘《かまどのいらつめ》、石川朝臣刀子娘《とすのいらつめ》を妃（嬪の誤り）と為す」とみえる。三日前に持統の譲位をうけて十五歳の文武（「蘇我氏濃度」八分の三）が即位したが、この日、三人の后妃を立てたのであった。刀子娘の系譜は不詳であるが、連子家の一員で、おそらくは石足とそう遠くない近親であったものと思われる。六世紀以来、大王家と姻戚関係をむすんできた蘇我氏の伝統が、律令制成立以後も生きつづけたのであり、文武・元明（「蘇我氏濃度」二分の一）・元正（「蘇我氏濃度」八分の三）という、奈良時代前期の天皇がいずれも蘇我氏の血を色濃く引いていたこととあわせると、刀子娘の入内《じゅだい》によって石川氏は、天皇の外戚氏族としての地位を保持しつづけたことになる。

しかし、その地位も長くはつづかなかった。『続日本紀』和銅六年（七一三）乙丑条に「石川・紀の二嬪の号を貶《おと》して、嬪と称する事を得ざらしむ」とみえるのである。この唐突な記事を考察された角田文衛氏は、藤原不比等とその継室県犬養三千代《あがたのいぬかいのみちよ》による陰謀によって刀子娘は失脚し、刀子娘所生の広成《ひろなり》・広世《ひろよ》の二皇子は皇籍を剝奪されたと推定された（「首皇子の立太子」『律令国家の展開』）。

この考えにしたがうと、この事件は蘇我氏から藤原氏への、王権のミウチ氏族の主役の交替を象徴していることになる（第42図参照）。刀子娘と文武との間に生まれたという二皇子は、「蘇我氏濃度」が一六分の一一にも達し、まさに「蘇我氏の皇子」といえる。これは首皇子（後の聖武、「蘇我氏濃度」一六分の三、「藤原氏濃度」二分の一）を擁して天皇家とのミウチ関係の構築をめざした藤原氏の利害とは正面から衝突してしまうことになり、「陰謀」の蓋然性を高めている。不比等と石川娼子とがすでに絶縁していたと思われることを考えるならば、藤原氏と石川氏との間のミウチ意識も、すでに消滅していたのであろう。そしてこの事件以後、藤原氏は一段と天皇家とのミウチ化を進め、一方、石川氏はふたたび天皇家と姻戚関係をもつことはなくなり、文武・元明・元正・長屋王の死によって、石川氏の血を引く皇族は断絶したのである。

さて、奈良時代における石川氏の官人の地位は、いかなるものであったのだろうか（第2表参照）。まず重要な点は、石川氏が天平勝宝元年（七四九）にいたるまで一人の議政官もだしていないということ

第2表　弁官に任じられた石川氏官人

官人	職階	在任期間	延べ在任年数	在任当時の位階
宮麻呂	右大弁	和銅元年(七〇八)三月~和銅六年(七一三)十二月	五年九月	従四位上→従三位
石足	左大弁	養老四年(七二〇)十月~天平元年(七二九)八月	八年一〇月	従四位上→従三位
麻呂	左少弁	天平三年(七三一)六月~天平十年(七三八)閏七月	七年二月	従五位下→従五位上
年足	左中弁	天平十八年(七四六)十一月~天平勝宝三年(七五一)正月	七年五月	正五位上→従四位上
	左大弁	天平勝宝三年(七五一)正月~天平勝宝六年(七五四)四月		従四位上→従三位
豊成	右少弁	天平勝宝六年(七五四)四月~天平宝字三年(七五九)七月	一一年四月	従五位下→従五位上
	左中弁	天平宝字三年(七五九)七月~天平宝字六年(七六二)正月		従五位上→正五位上
	右大弁	天平宝字六年(七六二)正月~天平神護元年(七六五)八月		従四位下→正四位下
豊人	右少弁	宝亀元年(七七〇)十月~宝亀二年(七七一)九月	七年三月	従五位上
	右中弁	宝亀二年(七七一)九月~宝亀九年(七七八)正月		従五位上→正五位上
名足	右大弁	宝亀九年(七七八)二月~延暦四年(七八五)七月	八年四月	従四位下→従三位
	左大弁	延暦四年(七八五)七月~延暦五年(七八六)六月		従三位
真守	右大弁	延暦九年(七九〇)七月~延暦十六年(七九七)二月	六年七月	従四位下→従四位上
魚麻呂	左少弁	延暦十八年(七九九)六月~延暦二十年(八〇一)七月	二年一月	従五位下

註　太字は議政官となった者。

である。宮麻呂は従三位右大弁、難波麻呂は正四位下、石足は従三位左大弁にまでのぼっていながら、石足が長屋王の変にさいして臨時に参議の列に加えられた以外は、まったく議政官の一角も占めることはできなかったのである。私見によれば、参議とは正四位以上の高位者で八省卿や大弁などの高官が兼帯して議定に参加する制度であったが、高位と高官を兼ね備えている石川氏の官人が参議に任じられなかったのは、王権側からの特殊な意図を感じないわけにはいかない。大臣家としての伝統と、王権と強い姻戚関係をむすんでいたという尊貴性とが、逆に王権や藤原氏に警戒されたのであろうか。

つぎに奈良時代の石川氏官人の位階をみる。奈良時代を前半（大宝元年～天平二十年〔七四八〕）と後半（天平勝宝元年～延暦十年〔七九一〕）にわけ、それぞれの期間に叙爵された官人の極位をくらべる。前半では、三位が三人、正四位が一人、従四位が五人、正五位が二人、従五位が六人であり、一七人の官人のうち、九人が四位以上にのぼり、従五位下に留められた者は四人のみである。一方、後半では、三位が二人、正四位が二人、正五位が一人、従五位が二二人であり、二七人の官人のうち、四位以上にのぼったのは四人のみとなり、一六人は従五位下に留められたままとなっている。位階からみるかぎり、あきらかに奈良時代中ごろを境として石川氏全体としてはその地位は低落しているといえよう。とくに神護景雲年間（七六七～七六九）以降に授爵された官人は、すべて従五位より高位にはのぼっておらず、後述する平安時代における石川氏の没落の徴候がすでにみえている。

さらに、石川氏の官人が任じられた官職をみてみる。太政官関係は後述するとして、前期では、八省卿が三人、大輔が六人、少輔が一人、国守が九人というところがめだったものである。ところが後期になると、八省卿が七人、大輔が九人、少輔が一五人、国守が三三人、国介が一三人となる。『続日本紀』の史料上の制約はあるものの、この点からも石川氏の地位は低落していることが読みとれる。

律令制が始動すると、蔭位制を有利に利用することができなかった旧マエツキミ氏は、奈良時代にはいずれもこのような没落への道を歩んだのであるが、王権とのミウチ関係も奈良時代前期には途絶してしまった石川氏にとっては、上級氏族として生きのこるためには、あらたな道を見出すしかなかった。そして石川氏が選んだ道は、弁官《べんかん》として律令行政の実務をとりしきることであった。第2表に、弁官に任じられた石川氏の官人をあげたが、これをみると、八世紀のほとんどの時期（一〇〇年のうち、六四年九ヵ月。少弁は史料にのこりにくいため、実際はさらに多年にわたったものと思われる）において、石川氏の九人（以上）の官人が一人ずつ弁官に任じられていることがわかる。ある者が薨じたり、ほかの官に移ったりした場合には、石川氏のほかの官人が若干の間隔をおいて、それぞれの位階に応じた職階の弁官に任じられている。大弁に任じられた官人を氏族別に集計された野村忠夫氏によると、石川氏の大弁任命者数は、奈良時代前半には巨勢氏に、後半には藤原氏についで、それぞれ二番目に多いことになり、これは古代名族たる蘇我臣氏の律令社会への適応化、つまり律令官僚への転化の姿であったという（「弁官についての覚え書―八世紀～九世紀半ばの実態を中心に―」『律令国家と貴族社会』）。ただし、ここにも石川氏の没落の徴候は隠されている。それは、前期には弁官への任命に関心のなかった藤原氏が、後期には藤原氏全体の官人数が増加したことによって七人も大弁に任じられるようになったことである。石川氏がようやく見出した転生の道も、藤原氏によって閉ざされようとしているのであり、事実、九世紀以降に石川氏の官人が大弁に任じられた例はなくなる。

　さて、大弁を連続してだしつづけた結果か、八世紀後半には石川氏は議政官に連任された。まず石足長子の年足は、六十二歳の天平勝宝元年十一月、左中弁のまま参議に任じられ、天平宝字元年（七五七）八月に中納言に、同四年正月に御史大夫（大納言）に、それぞれのぼった。『続日本紀』の薨伝によると、彼は「率性廉勤《りっせいれんきん》にして、治体《ちたい》に習い、……公務の閑、唯だ書《ふみ》是れを悦《よろこ》ぶ」という性格であったという。つぎに年足の薨じた三ヵ月後の天平宝字六年十二月、その弟の豊成が、右大弁を兼ねたまま参議に任じられ、宝亀元年（七七〇）六月に中納言にのぼり、同三年九月に薨じた。そしてその八年後の宝亀十一年二月、年足の子の名足が、本官は右大弁で参議に任じられ、五十三歳の延暦四年十一月には右大弁のまま中納言にのぼり、同七年に薨じた。『続日本紀』の薨伝には「名足は耳目の渉《わた》る所、多くは心に記し、しかのみならず、利口剖断《りこうぼうだん》滞ること無し。然も性頗る偏急にして、好んで人の過《とが》を詰《なじ》る。官人政を申すとき、或いは旨に合わざれば、即ち其の人に対して口を極めて罵《ののし》る。此に因りて諸司の官曹に候ずる者、名足が事を聴くに値《あ》えば、多くは跼蹐《きょくせき》して避く」と記されている。有能にして偏狭な実務官人の姿が眼前に浮かんでくるようである。さらに名足の死の一年六ヵ月後の延暦九年二月、真守が六十二歳で参議に任じられ、同年七月、右大弁を兼ね、同十七年四月に致仕した。

　以上四人の議政官を連続してだしたわけであるが、いずれも大弁を兼ねたまま、高齢にいたってから任じられている点に注目したい。前者は、王権が石川氏の官人に対して（藤原氏のように）特別な信頼感や親近感を感じて取り立てたというよりも、実務行政の最前線に位置する大弁を議定に参加させて国政を円滑に運用する必要に迫られて、やむなく参議に任じたことを示唆している。また後者は、議政官に在職している期間が短く、（藤原氏のように）同族の官人を引き立てたり、自身も高位にのぼって子孫に有利な蔭階をのこす機会をせばめたことを意味する。実際、真守以降には、石川氏は、正四位以上の高位者も、議政官も、大弁・中弁さえ、二度とだすことはなかった。

ソガ氏の終焉　平安時代にはいり、石川氏は完全に上級氏族としての格を保ちえなくなった。九世紀の史料にみえる石川氏の官人の官位をみると、まず位階は従四位下が二人、正五位下が一人、従五位上が五人、従五位下が一八人、正六位上が一人であり、任じられた官職も、八省の次官、諸寮の頭《かみ》、国の守・介と、いずれも石川氏が中級氏族に転落したことを示している。

そして元慶元年（八七七）、石川氏はふたたび姓を改めた。『日本三代実録』元慶元年十二月二十七日癸巳条には「右京人前《さきの》長門守従五位下石川朝臣木村、散位正六位上箭口《やぐち》朝臣岑業《みねなり》、石川・箭口を改めて、並びに姓宗岳朝臣を賜う。木村言《もう》す、『始祖大臣武内宿禰男宗我石川、河内国石川別業《べつぎょう》に生まる。故に石川を以て名と為す。宗我大家を賜わり居と為す。因《よ》りて姓宗我宿禰を賜わる。浄御原天皇十三年姓朝臣を賜わる。先祖の名を以って子孫の姓と為すこと、諱《いみな》を避けず』と。詔して之を許す」とみえ、石川木村は、先祖（と石川氏が称する）蘇我石川の名を氏の名としているのは憚《はばか》りがあるから、本来の氏の名であるソガという名を称したいと願いでている。「宗岳」は後世は訓で「ムネオカ」と読んでいるが、当時は音で「ソガ」と読んだはずであり、石川氏は、古代の栄光の氏の名をふたたび称することになったのである。実際には中下級氏族に没落していた石川氏が、はるか過去の氏の名を称することによって、いったい何を得ることができたのであろうか。過去の誇りにのみ氏の存立基盤をもとめたこの氏族の姿に、藤原氏（しかも嫡流のみ）以外の氏族の悲喜劇が集約されているといえよう。

そののち、宗岳《そが》氏は歴史の表舞台から姿を消す。摂関期の『小右記《しょうゆうき》』には、古来の名族のうち、安倍・紀・石上《いそのかみ》・平群・巨勢・伴・佐伯・大神《おおみわ》・春日・橘・多治比《たじひ》などの者が、いずれも地位は低いものの官人として登場する。しかし宗岳氏は、宗岳高兼《たかかね》が左近将曹として、宗丘数材《かずき》がなんと相撲人《すまいびと》としてみえるのみであり、ここに古代氏族としてのソガ氏はほぼ完全に終焉を迎えたとみて差し支えなかろう。

十二世紀前半の『今昔物語集』には、つぎのような悲しい説話が載せられている。大蔵の最下の史生に宗岡高助という、賤しい者がいたが、娘二人を、親王の娘にも劣らないほど大切に養育していた。娘には、下級官人たちが求婚したが、高助は、行列を作って前払いをさせる身分の男でなければ聟《むこ》取りなどしないといって、手紙もとりつがなかった。そうしているうちに高助夫妻は死んでしまい、二人の娘も食物もなく、世話をする人もないままつづけて死んでしまったというのである。王権に后妃をいれることによって繁栄した遠い先祖の夢を追いながら、高助は自分の娘たちを誰と結婚させようとしていたのであろうか。

九　河内飛鳥を歩く

和田　萃

河内飛鳥を歩いて、古代にさかのぼる歴史を追体験してみよう。近畿日本鉄道の古市駅を出発点とする二つのモデル・ケースを考えてみた。いずれのコースも、ほぼ一日行程である。コースのほとんどは、平地部か低い丘陵ばかりであり、季節を問わずハイキングに適している。

「河内飛鳥を歩く」と題したのは、私自身、車を運転できないことにもよるが、古市の町中や竹ノ内《たけのうち》街道には一方通行の個所があって、大きく迂回しなければコースどおりにたどれないこと、歩くことによってはじめて、河内飛鳥の風土や歴史に具体的にふれることが可能だからである。歴史を学ぶには、まず歩くことが重要だ。近世の道標や常夜灯、町並みも注意してみれば、古代の河内飛鳥を知る手がかりがいっぱいある。二万五〇〇〇分の一の地形図「古市」「大和高田」と、磁石とをもって出発しよう。

第44図　西琳寺の塔心礎

1　竹ノ内街道を歩く――古市駅から竹ノ内峠へ

古市駅――「蓑《みの》の辻」――西琳寺《さいりんじ》――古市の町並み――臥龍橋《がりゅうばし》――駒ヶ谷――杜本神社《もりもと》――飛鳥の集落――飛鳥戸神社《あすかべ》――観音塚古墳――大道《だいどう》の集落――孝徳陵――神奈辺大道心《かんなべだいどうしん》の道標――岩屋峠《いわや》への分れ――鹿谷寺《ろくたん》――竹ノ内峠――磐城《いわき》駅

「蓑の辻」から臥龍橋へ　古市駅から、白鳥《はくちょう》神社の南を東へたどると、すぐに「蓑の辻」の交差点である。駅からたどった東西道は、実は近世の竹ノ内街道であり、古代の丹比道《たじひみち》につながる道である。また「蓑の辻」を南北に走る道は中・近世の東高野《ひがしこうや》街道で、奈良時代末から平安時代には南海道であった（河内の古道については、拙稿「河内の古道」『環境文化』五一、一九八一年、同『河内の古道』藤井寺市文化財第七号、一九八六年参照）。交差点の東南隅に、嘉永元年（一八四八）に建てられた見事な道標がある（高さ一・四八メートル、幅〇・三二メートル、羽曳野市古市三丁目に所在）。

「蓑の辻」から東へ少し進むと、王仁《わに》の後裔氏族である西《かわちの》

第45図　竹ノ内街道ぞいの古市の街並み
壁板には剣先船の船板をもちいている

文首《ふみのおびと》の氏寺、西琳寺（古市寺とも称された）があり、巨大な塔心礎《とうしんそ》（一辺三・四メートル、高さ一・八メートル）と柱座には「刹《さつ》」の字を陰刻していることで有名である。文永八年（一二七一）三月二十六日になった「西琳寺縁起文永注記」に引く「天平十五年記」によれば、欽明天皇の己卯年（欽明二十年〈五五九〉）に、文首阿志高《あしこ》が親族を率いて、同寺と阿弥陀の丈六《じょうろく》仏像を造ったとする。西琳寺の歴史や発掘調査による成果は、本シリーズの『河内飛鳥』にくわしいからそれにゆずろう。

古市は「蓑の辻」を中心に宿場町として発展した。石川にかかる臥龍橋《がりゅうばし》までの間は、近世の町並みをよくとどめている。寛永年間（一六二四〜四四）以降、石川に剣先《けんさき》船《ぶね》が就航し、古市はその渡船場となったことから、荷次問屋や両替商がならんだ。今ものこるそれらの建物の壁板に、剣先船の船板が使用されている。近世、河内の石川や大和川の川筋に剣先船が就航したことにより、国分《こくぶ》・古市・富田林《とんだばやし》などの町がおおいに発展した。大和では、魚梁船《ぎょりょうせん》が就航していた。近世における剣先船や魚梁船は、河内湖から旧大和川をさかのぼる古代の水運を考えるさい、貴重な示唆を与えてくれるだろう。河内飛鳥が古代においておおいに栄えた背景には、水陸交通の要衝であったことが深くかかわっている。

石川に臥龍橋がかかっている。延宝五年（一六七七）に作製された古市の旧絵図（羽曳野市史編纂委員会『羽曳野市史　史料編　別巻』の第二一図「羽曳野の古絵図と歴史地理図」参照、一九八五年）によると、「川幅百弐拾間」とのみ記され、当時はまだ橋がかけられていない。

安政元年（一八五四）になった平塚飄斎《ひょうさい》の『聖蹟図志』には、詳細な景観図がそえられている。これは画にも堪能であった飄斎の図をもとに、洛東に住む松田緑山が銅板に彫ったもので、現在の臥龍橋の地点に、古市から春日村にいたる板橋が描かれている（平塚飄斎については、拙稿「山陵家　平塚飄斎」を参照。森浩一編『考古学の先覚者』所収、中公文庫、一九八八年）。臥龍橋と命名されたのは、雄略紀九年七月条にみえる飛鳥戸郡の人、田辺史伯孫《たなべのふひとはくそん》の伝承にもとづくのだろう。伯孫の娘は、古市郡の人である書首加龍《ふみのおびとかりょう》に嫁いでいた。臥龍橋は、この書首加龍の名に由来するのかもしれない。

臥龍橋の東詰めに、堺の神奈辺《かんなべ》大道心《だいどうしん》が発起して、古市村の山本玄碩と西谷半右衛門らが世話人となって建立した道標がある。羽曳野市大黒《おぐろ》の大黒天《だいこくてん》への道筋を示すもので、西面に「夫大黒天者、天智天皇御宇乙丑年正月甲子出現之霊場而役行者□開之地也」ときざむ。近世、竹ノ内街道が大峯山《おおみねさん》への行者道《ぎょうじゃみち》としても機能したことをよく示している。

臥龍橋から東南に竹ノ内街道を進むと、次第に鉢伏山《はちぶせやま》や寺山などの山々と、聖徳太子墓付近から西

第46図　神南辺大道心の道標

第47図　杜本神社の隼人石

北にのびる低い丘陵とにはさまれた山峡となる。見渡すかぎりのブドウ畑で、駒ヶ《こまが》谷《たに》や飛鳥集落の一帯が河内飛鳥の中心地である。古代では、飛鳥《あすか》戸《べ》（安宿）郡賀美郷であった。竹ノ内街道にほぼそって流れる小川が、『万葉集』に「明日香川黄葉《もみちば》流る葛城《かずらき》の山の木の葉は今し散るらし」（巻一〇―二二一〇）と歌われた河内の飛鳥川である。

杜本神社と覚峰　駒ヶ谷集落に鎮座する杜本《もりもと》神社は、現在では経津主《ふつぬし》神と経津主姫神を祭神としている。本殿前の左右に隼人石《はやといし》二体があり、獣面人身をきざんでいる。瑞垣《みずがき》にみえる寄進者名には「真銅《しんどう》」姓が多く、注意をひく。平安時代には朝廷の信仰があつく、貞観元年（八五九）正月二十七日には、従五位下に神階が進められており、また『延喜式』神名帳には、河内国安宿郡の名神大社として、杜本神社二座がみえている。

『公事根源』によると、杜本神社と志紀郡当宗《まさむね》神社（現在は誉田《こんだ》八幡宮の境内に祀られている）は近距離であるため、奉幣使は四月の上申日に杜本神社、上酉日に当宗神社に下向することになっていたという。

宇多天皇の寛平五年（八九三）四月七日に、はじめて河内国志紀郡の当宗氏神祭に奉幣使が発遣された。『寛平御記』によると、宇多天皇の外祖母が当宗氏の出身であったという。仲野親王と当宗氏出身の女性との間に班子が生まれ、光孝天皇と班子との間に宇多天皇が所生したことになる。

杜本神社の宮寺、金剛輪寺を宝暦年間（一七五一～六四）に再興したのが、阿闍梨覚峰《あじゃりかくほう》である。阿闍梨覚峰については、白井繁太郎氏の詳細な研究がある（白井繁太郎「阿闍梨覚峰の伝」『羽曳野史』四、一九七九年）。

覚峰（享保十四年〔一七二九〕～文化十二年〔一八一五〕）は、杜本神社の境内にあった金剛輪寺の住職となり、退転していた同寺を宝暦年間に再興した。しかし金剛輪寺は、明治四年七月に廃寺となってしまい、現在では観音堂がのこるのみである。観音堂にかけられている「近飛鳥寺」の篇額は、覚峰自筆のもの。

覚峰はまた、名神大社である杜本神社が世に知られずに埋もれていることを憂慮し、社頭に灯籠二基を建て、正面に「杜本社」と大書した。さらに考古癖のあった覚峰は、奈保山陵（元明天皇陵）の隼人石を模して、社殿を荘厳したらしい。『古事記』履中段に、隼人の曽婆加里《そばかり》にかかわって、近飛鳥《ちかつあすか》の地名起源伝承がみえている。覚峰は、それによって隼人石を模し、杜本神社にすえたものと思われる。

覚峰は、契沖《けいちゅう》の影響を多大にうけた国学者で、河内の古代史研究や上代歌謡の研究に大きな足跡を残した。覚峰の研究として、まず山陵研究があり、その所見は蒲生君平《がもうくんぺい》の『山陵志』にも引用されている。歴史地理学的研究として、仁徳天皇の高津宮《たかつのみや》について考証した「高津宮旧跡考」、「比売許曾《ひめこそ》神社考」「当麾侄《たぎまじ》考」などがある。

また「駒ヶ谷夜話」では、『万葉集』巻一〇にみえる「明日香川黄葉流る葛城の山の木の葉は今し散るらし」の歌が、河内の飛鳥川であることを指摘している。現在、飛鳥川の堤に、「あすか川」の碑が立つ。この碑は、寛政十年(一七九八)から程無いころに、覚峰の建てたものである。

飛鳥戸神社と渡来人　竹ノ内街道をさらに進むと、飛鳥(羽曳野市飛鳥)の集落にいたる。街道にそった家々の石垣を注意してみると、二上山の凝灰岩《ぎょうかいがん》を使用していることに気づく。古代には「天《あめ》の二《ふた》上《がみ》」(「中臣寿詞」)と称されて神聖視された二上山には、サヌカイトや安山岩のほかに、凝灰岩を産する。二上山の凝灰岩には、白色とピンクのものがあり、それらの石をもちいて製作された家形石棺《いえがたせっかん》が、大和・河内に広く分布している。飛鳥集落の石垣に、今も同じく白色やピンクの凝灰岩が使われていて、興味深い。

飛鳥集落の東北に、旧村社の飛鳥戸《あすかべ》神社が鎮座している。祭神は百済の琨伎《こんき》王で、古代には、河内飛鳥を本拠として大きな勢力を有していた飛鳥戸氏の奉斎する神社であった。『新撰姓氏録』右京諸蕃の百済の項に、「飛鳥戸　造《みやつこ》　百済国比有王より出る也」、河内国諸蕃の百済の項に、「飛鳥戸造　百済国末多王の後也」とみえている。

飛鳥戸（安宿戸とも表記）は、「アスカベ」とよむべきものである。飛鳥戸と同様、「——戸」と表記

第48図　飛鳥集落付近の竹ノ内街道

第49図　飛鳥戸神社

される氏姓に、春日戸・橘戸・八戸・史戸などがあり、これらは河内国安宿・高安両郡に居住する渡来系氏族であった。大和・河内連合王権は、大和と河内をむすぶ水陸交通の要衝に、渡来した集団を「――戸」と称して定住させ、従来の部民制とは異なる編戸制を施行したと推定されている（岸俊男「日本における『戸』の源流」『日本古代籍帳の研究』所収、塙書房、一九七三年）。飛鳥戸・春日戸・橘戸は、いずれも「河内の地名＋〝戸〟」となっている。したがって古代の河内にも飛鳥の地名が存在したことが確実で、その河内飛鳥に住んだ集団を、「飛鳥戸」として編戸したのだろう。飛鳥戸を支配した伴造《とものみやつこ》が飛鳥戸造であり、その一族は、貞観十年（八六八）に、百済宿禰《くだらのすくね》・御春朝臣《みはるのあそん》と改姓した。

雄略紀九年七月条に、「飛鳥戸郡」の表記がみえている。飛鳥戸が数多く居住するところから、飛鳥戸郡（アスカベノコオリ）の呼称が生まれたとみてよい。後に安宿郡と表記されるようになっても、従来と同じように「アスカベ」と読まれた。

柏原市高井田の鳥坂寺跡から、「飛鳥評」とヘラ書きした瓦が出土している。これは河内飛鳥の地名にもとづく「アスカ評《こおり》」で、「飛鳥戸評」でないことが注目されよう。雄略紀九年条の表記を参考にすると、飛鳥評→飛鳥戸郡→安宿郡への変化が推測される。このように推測してよいのなら、大宝律令施行とともに、コオリの名称が「アスカ評」から「アスカベ郡」に変更されたものと解され、問題をのこしている。

「――戸」として編戸する方式がいつまでさかのぼるのか、推定の域をでない。『日本書紀』によると、新しく渡来した王辰爾《おうしんじ》の甥である胆津《いつ》が、欽明朝に吉備の児島屯倉《こじまのみやけ》（白猪《しらい》屯倉とも称された）で、田部《たべ》の丁《よぼろ》を編戸している。

渡来した集団を、河内に安置して「――戸」と編戸した時期が欽明朝にさかのぼるのであれば、六世紀中ごろに、河内に飛鳥の地名が存在したことは確実である。一方、大和での飛鳥地名は、崇峻元年（五八八）、飛鳥真神原《あすかのまかみがはら》に法興寺を造営しはじめたとする事例がもっとも古く、それにつぐ例が舒明の飛鳥岡本宮である。あるいは河内飛鳥の方が、大和の飛鳥よりも古い地名であるかもしれない。もっとも雄略紀七年是歳条には、上桃原・下桃原・真神原の地名がみえ、飛鳥真神原の地名が崇峻朝以前にさかのぼる可能性はのこっている。

鉢伏山（標高二一三メートル）と寺山（標高二九三・五メートル）から飛鳥集落の方向へのびる尾根上に、多数の古墳が群集し、飛鳥千塚と称されてきた。六世紀代に築造された円墳群は、自然石をもちいた横穴式石室を有している。

それに対し、飛鳥戸神社から東北へたどったところに新池があり、新池の北側尾根や西側丘陵上には、七世紀代の終末期古墳が点在している。観音塚古墳（一辺一二メートル前後の方墳。円墳の可能性もある。南に開口し、羨道と前室をもつ。史跡）、観音塚西古墳（封土の流失が甚だしく、規模不明）、観音塚上古墳（径一〇メートル前後の円墳）、鉢伏山南峰古墳（径一三メートルの円墳）などで、いずれも石英安山岩の切石《きりいし》をもちいた横口式石槨《せっかく》である。新池北側の尾根上には、オーコー八号古墳（「王公塚」とも称される）を中心に、オーコー一・六号墳などが点在し、いずれも自然石をもちいた横口式石槨類似の構造を有している（羽曳野市教育委員会『羽曳野市の終末期古墳』一九八一年）。

これらの終末期に属する古墳は、その立地や飛鳥戸神社との位置関係から、百済から渡来した飛鳥戸造の奥津城《おくつき》とみてよいだろう。

大道と竹ノ内街道　羽曳野市飛鳥の集落から、近鉄南大阪線を越え、竹ノ内街道をさらに東南にたどると、南河内郡太子町にはいる。近年の住宅開発で景観も随分と変化しているが、太子町大道《だいどう》付近の町並みは、近世の面影をよくのこしている。

大道付近では、幅のせまい竹ノ内街道がゆるやかに曲りくねり、次第につま先上りとなってゆく。大和棟の家々は石垣や築地をめぐらせ、庭木の手入れもよくされている。

大道の町並みの中ほどに、現在、孝徳天皇陵に治定されている上ノ山古墳がある。径三〇メートルの円墳で、はたして七世紀中葉すぎの終末期古墳であるかどうか、断定のかぎりではない。

元禄十年（一六九七）になった『廟陵記』には、つぎのように記述している。

山頂ニ先年被仰付候竹垣、只今ニ有之候。内々洞穴口石ト相見へ、右之透合ゟ御唐櫃練石埋リ有之候。

横穴式石室があって、玄室《げんしつ》内には凝灰岩製の家形石棺が存在するようだから、上ノ山古墳の築造年代は、七世紀中葉よりもさかのぼるだろう。

孝徳天皇陵について、孝徳紀には大坂磯長《しなが》陵、延喜諸陵墓式にも河内国石川郡の大坂磯長陵とみえている。「大坂」の地名を考えると、現在の孝徳陵の位置には問題がある。

大坂とは大坂山（二上山《にじょうさん》）を越える峠道の意で、大和側の坂道も、河内側のそれも、ともに大坂と称した。延喜式神名帳には、大和国葛下郡に式内大坂山口神社がみえていて、現在では、奈良県香芝《かしば》町大字穴虫と香芝町大字逢坂《おおさか》の二ヵ所に、式内大坂山口神社が所在している。大和側にも、大坂の呼称のあったことが明らかだろう。

二上山を越える峠道には、二上山の北側を越える穴虫《あなむし》峠越え、二上山の雌岳《めだけ》頂上のやや南側を越す岩屋《いわや》峠越え、竹ノ内街道を進み二上山の南側を越える竹ノ内峠越えの三ルートが存在する。履中朝に起きたとされるスミノヱナカツ王の反乱伝承や、『日本書紀』にみえる壬申の乱の記述を分析すると、古代において「大坂」と称されたのは、穴虫峠越えのルートであった。岩屋峠越えは「石手道」、竹ノ内峠越えは「当麻《たいま》道《みち》」と称された（拙稿「大坂・大坂山・大坂道」奈良県文化財調査報告第四十三集『竹内街道』所収、一九八三年）。

穴虫峠を越えると、南大阪線の上《かみ》の太子《たいし》駅近くで竹ノ内街道と合流し、太子町大道を経由せずに飛鳥集落にいたる。このように考えた場合、竹ノ内街道ぞいの上ノ山古墳を、大坂磯長陵（孝徳陵）とするのは問題が多いように思われる。

孝徳天皇陵前の竹ノ内街道ぞいに常夜灯があり、「山田大道町」の銘文が彫り込まれていて、興味深い。「大道」の呼称は、堺市金岡町の金岡神社境内の水盤にも、「天保十四年癸卯九月吉日」「大道町」と彫られていて、竹ノ内街道の東端と西端に、「大道」の呼称が存在している（なお竹ノ内街道は金岡神社の場所で西北方に転じ、堺の大小路《おおしょうじ》にいたる）。竹ノ内街道が中世に「オオミチ」と称され、近世には「ダイドウ（大道）」の地名が生まれたと推測されよう。

竹ノ内峠を越えて大和側にはいっても、当麻町竹ノ内に「大道」の小字名がのこり、また竹ノ内集落は、奈良盆地を東西に走る古道、横《よこ》大路《おおじ》の西の起点でもあった。「横大路」の呼称は、十二世紀末ごろの史料にみえ、当時は「ヨコノオオミチ」と称されていた。大和の横大路が敷設された時期は、六世紀前半にまでさかのぼると推測されるので（拙稿「横大路と竹ノ内街道」『環境文化』四五所収、一九八〇年）、それに接続する竹ノ内街道も、当然、そのころにまでさかのぼって機能していたものと思われる。

なお竹ノ内街道は、中・近世をへて、現在では古市から羽曳野市野々《のの》上《うえ》四丁目までは大きく屈曲している。しかし古代では、誉田《こんだ》御廟山《ごびょうやま》古墳（現在、応神天皇陵に治定）の南端から、羽曳野市野々上四丁目を経由して堺の大小路まで、まっすぐに走る直線道だったらしく、これを「丹比道」と称していた。

竹ノ内街道を進み、大道の集落を越えた地点、道路の南肩に「左　親鸞聖人御旧跡」（南面）、「右大さか□」（東面）、「左海　神奈辺□□」（北面）ときざんだ小さな道標が存在する。「左海」は堺の意で、堺の神奈（南）辺大道心の建立した道標とみてよい。彼の建立した碑は、臥龍橋の東詰めにも存在する。

彼はもと弥兵衛というすぐれた腕をもった鋳物師《いもじ》であったが、酒に溺れ、手のつけられない無頼漢となってしまう。息子の僧旭隆の必死の諫めにより改心し、そののちは諸国を行脚《あんぎゃ》して道をなおし、橋をかけ、道標を建てた。いわば彼は巷《ちまた》の聖者であり、のちに御室御所より神奈（南）辺大道心の称号を贈られた。現在判明しているところでは、彼の建立した碑石は三三基を数え、竹ノ内街道にそって道標五基がある（久志本秀夫「神奈辺大道心建碑の道標識」『摂河泉文化資料』三、一九七六年）。

ここから竹ノ内峠を越えて、近鉄磐城《いわき》駅にでてみよう。ここまでのコースでも、時間的にはやや強行軍だから、太子町役場のある場所にもどり、バスを利用して近鉄長野線の喜志《きし》駅にでてもよい。ここでは竹ノ内街道をさらに東にたどり、竹ノ内峠を越えよう。

岩屋峠　神山の北麓ぞいに竹ノ内街道を行くと、大きな池があって、フイッシング・センターとなっている。この池をすぎたところが竹ノ内街道と岩屋峠越えの道との分岐点となっていて、阿弥陀像や板碑《いたび》がある。花崗岩に彫られた高さ約二・二メートルの阿弥陀像の左右に、「右　つほさか」「左　いわやたゑま　中尾氏」の銘文がある。板碑には、寛文五歳（一六六五）正月十二日と慶安四年（一六五一）三月十四日ときざまれたものがある。

中世後期から西国三十三ヶ所巡礼が盛んとなり、道者（巡礼）のために各地に道標が建てられた。第五番札所の葛井《ふじい》寺《でら》（大阪府藤井寺市に所在。紫雲山三宝院葛井寺と称す）から古市をへて竹ノ内街道をと

第50図　岩　　屋

った巡礼者たちは、第六番札所である壺阪寺《つぼさかでら》（奈良県高市郡高取町。壺阪山南法華寺と称す。近世以前は壺坂寺と記す）をめざしたが、なかには岩屋峠を越え、当麻寺に参詣した後に壺阪寺へまわる者もいた。そうした人たちのために建てられた道標である。

岩屋峠と称するのは、二上山の雌岳頂上のすぐ南に、地山《じやま》の凝灰岩をくりつらぬいた岩窟（岩屋）と、地山を彫りのこして造った三層の塔があって、そこを越えることによる。岩屋は奈良時代後半の

第51図　鹿谷寺跡

岩窟寺院であり、その北壁に三尊仏を浮彫りしていて、まことに珍しいものである。

岩屋峠越えは難路であり、嘉永六年（一八五三）三月に刊行された『西国三十三所名所図会』にも、つぎのように記されている。

道険岨にして狭く、一回《ひとたび》脚を踏み違《たが》うときはたちまち数十間をすべる。俗にこれを石車《いしぐるま》という。

河内より大和路に越ゆる内にて、第一の難所なり。

右にみた板碑も、あるいは犠牲者のための供養碑かもしれない。岩屋峠を越えて大和側へ降りるのも急坂である。私も何度か岩屋峠を越えて当麻へ降りたが、雨の降ったあとの二、三日は、まことに危険で恐ろしい思いをした。

竹ノ内峠へ　阿弥陀仏や板碑《いたび》のある地点から、岩屋峠越えの道をとらずに、まっすぐに北へ細い道をのぼると、鹿谷寺跡《ろくたんろくたに》（国指定史跡）にいたる。岩屋と同様に、凝灰岩の地山を彫りのこして造られた十三重の石塔がたち、さらに塔の東側岩壁をくり抜いて石窟が造られ、その壁面に如来座像三体を線刻している。付近には平坦なところがあり、須恵器《すえき》や土師器《はじき》のほか、和同開珎も出土していて、僧房の存在などが推定される。岩屋とほぼ同時期の石窟寺院とみてよいだろう。古代には鹿谷寺から岩屋へいたるルートが一般的だったかもしれない。

岩屋峠への分岐点から、竹ノ内街道は次第に坂道となり、坂道をのぼりきると竹ノ内峠である。峠に立つと、大和側の景観が素晴しい。

第52図　竹ノ内峠（大阪側）
今ではアスファルト舗装がされ，まったく景観は変わっている

第53図　役　行　者　堂

私は二十数年前から、繰り返し竹ノ内峠を越えているが、近年の変貌ぶりには驚かざるをえない。私が歩きはじめたころは、まだ古代の面影をのこす地道《じみち》だった。それがアスファルト舗装となり、路幅が広げられ、さらに最近の道路改修では、道筋そのものが変更された。とくに奈良県側では、旧道が閉鎖され、歩ける状態ではなくなった。

わずかに旧状をとどめていた峠の頂上付近にも、変更が加えられた。明治十八年に、江戸時代以来の旧道を拡幅し、そのさい、工事を記念して「竹内嶺《とうげ》開鑿碑《かいさくひ》」が建てられた。その碑もあらたに場所を移されたし、その側にこのたびの道路改修を記念して新しい碑が立つ。

かつての峠の景観をしのばせるものは、役行者堂《えんのぎょうじゃどう》や役行者の御霊水、十一面観音や宝篋印塔《ほうきょういんとう》などにすぎない。役行者堂は、大坂上町組《うえまちぐみ》の山上講の寄進にかかるもので、大峯山上へのぼる修験者たちが、ここから吉野川の柳の渡しをめざした。室町後期に製作されたと思われる十一面観音は、龕《がん》の内に納められている。入口左右の石柱に、「右はせ寺迄七里」「左さかい　神奈辺大道心建之」ときざむ。長谷寺（初瀬寺）は、よく知られているように、西国三十三ヶ所巡礼の第八番札所である。

竹ノ内峠から奈良県側にくだり、町並の美しい竹ノ内集落をみながら歩くと、式内長尾神社にいたる。この付近が当麻のチマタであり、壬申の乱のさいに激戦地となったところである。長尾神社からすぐ近くに、近鉄南大阪線の磐城駅がある。

2　東高野街道をたどり磯長へ

古市駅――「蓑の辻」――東高野街道――安閑陵――高屋城――(喜志駅)――サブタ井堰――泥掛地蔵――伽山《とぎやま》遺跡――敏達陵――越前塚《こしまえづか》古墳――推古陵――二子《ふたご》塚《づか》古墳――科《し》長《なが》神社――小野妹子墓――仏陀寺古墳――用明陵――叡福寺

東高野街道にそって　古市の「蓑の辻」から、東高野街道を南に進んでみよう。近世の面影をとどめる古市の町並みをすぎ、近鉄南大阪線のガードをくぐると、高屋《たかや》築山《つきやま》古墳の森がみえてくる。独立丘陵を利用して築造された全長一二一㍍の前方後円墳で、現在は安閑天皇陵に治定されている。

中世末期、河内国を制圧した畠山義就は、この丘陵を利用して高屋城を築城した。北端の高屋築山古墳付近に本丸、中央部に二ノ丸、南に三ノ丸があり、それぞれに土塁や堀をめぐらせた壮大な平城《ひらじろ》で、東西四〇〇㍍、南北約八〇〇㍍にもおよぶものと推定されている。しかし一帯は住宅開発が進み、往時の状況をしのぶものはほとんどない。近年、発掘調査が継続しておこなわれており、高屋城関連の遺構と、その下層からは奈良・平安時代の集落が検出されている。この丘陵は、古代には高屋丘と称されていたから、検出された遺構は、高屋連《たかやのむらじ》にかかわる可能性が大きい。延喜諸陵墓式には、安閑の古市高屋丘陵、安閑の皇后であった春日山田皇女の古市高屋墓がみえている。

東高野街道は、国道一七〇号線と一部かさなっているところもあるが、古市七丁目から富田林市喜《き》志《し》町三丁目にかけては、旧道がよくのこっている。喜志町三丁目で東高野街道とわかれ東南に進むと、石川にかかる河南橋がある。あるいは古市の「蓑の辻」からここまでを省略して、近鉄長野線喜志駅で下車すると、河南橋は間近である。喜志駅からはバスの便があって、磯長の中心、叡福寺へも便利である。

河南橋の西詰めに「サブタ井堰」がある。かつて古市大溝《ふるいちおおみぞ》を発見された秋山日出雄氏は、「サブタ井堰」から引かれた水が東阪田の段丘崖東側から西浦集落をへて、軽里前《かるさとまえ》の山《やま》古墳(白鳥陵)の北側から細池(現在は埋め立てられて、公園となっている)へはいり、古市大溝の幹線路となると指摘された(秋山日出雄「前方後円墳の企画性と条里制地割」『末永先生古稀記念　古代学論叢』所収、一九六七年)。しかし軽里前の山古墳の溝底のレベルが二九・三メートルであるのに対して、幹線路の上田池付近では、発掘調査の結果、溝底は三〇・五メートルであることが指摘されている。したがって「サブタ井堰」から引かれた水は、古市大溝へはいらないことになる（児玉泰「古代の大溝に関する若干の考察」京都教育大学考古学研究会『史想』二二、一九八九年）。

河南橋を渡り東へ進むと、太子町太子の四ツ辻《よっつじ》交差点のすぐ東に泥掛《どろかけ》地蔵がある。信仰すれば、腫れ物に効能ありとされ、お礼に泥を一面にぬる風習がある。四ツ辻交差点を北へとれば、河内源氏ゆかりの通法寺跡（国指定史跡）や、頼信・頼義・義家の三代の墓がある。

伽山遺跡と太子西山古墳　泥掛地蔵から少し東で、南へ折れる道がある。太子西山古墳（現在、敏達天皇陵に治定）へいたる道で、その途中に伽山《とぎやま》遺跡がある。一九八〇年の発掘調査で、七世紀代の建物が三棟、一九八二年の調査では、弥生時代の竪穴住居跡七棟、五世紀代の竪穴式住居跡一〇棟のほか、奈良時代の墓が検出された。その構造は、凝灰岩製の石組の内に木炭槨があって、そのなかから銀製帯金具《おびかなぐ》が検出された。

太子町葉室《はむろ》にある太子西山古墳は全長一一三メートルの前方後円墳で、後円部径五八メートルに対し、前方部幅は六七メートルで、前方部がかなり開いている。前方後円墳としては、最後の時期のものとされている。『日本書紀』によれば、敏達十四年（五八五）八月に崩じた敏達は、崇峻四年（五九一）四月に、母の石姫を葬った墓に合葬された。河内磯長中尾陵である。

太子西山古墳は、その形態や外堤に樹立されている円筒埴輪から、六世紀前半の築造と推定されているので、敏達と石姫を葬った河内磯長中尾陵とするにはやや年代が古い。むしろ最近では、葉室集落の東にある越前塚《こしまえづか》古墳（葉室塚）を、敏達陵にあてる説が有力化している（石部正志編著『河内飛鳥を訪ねてみよう』松籟社、一九八九年）。越前塚古墳は東西七五メートル、南北約五五メートルの巨大な長方形墳で、周囲に空堀の痕跡や数基の陪冢《ばいちょう》も存在する。墳丘の西半分に大きなくぼみがあり、かつて横穴式石室が存在していたらしい。また東半分にも横穴式石室の存在が推定されるので、敏達と石姫を合葬したとする『日本書紀』の記述によく合致する。

山田高塚古墳と二子塚古墳　越前塚古墳から東へ進むとすぐに、山田高塚古墳（現在、推古天皇陵に治定）がある。東西五九メートル、南北五五メートル、高さ一一メートルの三段築成の大方墳で、最上段は東西三三メートル、南北二五メートルの長方形をなしている。越前塚古墳と同様、横穴式石室が二つならんでいるらしい。

元禄十年になった『廟陵記』（末永雅雄編著『廟陵記　皇陵古図集成　第八巻』青潮社、一九八二年）によれば、東半分に穴口を描き、「洞口石有之。下之方透ゟ御石棺相見ヘ申候」と注記し、また西半分にも長方形の竹垣を描いて、「竹垣内ニ、四ツ石ニ而モ可有之大石相見ヘ有之候」としている。山田高塚古墳にも、二つの横穴式石室が存在するらしい。

推古紀三十六年条によると、同年三月に崩じた推古は、同年九月に、敏達との間に儲けた竹田皇子の陵に葬られた。山田高塚古墳の状況と一致するところがある。『古事記』では、まず大野岡上陵に葬られたが、のちに科《し》長《なが》大陵に改葬されたと記す。またのちのことになるが、『扶桑略記』によると、康平三年（一〇六〇）六月一日に、盗人が推古天皇陵をあばいたことについて、河内国司から言上があった。

第54図　山田高塚古墳（推古陵）

第55図　二　子　塚　古　墳

山田高塚古墳の東南約二〇〇メートルのところに、二子《ふたご》塚《づか》古墳（国指定史跡）がある。墳丘が破壊されているため、もとの形状は不明である。墳丘全長は六一メートル、幅二三メートルで、連接する方墳とも、あるいは越前塚古墳や山田高塚古墳と同様、長方形墳とも推測されている。東丘・西丘ともに、横穴式石室が南東に開口している。ともに羨道《せんどう》の短い両袖式の

第56図　科　長　神　社

横穴式石室で、玄室内には縄掛け突起の退化した家形石棺がある。石室には花崗岩の自然石と切石をもちい、側壁には漆食《しっくい》が塗付されていて、かつて彩色があったと報告されている。二つの横穴式石室があるところから、地元では二子塚古墳を推古陵とする伝承があった。

科長神社と息長氏　二子塚古墳から、太子町山田に鎮座する科長神社を訪ねてみよう。科長神社は式内社で、延喜式神名帳には石川郡の項にみえる。太井川《たいがわ》の上流部に位置し、太子町山田・畑・葉室などの産土神である。

現在では、級長津彦命《しなつひこのみこと》・級長津姫命・天照大神・速素《はやす》盞鳥《さのお》命・天児屋根命・武甕槌《たけみかづち》神・経津主《ふつぬし》命・建御名方《たけみなかた》命・誉田別命の九柱の神を祭神としている。近世には、級長津姫命をのぞく八柱の神を祭っていたところから、八社明神と称されていた。

『河内名所図絵《かわちめいしょずえ》』によれば、もと二上権現と称して山峯にあったと伝え、また社伝では暦仁元年（一二三八）に現社地に遷座したと伝えている。太井川をさらにさかのぼった場所に祭られていたのだろう。この谷筋が風の通路にあたるところから、古代では風の神であるシナツヒコ・シナツヒメを祭り、後世に諸神が合祀されたものと思われる。河内の飛鳥川の流域が飛鳥戸郡であるのに対し、科長神社は石川郡に属している。上流部に風神シナツヒコ・シナツヒメを祭るところから、その流域を磯長《しなが》と呼ぶようになったのだろう。

科長神社の末社の一つに土師《はじ》神社があり、息長宿禰《おきながのすくね》と高額姫命《たかぬかひめ》を祭っている。社名と祭神の由来が不明なため、憶測をかさねることになるが、息長氏ゆかりの人物を祭神としていることは注目してよい。神功紀によれば、息長宿禰王と葛城高額媛は神功皇后の父母にあたり、『古事記』開化段にみえる日子坐王《ひこいますおう》の系譜でも同様である。

古代では、息《いき》や風はともに「シ」と発音されたから、息長と磯長はともに「シナガ」であり、磯長の地と息長氏とのかかわりが改めて注目される。水野正好氏は、磯長の地に息長氏が分布していたとされる（門脇禎二・水野正好『古代を考える　河内飛鳥』吉川弘文館、一九八九年）。

しかし土師神社とその祭神から、息長氏とのかかわりを究明することはむずかしい。さきにみたように、太井川流域の葉室に越前塚古墳があって、敏達陵の可能性が大きい。敏達の皇后である広姫は、息長真手王の娘であった。しいていえば、その事実のみが、磯長と息長氏とのかかわりを示唆している。

しかし延喜諸陵墓式によれば、広姫の息長墓は近江国坂田郡に所在した。また磯長の地に、敏達

第57図　伝小野妹子の墓

陵・用明陵・推古陵・聖徳太子墓・孝徳陵が所在している。その事実を、息長氏や蘇我氏とむすびつけて説明することも困難である。むしろ六世紀後半から七世紀中葉にかけて、二上山西麓の磯長の地を葬送の地とする観念が存在したので、これらの陵墓がいとなまれたとみるべきだろう。

小野妹子の墓　科長神社近くの石段をのぼると、小野妹子の墓と伝えられる塚がある。現状をみるかぎりでは、円墳か平安時代の墓なのか、断定しがたい。その形状は、さきに少しふれた源家三代の墓や、弘川寺《ひろかわでら》にある西行法師の墓にもにている。ちなみに野上丈助氏の『河内の古墳』2(古美術鑑賞社、一九六八年)では、古墳としてとりあげられていない。

よく知られているように、小野妹子は推古朝に遣隋使となった人物である。小野氏は臣《おみ》姓の有力氏族で(天武十三年十一月に朝臣となる)、その一族は、大和国添上郡、山城国宇治郡小野郷、同愛宕《おたぎ》郡小野郷、近江国滋賀郡に分布していた。『新撰姓氏録』左京皇別に小野朝臣がみえ、その条に、大徳小野臣妹子が近江国滋賀郡小野村に住んでいたところから、氏の名としたことを記す。同郡にはまた、延喜式内大社の小野神社が鎮座するので、小野臣の本拠と推定してよい。

滋賀県滋賀郡志賀町に妹子公園があり、その頂上に唐臼山《からうすやま》古墳がある。横穴式石室が露出していて、近世以来、小野妹子の墓と伝えられてきた。もっとも妹子の墓とする根拠は弱いが、以上にみた史料から、小野妹子は近江国滋賀郡小野村の出身であることは確実であり、その奥津城も同所に築造された可能性が大きい。したがって磯長に伝承されている小野妹子の墓は、根拠に乏しい。小野妹子が推古朝に遣隋使となったことから、叡福寺の聖徳太子墓とむすびつけ、近世になって唱えはじめられた説であろう。

仏陀寺古墳　科長神社、小野妹子の墓をみた後、太子町山田の仏陀寺《ぶつだじ》古墳を訪ねよう。仏陀寺の境内にあり、悲劇的な死をとげた蘇我倉山田石川麻呂の墓と伝えている。墳丘が削平されているため、もとの墳形・規模は不明である。巨大な凝灰岩を刳り抜いた横口式石槨で、石槨の長さ二・一九メートル、幅一・二メートル、石槨内法《うちのり》の奥行は一・九二メートル。現在、石槨の上部は露出している。南側の木口部《こぐちぶ》に、幅〇・七七メートルの入口をうがち、凝灰岩製の扉石をはめ込んでいる。大正年間に、石室の周囲から須恵質の塼（縦三二～三三センチ、横二四～二四・五センチ、厚さ五・三～五・五センチ）が出土していて、石室の東西北三方につみあげていたらしい（国立飛鳥資料館『飛鳥時代の古墳』一九七九年）。

蘇我倉山田石川麻呂は、異母弟の蘇我臣日向に讒言《ざんげん》され、大化五年（六四九）三月に、大和の山田寺

第58図　仏陀寺古墳の石槨

で自尽。そのさい、妻子ら八人が殉じた。石川麻呂らは、大和の山田寺近辺に葬られたとみるべきで、仏陀寺の地に古墳がいとなまれたとは考えにくい。磯長の地を、蘇我氏とむすびつける説もあるが、私見によれば根拠は薄いように思われる。大和からみて、磯長は二上山の西側に位置するところであり、陵墓をはじめとする古墳が集中して築造された。おそらくこの地も山田という地名であるため、蘇我倉山田石川麻呂とむすびつける説を生んだのだろう。

春日向山古墳　仏陀寺古墳から、太子町春日《かすが》に所在する春日向山古墳を訪ねよう。春日向山古墳は、基底部で東西六〇・三メートル、南北五七・八メートル、高さ一〇メートル。山田高塚古墳とほぼ同形同大で、大和飛鳥の石舞台古墳をもしのぐ最大規模の方墳であり、現在は用明陵に治定されている。周囲に空堀と外堤がめぐっていたらしく、東側・西側は旧状をよくとどめている。

用明と推古は、欽明と蘇我臣稲目の娘である堅塩媛《きたしひめ》との間に生まれた同母の兄と妹で、ともに仏教信仰にあつかったことで知られる。従来の大王陵が前方後円墳であったのに対して、用明陵から大方墳に変化し、またその規模が大臣《おおおみ》であった蘇我馬子の墓である可能性の大きい石舞台古墳を凌駕している事実は注目されよう。

第59図　春日向山古墳（用明陵）

近世には横穴式石室が開口していて、石棺がみられたという。『廟陵記』にはつぎのように記す。

河内国石川郡春日村。築山ニ而、先年被仰付候竹垣、南北ニ長ク有之。内ニ洞穴口、石ト相見候。大石有之。上ニハ木葉生。惣山廻リ地形平ニ而、外廻リ土手築、廻ニ有之候。

この記述から、用明陵は横穴式石室をもつ大方墳であることが確実である。

『日本書紀』によれば、用明は用明二年（五八七）四月に急死し、七月には磐余池《いわれのいけ》のほとりの磐余池上陵に葬られ、さらに推古元年（五九三）九月にいたり、河内磯長陵に改葬された。『古事記』でも同様で、御陵は石寸《いわれ》（磐余）池上《いけがみ》にいとなまれたが、のちに河内の科長中陵に遷したとする。

科長中陵という陵名は、その所在地が敏達の川内科長陵と推古の科長大陵との中間であることを示す。ちなみに『日本書紀』では、敏達―磯長陵（崇峻紀四年四月条）、用明―河内磯長陵、推古―竹田皇子之陵（竹田皇子は、敏達と推古との間に生まれた皇子）と記していて、三陵の位置関係は不明である。延喜諸陵墓式でも、敏達―河内磯長中尾陵、用明―河内磯長原陵、推古―磯長山田陵とみえ、相互の位置関係はわからない。「中尾陵」とは、三方にはりだした尾根の中央尾根を利用して築造された陵の意で、風水思想にもとづいて占地されたことが推測される。

叡福寺と聖徳太子墓　第二コースの最後に、叡福寺《えいふくじ》を訪ねよう。叡福寺は太子町太子に所在し、用明陵から歩いて十数分の距離である。石段をのぼると、その境内の広大なことに驚く。

寺伝によると、神亀元年（七二四）に、聖徳太子墓を守護し追福するため、聖武天皇の勅願によって建立されたという。太子信仰の興隆にともなって朝野の信仰をあつめ、水田や荘園が寄進されて、平安末期ごろから次第に伽藍が整えられた。天正二年（一五七四）の兵火により焼失するまでは、一〇字の塔頭のある大伽藍であった。現存するのは、慶長八年（一六〇三）に再建された聖霊殿、承応年間（一六五二～五五）再建の多宝塔、享保十七年（一七三二）再建の金堂などである。

伽藍の北側に、聖徳太子墓（奥城古墳）がある。直径五四㍍、高さ約七㍍の大円墳で、南北にのびる尾根を利用して築造している。結界石が二重にめぐり、外側のものは享保十九年（一七三四）に寄進されたもの。内側の結界石は凝灰岩製で上部に梵字をきざみ、空海の作と伝えている。

中・近世には、聖徳太子墓の内にはいることが許されていたらしい。内部の様子を記した実見記がいくつかあり、また明治十二年（一八七九）には、政府から大沢清臣や富岡鉄斎らが派遣されて、内部を実見している。

第60図　聖徳太子墓

それらによると、聖徳太子墓の構造は横穴式石室で、奈良県明日香村越《こし》に所在する岩屋山《いわややま》古墳に類似している。切石造り、両袖式で、石室の全長は一二・六メートル。玄室内には三棺が三骨一廟式に安置されている。奥壁にそって石棺、東西の側石にそって二つの乾漆棺《かんしつかん》がある。それぞれの被葬者については、石棺は太子の生母である穴穂部《あなほべ》間人《はしひと》皇女、東壁の乾漆棺は聖徳太子、西側のそれは太子妃の膳大娘《かしわでのおおいらつめ》（菩岐々《ほきき》美郎女《みのいらつめ》）とするのが一般的である。

法隆寺の釈迦三尊の光背路や『上宮聖徳法王帝説』によると、間人皇女は法興三十一年、すなわち辛巳年（推古二十九）十二月に崩じ、翌年（推古三十）二月二十一日に膳大娘、二十二日には太子があいついで亡くなっている。ただし『日本書紀』では、どうしたわけか、太子の崩年を推古二十九年とする。

聖徳太子墓は、被葬者の確実な古墳であり、横穴式石室の編年基準となる。ただし若干問題をのこすのは、奥壁にそう石棺の被葬者であろう。穴穂部間人皇女とするのが定説であるが、『聖徳太子伝暦』では、太子と妃の双棺を造って同時に葬ったとするものの、母后については言及していない。

さらに延喜諸陵墓式には、大和国平群郡に間人女王の龍田清水墓がみえている。孝徳の皇后であった間人皇女は、天智六年（六六七）二月に、母の斉明の小市《おち》岡上陵《のおかのうえのみささぎ》に合葬されているから、別人物である。「女王」の表記に問題をのこすものの、間人皇女とは、聖徳太子の母である穴穂部間人皇女であろう。穴穂部間人皇女の墓は、『延喜式』段階では大和国平群郡の龍田清水墓とされていた。この問題を解決しないと、聖徳太子墓に安置されている石棺の被葬者を、穴穂部間人皇女と断定するわけにはいかなくなる。

叡福寺の境内には、松井塚《まついづか》古墳出土の家形石棺も移転されているので、是非とも見学してほしい。この石棺は、さきにふれた仏陀寺古墳近くの松井氏邸から出土したので、この名がある。

叡福寺の前からバスに乗ると、二〇分ほどで喜志駅に着く。

本章の内容は、本書のタイトルとはややそぐわないものとなった。私は従来から蘇我氏の本拠を大和と考えているからである。編者および読者のお許しを得たい。

あとがき

歴史評価は時代によってかわることがある。たとえば石田三成は江戸時代においては神君家康公にはむかった「逆徒」であり「小人小黠」(『徳川実紀』)と酷評されたのである(その実、徳川氏の覇権確立に口実・機会を与えてくれたいわば恩人なのだが)。これは江戸時代を通じてかわらなかったが、徳川幕府が瓦解して明治となるとその評価もかわった。家康は二五〇万石の大大名であるが、三成はその十分の一にもおよばぬ二〇万石の一大名にすぎなかった。それが、豊家のためと称して諸大名を糾合し、家康と雌雄を決したのであって、敗れたりとはいえ、その挙は壮なりとして、それなりに評価されるようになった。徳川氏に対する順逆という物指がとりのぞかれたからである。

もう一つ例をあげてみよう。(一九九一年のNHK大河ドラマでとりあげられる)足利尊氏について考えてみる。江戸末期、柳原紀光の編述した『続史愚抄』は南北朝時代については北朝天皇を基準として年時を立て、それに対応する南朝天皇については「偽位　南方主　後村上天皇」などと記し、北朝正統論に立って記述している。したがって北朝天皇を擁立した尊氏を悪くいうはずはない。徳川幕府も足利氏については「足利殿」(『読史余論』)と敬称し、自己を足利幕府の後継者としているのである。足利氏の尊貴性には徳川氏も敬意をはらった節がある。

ところが、明治になって新政府が水戸の『大日本史』の主張をいれて南朝を正統と公認すると、後醍醐天皇から武功第一としてその片諱「尊」を賜わった尊氏がその後醍醐天皇に反逆したことを非難する声が高まり、ことに明治の末、南北朝正閏論がかまびすしくなると尊氏非難はいっそう高揚したのである。太平洋戦争中にそれはピークに達した観があったが、戦後はその評価が大きくかわり、「古代王朝権力を打破して歴史を進展させた歴史的人物であるとする説が有力となり、松本新八郎のごとく尊氏をもって革命勢力の組織者＝指導者なりとする説さえあらわれた」（『国史大辞典』）。尊氏の場合、南北両朝のいずれを正統とみるかで評価が違ってきたのである。

では、本書の主題である蘇我氏の評価についてはどのようであろうか。

蘇我氏についての基礎史料ともいうべき『日本書紀』は蘇我氏の打倒をもって開始される大化改新を歴史的に正当化するために蘇我氏専横・僭上の事例を数多くあげる。「蘇我大臣蝦夷、己が祖廟《おやのまつりや》を葛城《かずらき》の高宮に立てて、八佾《やつら》の儛《まい》をす」「又尽《ふつく》に国挙《こぞ》る民《おおみたから》、幷《あわせ》て百八十部《ももあまりやそのかきのたみ》曲を発《おこ》して、預《あらかじ》め雙《ならび》の墓を今来《いまき》に造る。一つをば大陵《おおみささぎ》と曰う。大臣の墓とす。一つをば小陵《こみささぎ》と曰う。入鹿臣《いるかのおみ》の墓とす。更に悉《ことごとく》に上宮《かみつみや》の乳部《みぶ》の民を聚《あつ》めて塋垗所《はかどころ》に役使《つか》う。是《ここ》に上宮大娘姫王《かみつみやのいらつめのみこ》、発憤《むつが》りて歎きて曰わく、『蘇我臣、専《たくめ》国の政《まつりごと》を擅《ほしきまま》にして多《さわ》に行無礼《いやなきわざ》す。天に二つの日無く、国に二の王《きみ》無し。何に由《よ》りてか意《こころ》の任《まま》に悉に封《よさ》せる民を役《つか》う』という。茲《これ》より恨《うらみ》を結びて、遂に倶《とも》に亡されぬ」（「皇極紀」元年是歳条）、「蘇我大《そがのおお》臣蝦夷《おみえみし》・児《こ》入鹿臣《いるかのおみ》、家を甘檮岡《うまかしのおか》に雙《なら》べ起《た》つ。大臣の家を呼びて、上の宮門《みかど》と曰う。入鹿が家をば、谷《はざま》の宮門と曰う。男女《おのこごめのこご》を呼びて王子《みこ》と曰う」（「皇極紀」三年十一月条）、「蘇我大臣蝦夷、病に縁《よ》りて朝《つかえまつ》らず。私《ひそか》に紫冠《むらさきのこうぶり》を子入鹿に授《さず》けて、大臣の位に擬《なずら》う」（「皇極紀」二年十月条）。

以上のなかには真偽の定かでないものもあり、いずれにしても蘇我氏を打倒されなければならない悪者に仕立てあげる意図がみえみえである。しかも、その蘇我氏に直接手を下して打倒した中大兄皇子（天智天皇）の子孫が今日にいたるまで連綿と皇位を継承している。したがって、蘇我氏に関しては、三成や尊氏のように評価換えのチャンスはなかったのである。その上、蘇我入鹿は聖徳太子の子山背大兄王を家長とする上宮王家を全滅させている。後世、聖徳太子が「和国の教主」としてひろく信仰されるようになり、いわゆる太子信仰がひろまるにつけて、蘇我氏の評判はますます悪くなった。こうして蘇我氏は名誉回復の機会を得ぬまま今日にいたったのである。本書はそのような蘇我氏のあり方に思いをいたし、古代史上における蘇我氏を正当に評価することを狙ったつもりであるが、はたしてその目的がどの程度実現できたか、大方諸賢のご批判を仰ぎたい。

一九九〇年一二月

黛　弘道

『古代を考える　蘇我氏と古代国家』を語る

遠山美都男

本書の編著者、黛弘道氏は昨二〇一〇（平成二十二）年十二月七日に惜しくも他界された。黛氏は一九八八（昭和六十三）年に脳梗塞で倒れられ、その後長期におよぶ療養を余儀なくせられた。本書の企画はすでに以前から進められていたのであるが、黛氏の復帰を待って一九九一（平成三）年三月に本書は刊行されたのである。

〈古代を考える〉シリーズは、戦後の文献史学や考古学による古代史研究の著しい進展を受けて、細分化しがちな研究動向を広く見通すために、学際的な執筆者の人選による古代史の主要テーマに関する平易で新見解に富んだ概説をめざした企画であった。その一冊として刊行された本書は、蘇我氏を通して古代国家の歩みを概観しようとするねらいで編まれた。本格的な「蘇我氏概説」としては最初の試みといってよいのではないだろうか。

黛氏には、万葉歌謡を手掛かりに蘇我氏のウジナが当時神聖視されていたスゲ（菅）に由来することを明快に解き明かした「ソガおよびソガ氏に関する一考察」（『律令国家成立史の研究』吉川弘文館、一九八二年、所収）がある。また、『物部・蘇我氏と古代王権』（吉川弘文館、一九九五年）という著書をもつ蘇我氏研究の一人者であり、初めての「蘇我氏概説」の編著者としてまさに適任といえよう。

蘇我氏を歴史的に考察するにあたっては、つぎの二つの問題が重要となろう。一つは蘇我氏の誕生の問題であり、いま一つは蘇我氏の滅亡の問題である。前者は蘇我氏がいつどのようにして成立し、何を契機に発展したのかという設問であり、後者は蘇我氏（厳密には当時の本家）が大化改新を前に滅ぼされたのはどうしてなのかという問いといえよう。この二つの問題に関しては、本書の執筆者の間でもそれぞれ見解が異なる。この点が蘇我氏研究の難しさでもあり面白さでもある。以下、諸氏が上記設問についてどのように考えているかを紹介することをもって解説に代えたいと思う。

まず、第一の問題について。黛弘道「古代国家と蘇我氏」は本書への導入であり、蘇我氏をめぐる問題の所在を平易に解説する。黛氏によれば、稲目以前の蘇我氏の政治的・経済的実力は微々たるものであったが、稲目にいたって初めて大臣となり、大王家の外戚の座を占めるなど、飛躍的に発展を遂げたと説く。蘇我氏はもともと河内石川地方を本貫としていたが、稲目の時に竹内越を経て大和の宗我《そが》に本拠を移したという。それはちょうど安閑・宣化両天皇と欽明天皇の二朝対立期で大和政権が内部分裂していた時期で、稲目はその隙をついて大和入りを果たし、欽明支持の態度を取ったとする。

志田諄一「蘇我氏の出自と発祥地」であるが、志田氏は黛氏とは異なり、蘇我氏の発祥地は大和の曾我であり、河内の石川は蘇我倉氏の発祥地であったと述べる。大化以後、蘇我一族の中心となった蘇我倉氏はその政治的地位を明らかにするために、石川宿禰《すくね》や満智《まち》・韓子《からこ》・高麗《こま》など自家の職掌と関係の深い朝鮮三国にちなんだ人物の系譜を潤色し、武内宿禰《たけしうちのすくね》に結びつけたという。百済《くだら》の貴族、木刕《もくらい》満致《まんち》が倭に渡来して蘇我氏の祖となったとする蘇我氏渡来人説に関しては、百済出身の一族がまったく異質な在地型土豪の系列に加わり、何の抵抗もなく大臣の地位にのぼって武内宿禰の後裔を名乗ったとは考えがたいとしている。

蘇我氏と葛城《かづらき》氏との関わりをめぐっては、馬子が推古天皇に葛城県《あがた》を要求したさいに、「葛城県はもと臣の本居《うぶすな》なり。故《かれ》、其の県に因りて姓名を為せり」と語ったことがかならず問題とされる。これに関して志田氏は、稲目かその父あたりが葛城氏の出身だったのであろうとする。稲目は葛城から大和の曾我の地に移ったのであり、稲目以後、蘇我氏によって大臣の地位が世襲されていくのも、葛城氏や平群《へぐり》氏・巨勢《こせ》氏によって大臣位が受け継がれてきたからであったとする。

「蘇我氏の発展」の山尾幸久氏は、蘇我氏の出自に関しては黛氏、志田氏や他の執筆者と大きく異なる立場を取っている。いわゆる蘇我氏渡来人説である。だが、山尾氏の所説は一般的な蘇我氏渡来人説よりもやや複雑といえよう。山尾氏によると、蘇我氏の祖先系譜のうち石川宿禰は伝説上の存在にすぎないが、満智以下は実在の人物の可能性があるという。満智は雄略天皇の時代の人で、百済の貴族木刕満致その人と見る余地があり、彼は権力闘争に敗れて倭国に亡命、河内石川にいた朝鮮系移住民の族内に迎えられたのではないかとする。他方、稲目は大和国高市郡の曾我の出身で、先祖はさほど有力でもない土豪であったが、葛城氏の女性との間に馬子をもうけ、葛城氏を中心とした系譜的結合の要の地位を築き上げていったとする。馬子は満智を迎え入れた石川の移民系集団の女性と結婚、二人の間に生まれた子息が「蘇我氏諸族」の一つ、石川氏（蘇我倉氏）を興すことになったという。山尾説によれば、稲目以降の本家はともかく蘇我倉氏は渡来人だったということになるであろう。

前川明久「渡来人と蘇我氏」は、蘇我氏の活動を渡来人がどのように支えたか、蘇我氏が渡来人の技術をどのように利用したかを具体的に説き明かす。前川氏によれば、蘇我氏は大和国高市郡の曾我が本拠であり、そこが低湿地で水捌けが悪く水田耕作には適していなかったので、五世紀後半、曾我川・高取川に沿って南下、畝傍《うねび》山周辺の黄褐色土壌の原野を開拓していったと見る。渡来人との接触が生じたのもこの南進を機にするものであった。蘇我氏は葛城氏の支流であったが、雄略天皇によって葛城氏が滅ぼされると、満智がその旧領と渡来系の旧領民の管理を委ねられることになったという。やがて蘇我氏は葛城に進出、葛城の忍海《おしぬみ》を経て当麻《たいま》に至り、六世紀前半には河内国の石川に進出したとする。

前之園亮一「蘇我氏の同族」は、蘇我氏をはじめとする武内宿禰を共通の祖先とする氏族は、伴《とも》造《みやつこ》クラスの豪族とは大きく異なり、一定の職務を分担・世襲して大王に隷属・奉仕したのではないという通説に疑問を投ずる。前之園氏は、武内宿禰後裔氏族が食膳奉仕という職掌をもっていたことを丹念に、かつ実に鮮やかに跡付けていく。各論者が問題にする「葛城県」についても、そこから「甘《あま》菜《な》・辛菜《からな》」が大王に貢進され、そのさいに蘇我氏出身の巫女《みこ》が儀礼に奉仕したという前之園氏ならではの指摘が見られ興味ぶかい。前之園氏は最後に、蘇我氏やその同族がわが国古来の食膳奉仕の役割を負っていることから考える限り、蘇我氏が百済系の渡来人であるとする説には従いがたいと述べる。たしかにそのとおりで、この手堅い研究が蘇我氏渡来人説の成立しがたいことを雄弁に物語っているように思われる。

遠山美都男「推古朝の政治と外交」は、蘇我氏に全盛期をもたらした馬子の権力を補強する存在であった蘇我系王族（その代表が聖徳太子）の名前の分析を通じて、馬子の政治活動の具体相をあぶり出そうと試みる。遠山は蘇我氏の成り立ちに直接言及していないが、蘇我氏が有力豪族層を「代表」して大臣の地位にあり続けたのは王権のミウチであったことにもとめられるとして、それはかつて大王家の外戚の座にあった葛城氏の後継者の地位を確保したからと考えている。

志水正司「飛鳥と斑鳩」は、馬子と聖徳太子の活躍の舞台となった両地域の遺跡と遺物について解説する。そのなかで志水氏は、蘇我氏がもとは大和の曾我に住んでいたが、推古朝以前に飛鳥川の川《かわ》曲《わ》の豊浦《とゆら》に移ったのであり、島庄遺跡は蘇我氏の別荘だったのではないかとする。また、志水氏は第二の問題、蘇我氏滅亡の要因にも言及し、「大王家への依存的性格と偽似性」という限界を指摘している。これについては遠山も皇位継承問題への過度の干渉が蘇我氏没落の要因になったと述べる。

つぎに第二の問題に関して。横田健一「蘇我本宗家の滅亡と大化改新」は、乙巳《いっし》の変による蘇我氏滅亡の原因について考察している。それによれば、隋から唐への王朝交替（易姓革命）を実際に見聞した留学生らによって中国の革命思想がもたらされたことが蘇我氏打倒に思想的基盤を提供したという。また、蘇我氏のように大豪族が広大な土地を支配し、多数の人民を私有・使役することの不可が問題とされ始めたことにより、蘇我氏は排除されることになったとする。さらに、中国にならい法治主義や人材登用の理想が尊重されるようになると、門閥・豪族の代表たる蘇我氏の排斥が政治日程に上ったと述べる。蘇我氏滅亡の真因については、蘇我氏が王権の簒奪を企てたと描く『日本書紀』の叙述を鵜呑みにするわけにはいかない以上、たしかに横田氏の示すとおり、蘇我氏滅亡に続く大化改新の実像から遡って考えていくしかないであろう。

倉本一宏「蘇我氏と壬申の乱」は、大和王権の国政を審議し、大王に侍奉するマエツキミ（大夫・卿・臣）を出した氏族としての蘇我氏の盛衰を概観する。倉本氏は蘇我氏本家の滅亡以後を取り上げ、その後の蘇我氏（正しくは蘇我倉氏）が終焉に向かうさまを考察している。乙巳の変後も蘇我氏はマエツキミの地位を失うことはなかったが、壬申の乱においてマエツキミ層が両陣営に分裂するなか、天智天皇から大友皇子の擁護を期待されたために処罰者を出す結果になってしまったという。その後、律令制の確立にともない旧マエツキミ層は全体として没落していくのだが、石川氏として再生した蘇我氏は弁官として文書行政を取り仕切ることで生きのこりを図ったとする。それでも平安時代に入ると、完全に上級貴族としての地位を保ちえなくなったと述べる。

和田萃「河内飛鳥を歩く」は蘇我氏にゆかりの河内飛鳥の散策ガイド。和田氏は本書では触れていないが、蘇我氏の本拠は高市県の蘇我里であったとして、満智・韓子・高麗といった人名から見て蘇我氏は五世紀代に大和王権の対外交渉に従事した氏族だったのではないかと考えている。韓子・高麗の母は伽耶《かや》や高句麗《こうくり》の出身だったのではないかという。とすれば、蘇我氏渡来人説にやや近づくといえようか（『飛鳥――歴史と風土を歩く――』岩波新書、二〇〇三年）。

以上、あくまで問題を限定して諸氏の見解を概観した。本書を熟読され、執筆者諸氏がいかなるプロセスをたどり上記の結論に至ったのかをじっくり味わっていただきたいと思う。

〈二〇一一年十二月〉

執筆者紹介 （生年／現職）―執筆順

黛　弘道（まゆずみ　ひろみち）　→別　掲

志田諄一（しだ　じゅんいち）　一九二九年生まれ／茨城キリスト教大学名誉教授

山尾幸久（やまお　ゆきひさ）　一九三五年生まれ／立命館大学名誉教授

前川明久（まえかわ　あきひさ）　一九二六年生まれ・二〇〇三年没／元法政大学兼任講師

前之園亮一（まえのその　りょういち）　一九四七年生まれ／共立女子短期大学教授

遠山美都男（とおやま　みつお）　一九五七年生まれ／学習院大学・立教大学非常勤講師

志水正司（しみず　まさじ）　一九三〇年生まれ／慶応義塾大学名誉教授

横田健一（よこた　けんいち）　一九一六年生まれ／関西大学名誉教授

倉本一宏（くらもと　かずひろ）　一九五八年生まれ／国際日本文化研究センター教授

和田　萃（わだ　あつむ）　一九四四年生まれ／京都教育大学名誉教授

*本書は、一九九一年(平成三年)に、〈古代を考える〉シリーズの一冊として、吉川弘文館より初版第一刷を刊行したものの復刊である。

編者略歴

一九三〇年　群馬県に生まれる
一九五八年　東京大学大学院博士課程単位取得退学
学習院大学教授などを歴任、文学博士
二〇一〇年　没

〔主要著書〕
津令国家成立史の研究　古代学入門　物部・蘇我氏と古代王権

歴史文化セレクション

古代を考える　蘇我氏と古代国家

二〇一二年(平成二十四)二月二十日　第一刷発行

編　者　黛《まゆずみ》　弘《ひろ》　道《みち》
発行者　前　田　求　恭
発行所　株式会社　吉川弘文館
郵便番号一一三―〇〇三三
東京都文京区本郷七丁目二番八号
電話〇三―三八一三―九一五一〈代表〉
振替口座〇〇一〇〇―五―二四四
http://www.yoshikawa-k.co.jp/
印刷＝株式会社 精興社
製本＝誠製本株式会社
装幀＝清水良洋

ISBN978-4-642-06380-7

発刊にあたって

悠久《ゆうきゅう》に流れる人類の歴史。その数ある文化遺産のなかで、書物はいつの世においても人びとの生活に潤《うるお》いと希望、そして知と勇気をあたえてきました。この輝かしい文化としての書物は、いろいろな情報手段が混在する現代社会はもとより、さらなる未来の世界においても、特にわれわれが守り育て受け継がなければならない、大切な人類の遺産ではないでしょうか。

文化遺産としての書物。この高邁《こうまい》な理念を目標に、小社は一八五七年(安政四)の創業以来、専《もっぱ》ら日本史を中心とする歴史書の刊行に微力をつくしてまいりました。もちろん、書物はどの分野においても多種多様であり、またそれぞれの使命があります。いつでも購入できるのが望ましいことは他言を要しませんが、おびただしい書籍が濫溢《らんいつ》する現在、その全てを在庫することは容易ではなく、まことに不本意な状況が続いております。

このような現況を打破すべく、ここに小社は、書物は文化、良書を読者への信念のもとに、新たに『歴史文化セレクション』を発刊することにいたしました。このシリーズは主として戦後における小社の刊行書のなかから名著を精選のうえ、順次復刊いたします。そこには、偽《いつわ》りのない真実の歴史、魅力ある文化の伝統など、多彩な内容が披瀝《ひれき》されています。いま甦《よみがえ》る知の宝庫。本シリーズの一冊一冊が、現在および未来における読者の心の糧《かて》となり、永遠の古典《クラシック》となることを願ってやみません。

二〇〇六年五月

吉川弘文館